KB197357

[2025 최신판]

SNS
광고마케터

1급
이론편

SNS Advertisement Marketer

서보윤 저

학지사비즈

머리말

소셜미디어로 인한 마케팅의 변화는 이제 더 이상 새로운 것이 아닙니다. 소셜미디어의 활용은 마케팅에서 빠질 수 없는 필수적인 것이 되었고, 애드테크 등의 발전과 함께 유형, 크리에이티브, 운영 방법 등은 점차 고도화되고 더욱 전문적인 지식과 운영 역량을 요구하고 있습니다.

본서는 이러한 전문적 자격을 검증하는 'SNS광고마케터 1급' 자격증 취득을 위해 소셜미디어의 기본적 개념부터 최신 경향까지 전문가로서 반드시 알아야 하는 핵심적 내용을 비롯해 실무에서 바로 활용할 수 있는 매체별 광고 플랫폼의 특징과 운영 방법을 자세히 담았습니다. '이론편'에서 핵심 내용 중심으로 이해한 후 '기출문제편'에서 다양한 문제 풀이와 자세한 해설을 통해 자격증 시험에 대비할 수 있도록 구성했습니다. 특히 SNS광고는 광고 운영시스템뿐만 아니라 광고 상품, 소재 형태, 광고 노출 지면과 방식 등 끊임없이 변화가 이루어지고 있기에, '이론편'에서는 최근 변화된 사항을 이전과 비교하여 이해하기 쉽게 설명하고 시험 합격 이후에도 활용할 수 있는 실용서가 될 수 있도록 기술했습니다. 그리고 '기출문제편'에서는 이전의 기출 복원문제와 시행처 공개문제에 변동된 사항을 반영하고 그 변화를 이해할 수 있게끔 풀이했습니다.

마케팅에 관심이 있는 사람이라면 'SNS광고마케터 1급'은 도전할 만한 자격증입니다. 자격증 하나만으로 당장 광고 전문가가 될 수는 없겠지만, 전문가로 발돋움하기 위한 초석이 될 수 있는 도전이 될 것입니다. 그 도전에 이 책이 함께하기를 바랍니다.

감사합니다.

저자 서보윤

시험 안내

자격증 소개

✦ SNS광고마케터(Social Network Service Advertisement Marketer)

- 디지털 광고 시장의 고성장을 통한 SNS광고 마케팅 분야 산업 활동 영역 증가로 전문성 및 실무적인 역량을 갖춘 인력 양성을 위한 자격
- SNS광고의 기본 지식을 보유하고, SNS광고 기획, 전략, 등록, 운영, 효과분석 등 실무적인 지식 및 역량을 평가하는 자격
- 온라인광고대행사, 기업 홍보부서 등에서 SNS광고 마케팅 및 SNS광고 전문인력을 통한 효율적 마케팅 분석, 전략수립 등의 자격을 갖춘 직무자격조건으로 활용할 수 있는 자격

✦ 필요성

- SNS광고 마케팅의 기본 지식 배양
- 유튜브, 인스타그램, 페이스북 등 SNS광고 실무내용 반영
- 온라인광고대행사 및 기업 홍보부서 등 취업 대비

✦ 자격종류

- 자격구분: 민간등록자격(정보통신기술자격검정, KAIT-CP)
- 등록번호: 2022-001160
- 시행처: 한국정보통신진흥협회(KAIT)

시험 안내

❖ **시험방법**: 비대면 검정

❖ **시험과목 및 배점**

등급	검정과목	검정방법	문항수	시험시간	배점	합격기준
1급	• SNS의 이해 • SNS광고 마케팅	객관식 (사지택일)	80문항	100분	100점	70점 이상

❖ **상세검정내용**

과목	검정항목	검정내용	상세검정내용
SNS의 이해	SNS의 이해	소셜미디어의 이해	매스미디어와 소셜미디어의 차이점
		소셜미디어의 종류	소셜미디어의 발전 과정 및 역사
		소셜마케팅의 주요 전략	SMM/SMO 등 용어와 종류
		소셜미디어 콘텐츠 유형	비즈니스에 적합한 소셜미디어 유형 선택
SNS 광고 마케팅	SNS 광고 실무	메타	Meta Business Suite 플랫폼의 이해
			메타 플랫폼 활용 비즈니스
			메타 광고의 목표와 타기팅
			메타 광고의 형식과 자산 최적화
			성과 측정 도구와 광고 보고서
		유튜브	유튜브 광고 입문
			유튜브 광고 시작하기
			유튜브 타기팅 전략
			유튜브 광고 성과 측정
		카카오톡	카카오톡 광고상품의 이해
			카카오광고 시작하기
		네이버 밴드	네이버 밴드 광고상품의 이해
			네이버 밴드 광고상품 시작하기
		기타 SNS 매체	기타 SNS 매체의 광고상품

❖응시자격: 학력, 연령, 경력 제한 없음

❖응시료: 50,000원
- 발급 수수료 및 배송료 5,800원 별도
- 연기 및 환불 규정
  - 시험 당일 10일 전까지 신청서 제출 시 연기 또는 응시 비용 전액 환불
  - 시험일 9일 전부터 시험 당일은 신청서 및 규정된 사유의 증빙서류 제출에 시 만 연기 및 응시 비용 전액 환불 가능함
  - 시험일 이후에는 환불 불가함

❖시험일정

회차	접수일자	시험일자	합격자 발표
2401회	2024. 1. 15.(월)~2024. 1. 26.(금)	2024. 2. 24.(토)	2024. 3. 15.(금)
2402회	2024. 4. 15.(월)~2024. 4. 26.(금)	2024. 5. 25.(토)	2024. 6. 14.(금)
2403회	2024. 7. 15.(월)~2024. 7. 26.(금)	2024. 8. 24.(토)	2024. 9. 13.(금)
2404회	2024. 10. 14.(월)~2024. 10. 25.(금)	2024. 11. 23.(토)	2024. 12. 13.(금)

*2025년 시험일자는 시행처 홈페이지 참조

구성과 특징

소셜 마케팅 전문가로 반드시 알아야 하는 실무서!

- 소셜미디어의 기본 개념부터 최신 경향까지 핵심 내용을 다룬 실무서
- 매체별 광고 플랫폼의 특징과 운영 방법을 다룬 실무서

다시 한번 내용 체크!

- '용어설명' '이해쏙쏙 핵심요약' '실력쑥쑥 OX퀴즈' '출제예상문제'로 최종 정리!
- 최신 시행처 공개문제＋2023, 2024 최신 기출복원문제로 완벽 대비!

『이론편』과 『기출문제편』으로 구성된 최고의 수험서!

이론편

◆ 소셜미디어와 소셜 마케팅 핵심만 서술
  ○ 기초부터 마케팅 전문가라면 알아야 할 필수 내용 포함
◆ 주요 SNS 플랫폼별로 이해하기 쉽게 제시
  ○ 각 SNS 광고 시스템 내의 최신 AI(자동화) 적용 사례 반영
  ○ 2024년 8월까지의 변동 사항 반영
◆ 용어설명 ⇒ 마케팅 비전공자를 위한 기초 설명
◆ 이해쏙쏙 핵심요약 ⇒ 빠르게 시험 대비
◆ 실력쑥쑥 OX퀴즈 ⇒ 핵심 개념 이해 확인
◆ 출제예상문제 ⇒ 최종 정리로 시험 대비

기출문제편

◆ 최신 기출복원문제 풀이 ⇒ 출제 경향 파악＋시험 대비
  ○ 2023, 2024 최신 기출문제 완벽 복원 수록
  ○ 출제 유형과 난이도 확인 ⇒ 실제 시험 대비
◆ 시행처 공개문제 ⇒ 최신 변경 사항 반영하여 완벽 풀이
  ○ 시행처 공개문제 수정·보완＋해설 제공 ⇒ 시험 완벽 대비

○ 마케팅 비전공자를 위한
  기초 설명

용어설명

 용어설명

밈(Meme)

- 리처드 도킨스(Richard Dawkins)는 문화적 유전자, 문화 전달과 모방의 기본 단위를 밈(Meme)으로 칭함
- 밈(Meme)은 모방을 의미하는 그리스어 '미메메(Mimeme)'에서 나온 말로, 생물체의 유전자처럼 재현·모방을 되풀이하며 이어 가는 사회적 관습, 문화적 요소를 나타냄
- 일반적으로 디지털 유행 코드를 뜻함

이해쏙쏙 핵심요약

! **이해쏙쏙** 핵심요약

- 소셜미디어는 블로그(Blog), 소셜 네트워크 서비스(SNS), 위키(Wiki), UCC, 마이크로 블로그(Micro Blog)의 5가지로 구분 가능
- SNS는 개인 프로필을 기반으로 사용자 간 관계를 형성할 수 있는 소셜미디어 플랫폼
- SNS는 소셜미디어의 유형 중 하나이며, 소셜미디어는 SNS를 포함하는 더 큰 개념임
- 메타가 소유한 플랫폼이 페이스북, 인스타그램, 페이스북 메신저, 왓츠앱 등 4개로 소셜미디어 시장을 장악하고 있으며, 중국의 소셜미디어인 틱톡(바이트댄스), 위챗(텐센트)도 이용자수가 많음
- 국내 대표적인 소셜미디어로 소셜미디어로는 카카오톡, 네이버 밴드, 아프리카TV가 있음

○ 빠르게 시험에 대비

○ 핵심 개념의 이해 확인

실력쑥쑥 OX퀴즈

> ↗ 실력쑥쑥 **OX퀴즈**
>
> 01. 웹2.0은 개방을 통해 사용자들의 정보 공유와 참여를 이끌고, 이를 통해 정보의 가치를 증대시키는 것을 목표로
> 한다. (○/X)　　　　　　　　　　　　　　　　　　　　　　　　　　　　　　　　　　　정답: ○
> 02. 소셜미디어에서는 누구나 정보 생산이 가능하다. (○/X)　　　　　　　　　　　　　　　　정답: ○
> 03. 소셜미디어는 개인정보 침해의 문제가 전혀 없는 미디어이다. (○/X)　　　　　　　　　　　정답: ×

○ 최종 정리로 시험 대비

출제예상문제

> **02** 다음 소셜미디어 중 소셜 네트워크 서비스(SNS)인 것은?
>
> ① RSS
> ② 위키(Wiki)
> ③ 팟캐스트
> ④ 링크드인(LinkedIn)

> **정답 및 해설**
>
> **01**　**정답**　②
>
> **해설**　웹 2.0에서 소셜미디어 플랫폼 유형은 소셜네트워킹, 소셜협업, 소셜퍼블리싱, 소
> 셜공유, 소셜토론, 소셜대화로 구분한다.

○ 문제 뒤에 정답+해설 배치

차례

PART 01 SNS의 이해

PART 02 SNS 광고 마케팅

PART 01

SNS의 이해

Chapter 01 | 소셜미디어의 이해

1. 매스미디어(Mass Media)

(1) 매스미디어의 정의

① 매스미디어는 매스(Mass)와 미디어(Media)의 합성어임
- 매스(Mass): 대량이라는 물리학적 의미와 대중이라는 사회적인 의미를 포함하고 있음
- 미디어(Media): A라는 곳에서 B라는 곳으로 정보를 전달하는 통로라는 의미임

② 즉, 매스미디어는 불특정 다수에게 대량의 정보를 전달하는 매개체로 정의할 수 있음

③ 정보 전달의 대상을 특정할 수 없는 신문, 잡지, 라디오, 텔레비전, 웹사이트, 포털 사이트, 옥외 광고 등이 매스미디어에 해당함

(2) 매스미디어의 특징

① 매스미디어는 불특정 다수를 대상으로 메시지를 전달하는 일방향성을 가짐

② 매스미디어의 콘텐츠는 계획적·조직적으로 대량으로 제작되고 전달되기 때문에 생산에서 전달까지 상당한 시간이 소요되는 편임

③ 매스미디어의 콘텐츠는 대부분 한 번 제작되고 나면 변경이 불가능함

④ 매스미디어는 대체로 국가 또는 기업이 소유하고 있는 형태임

2. 소셜미디어(Social Media)

(1) 소셜미디어의 정의

① 소셜미디어란 용어를 처음 사용한 사람은 티나 샤키(Tina Sharkey)로, 1997년 커뮤니티와 같이 사람들의 관계를 엮어 주는 서비스를 총칭하는 의미로 사용함

② 가이드와이어그룹(Guidewire Group)의 공동 창립자인 크리스 쉬플리(Chris Shiply)는 2004년 소셜미디어를 새로운 형태의 참여 미디어로서 소개하였음. 즉, 블로그, 위키, 소셜 네트워크와 연관된 기술들이 결합해 이용자들의 참여를 촉진하고 '온라인 정보의 소통과 참여와 협업을 허용하는 온라인 툴과 도구'라고 설명하며 소셜미디어의 개념을 웹 2.0(SNS를 포함한)의 특성과 관련하여 논의하였음

③ 위키피디아의 정의에 따르면, 소셜미디어는 웹 인터넷 기반의 가상 커뮤니티와 네트워크를 통해 생각, 의견, 경험, 관점 등을 공유하고 참여하게 하며, 타인과의 관계를 생성 또는 확장할 수 있는 개방화된 온라인 플랫폼으로 정의함

④ 즉, 소셜미디어는 사람들이 정보와 경험, 생각과 의견 등을 공유하기 위해 사용하는 플랫폼이자 미디어로, 사회적 상호작용을 가능케 하며 웹과 모바일에서 콘텐츠를 쉽게 전파할 수 있도록 고안된 미디어라 정의할 수 있음

⑤ 소셜미디어는 콘텐츠를 쉽게 생산하고 공유하며, 소비할 수 있도록 중개하는 플랫폼 기능을 수행한다는 점에서 다른 미디어와의 차별성을 가짐

(2) 소셜미디어의 발전 단계

① 웹 1.0
   ㉠ 인터넷이 생활화된 시기
   ㉡ 대표적으로 1989년에 월드와이드웹(World Wide Web)이 개발되고 1990년에 보급되기 시작하면서 인터넷에 연결된 컴퓨터 간의 정보를 공유하게 되었음. HTML, ActiveX 등의 기술과 함께 웹사이트의 개념이 정립되고, 포털사이트와 검색엔진의 발달을 이끌어 냄
   ㉢ 주로 빠른 정보의 전달을 특징으로 함

② 웹 2.0
   ㉠ 팀 오라일리(Tim O'Reilly)가 회의 중 브레인스토밍하는 과정에서 처음 제기한 개념으로, 개방을 통해 사용자들의 정보 공유와 참여를 끌어내고 이를 통해 정보의 가치를 지

속적으로 증대시키는 것을 목표로 한 일련의 움직임에서 시작함

ⓛ 스마트폰의 등장으로 인터넷이 생활화된 시기를 말하며, 컴퓨터로 인터넷을 접속하던 웹 1.0과 구분됨

ⓒ 스마트폰 사용의 확대로 컴퓨터에 익숙하지 않더라도 누구나 쉽게 인터넷을 사용할 수 있게 되었으며(개방), 콘텐츠를 생산하고(참여), 다른 사람들에게 영향을 미칠 수 있게 (공유) 되었음

ⓔ 인터넷 사용자 공유와 참여 확산, 모든 사람이 참여할 수 있는 플랫폼 제공을 통한 집단 지성의 활용. 또한 사회를 움직이는 하나의 동력으로 영향력을 발휘하고 있음

👍 **용어설명**

집단지성

협업을 통해 얻은 집단적 능력, 혹은 집단적 능력의 결과를 의미. 디지털 시대에는 개개인의 생각이 모여 더 나은 해결 방안을 도출한다는 의미로 사용되고 있음

③ 웹 3.0

ⓐ 인공지능, 블록체인 등의 기술 발달과 함께 등장하는 시멘틱 웹(지능형 웹)을 통해 맞춤 형 정보를 제공하고, 지능화, 맞춤화, 개인화 특성을 가짐. 웹 2.0에서 진화된 형태라 할 수 있음

ⓛ 컴퓨터가 데스크톱, 스마트폰에서 사물로 확대되었다는 측면에서의 사물인터넷(IoT) 으로 확대되었음

ⓒ 챗GPT 등의 인공지능, VR, AR 등의 기술이 주목받고 있음

👍 **용어설명**

시맨틱 웹(Semantic Web)

사람이 읽고 해석하기에 편리하게 설계된 현재의 웹 대신에 컴퓨터가 이해할 수 있는 형태의 새로운 언어로 표현해 기계들끼리 서로 의사소통을 할 수 있는 지능형 웹

(3) 소셜미디어의 특성

① 커뮤니케이션 촉진과 사회적 관계 맺기의 확대
- 모든 콘텐츠가 공유되고 유통되면서 커뮤니케이션을 촉진하고, 사회적 관계 맺기를 확대함

② 소셜미디어의 특성은 참여, 공개, 대화, 커뮤니티, 연결임

ⓐ 참여(Participation): 관심을 가진 모든 사람의 참여로 이어지며, 개방적으로 이어진 사람

들의 피드백을 촉진하므로 미디어와 오디언스의 역할을 불명확하게 함

ⓛ 공개(Openness): 정보 공유를 촉진하는 콘텐츠 접근 및 사용에 대한 진입장벽이 없으며, 참여와 피드백이 모두 공개됨

ⓒ 대화(Conversation): 전통적인 미디어가 브로드캐스트(Broadcast)로 콘텐츠가 일방적으로 오디언스에게 전달되었다면, 소셜미디어는 쌍방향성을 가짐

ⓔ 커뮤니티(Community): 소셜미디어는 특정 주제나 관심사를 중심으로 즉각적으로 커뮤니티를 구성하여 반응함

ⓜ 연결(Connectedness): 링크를 통해 다양한 미디어 이용자와 연결되면서 확장하고 성장함

3. 매스미디어와 소셜미디어의 차이점

(1) 차이점 개괄

① 매스미디어는 대량의 정보가 불특정 다수에게 전달되는 매체로 기업이나 정부에 의해 운영되지만, 소셜미디어는 측정할 수 있는 기술로 정보에 접근하는 개방형 플랫폼으로 누구나 사용 가능함

② 매스미디어는 정보가 불특정 다수에게 전달되고 나면 수정이 어렵지만, 소셜미디어는 편집을 통해 수정 가능함

③ 매스미디어는 정보 전달이 일방향적이지만, 소셜미디어는 개방과 공유의 가치를 두고 이루어지는 쌍방향 커뮤니케이션임

(2) 구별하는 특징

〈표〉 매스미디어와 소셜미디어를 구별하는 특징

구분	의미
도달률 (Reach)	• 매스미디어는 대량으로 생산된 정보가 대중에게 일방적으로 도달하기에 용이 • 최근 소셜미디어도 플랫폼의 발전에 따라 도달 증가
접근성 (Accessibility)	• 매스미디어는 전형적으로 개인 또는 국가가 소유하는 형태 • 소셜미디어의 일반적으로 적은 비용으로 혹은 비용 없이 누구나 제한 없이 사용 가능 • 소셜미디어 가입자는 누구나 정보를 퍼블리시할 수 있고, 참여형 플랫폼에서 정보 접근이 용이한 도구로 접속 가능

사용성 (Usability)	• 매스미디어 생산은 전문화된 기술과 훈련을 요구 • 대부분의 소셜미디어는 누구나 정보 생산이 가능함 • 경우에 따라 소셜미디어는 누구나 제작을 쉽게 할 수 있도록 도구 사용법이 발달해 있음
신속성 (Recency)	• 매스미디어가 생산하는 커뮤니케이션 발생 시차는 며칠, 몇 주에서부터 몇 달이 소요됨 • 소셜미디어는 거의 즉각적인 반응을 초래할 수 있으며, 참가자들만이 반응에 대한 지체 여부를 결정함
영속성 (Permanence)	• 매스미디어의 전형적인 콘텐츠는 대부분 한 번 제작되면 변경할 수 없음 • 소셜미디어는 즉각적으로 변경 가능함

4. 소셜미디어의 문제점

(1) 대두되는 문제점

① 소셜미디어의 발달과 함께 개인정보 보호와 프라이버시가 사회 문제로 대두되고 있음

② 개방화된 사회관계 속에서 FOMO(Fearing Of Missing Out; 소외되는 것에 대한 불안감)와 같은 신조어를 등장시키며, 소외 문제가 더욱 부각되고, 비슷한 사람끼리는 더 가까워지지만 조금이라도 다른 사람들은 더 배척하고 혐오하는 사이버 괴롭힘의 문제, 소셜미디어 중독의 문제 등이 논의되고 있음

이해쏙쏙 핵심요약

• 소셜미디어는 정보와 경험, 생각과 의견 등을 공유하기 위해 사용하는 플랫폼이자 미디어로 커뮤니케이션을 촉진하고 사회적 관계 맺기를 확대함
• 웹 2.0의 특징은 개방, 공유, 참여로 소셜미디어가 사회적으로 중요한 영향력 발휘
• 매스미디어와 다르게 소셜미디어는 누구나 사용 가능하며, 개방과 공유에 가치를 두고 이루어지는 쌍방향 커뮤니케이션으로 즉각적 반응을 얻을 수 있고, 편집을 통해 콘텐츠의 수정도 가능함
• 소셜미디어의 발달과 함께 중독, 개인정보 침해 등과 같은 문제 등도 대두

실력쏙쏙 OX퀴즈

01. 웹2.0은 개방을 통해 사용자들의 정보 공유와 참여를 이끌고, 이를 통해 정보의 가치를 증대시키는 것을 목표로 한다. (○/X)　　　　정답: ○

02. 소셜미디어에서는 누구나 정보 생산이 가능하다. (○/X)　　　　정답: ○

03. 소셜미디어는 개인정보 침해의 문제가 전혀 없는 미디어이다. (○/X)　　　　정답: ×

출제예상문제

01 매스미디어와 소셜미디어를 구별하는 특징이 아닌 것은?

① 접근성   ② 사용성

③ 신속성   ④ 비영속성

02 다음 중 웹 2.0의 특징으로 볼 수 없는 것은?

① 개방   ② 지능화   ③ 공유   ④ 참여

03 다음 중 매스미디어와 소셜미디어에 대한 설명 중 틀린 것은?

① 매스미디어는 대량의 정보를 불특정 다수에게 전달하는 매체이다.

② 소셜미디어는 개방형 플랫폼으로 누구나 사용할 수 있다.

③ 매스미디어가 전달한 정보는 전달되고 나면 수정이 어렵지만, 소셜미디어는 편집을 통해 수정할 수 있다.

④ 소셜미디어는 정보 전달이 일방향적으로 이루어지나, 매스미디어는 쌍방향 커뮤니케이션으로 개방과 공유의 가치를 가진다.

04 다음 중 소셜미디어의 특징으로 적합하지 않은 것은?

① 참여   ② 공개

③ 연결   ④ 집중

05 다음 중 소셜미디어와 미디어를 구별하는 특징에 대한 설명으로 틀린 것은?

① 매스미디어와 비교해 소셜미디어는 일반적으로 적은 비용으로 혹은 무비용으로 누구나 이용할 수 있다.

② 매스미디어와 비교해 소셜미디어는 누구나 정보 생산이 가능하다.

③ 매스미디어와 비교해 소셜미디어는 거의 즉각적인 반응을 얻을 수 있다.

④ 매스미디어와 비교해 소셜미디어 콘텐츠는 한 번 제작되면 변경할 수가 없다.

정답 및 해설

01 **정답** ④

해설 소셜미디어의 특징은 도달률, 접근성, 사용성, 신속성, 영속성이다.

02 **정답** ②

해설 지능화는 웹 3.0의 특징이다.

03 **정답** ④

해설 매스미디어가 일방향적으로 정보 전달이 이루어지고, 쌍방향적 커뮤니케이션으로 개방과 공유의 가치를 가지는 것은 소셜미디어이다.

04 **정답** ④

해설 소셜미디어는 참여, 공개, 대화, 커뮤니티, 연결의 특징을 갖는다.

05 **정답** ④

해설 매스미디어의 전형적인 콘텐츠는 대부분 한 번 제작되면 변경할 수 없지만, 소셜미디어는 즉각적으로 변경할 수 있다.

Chapter 02 | 소셜미디어의 종류

1. 소셜미디어의 구분

(1) 소셜미디어 구분 양상

① 소셜미디어 생태계(Social Media Ecosystem)에는 블로그(Blog), 위키(Wiki), RSS, Podcast, Videocast, Moblog, MMS, Internet Telephony 등이 있음

② 위키(Wiki)에 따르면, 일반적으로 사람과 사람, 또는 사람과 정보를 연결하고 상호작용할 수 있는 서비스를 제공하는 웹 기반의 플랫폼을 소셜미디어 범주에 포함할 수 있으며, 크게 블로그(Blog), 소셜 네트워크 서비스(SNS), 위키(Wiki), UCC, 마이크로 블로그(Micro Blog) 의 5가지로 구분할 수 있음

③ 웹 2.0에서는 소셜미디어 플랫폼 유형을 소셜네트워킹(Social Networking), 소셜협업 (Collaboration), 소셜퍼블리싱(Publishing), 소셜공유(Sharing), 소셜토론(Discussion), 소셜대화(Messaging)로 구분하고 있음

④ 소셜미디어는 텍스트, 이미지, 오디오, 비디오 등의 다양한 형태로 다양한 서비스를 제공하고 있기에 여러 기준으로 구분 가능함

⑤ 기준별 소셜미디어의 구분
   ㉠ 목적/서비스별: 커뮤니케이션 모델, 협업 모델, 콘텐츠 공유 모델, 엔터테인먼트 모델로 구분
   ㉡ 내용별: 소셜네트워킹, 게시(블로거닷컴, 위키피디아), 사진 공유, 오디오, 비디오, 라이브 방송, 게임 등으로 구분
   ㉢ 기능별: 프로필 기반, 비즈니스 기반, 블로그 기반, 버티컬 기반(관심주제 기반), 협업 기

반, 커뮤니케이션 기반, 마이크로블로깅으로 구분

ⓔ 서비스 개방 수준별: 개방형, 준폐쇄형, 폐쇄형으로 구분

(2) SNS(Social Network Service)

① SNS는 소셜미디어의 유형 중 하나이며, 소셜미디어는 SNS를 포함하는 더 큰 개념임

② SNS는 개인 프로필을 기반으로 사용자 간 관계를 형성할 수 있는 소셜미디어 플랫폼을 칭함

③ SNS는 소셜미디어 중 가장 큰 영역을 차지하고 강력한 영향력을 지님

④ 1995년 서비스가 시작된 클래스메이트닷컴(Classmates.com)은 SNS의 원조라고 불리며, 국내에도 영향을 끼침

⑤ 2003년 마이스페이스(myspace.com)가 설립되고, 2004년 페이스북, 2006년 트위터(현재 X로 명칭 변경) 등의 서비스가 등장해 본격적으로 SNS 트렌드가 이어짐

2. 소셜미디어와 활용

(1) 국가별 소셜미디어 이용 현황

① 독일통계조사기관 스태티스타(Statista)에 따르면, 2023년 2월 현재 소셜미디어별 이용자가 가장 많은 소셜미디어는 여전히 페이스북(Facebook)이며, 그 뒤로 유튜브(YouTube), 왓츠앱(WhatsApp)과 인스타그램(Instagram), 위챗(WeChat), 틱톡(TikTok), 페이스북 메신저(Facebook Messenger) 순으로 MAU(월간 이용자수)가 많음. 메시지 서비스(Messaging Service)만 보면 왓츠앱이 1위이며, 다음으로 중국의 메시지 앱인 위챗과 메타(Meta)의 페이스북 메신저 순으로 이용자수가 많음

② 소셜미디어 중에서 페이스북, 유튜브, 왓츠앱, 페이스북 메신저, 인스타그램, 위챗은 MAU 10억 명을 이상을 확보하고 있으며, 이 중 메타가 소유한 플랫폼이 4개로 소셜미디어 시장을 장악하고 있는 상황임

👍 용어설명
- MAU(Monthly Active Users): 월간(지난 30일) 활성(활동) 사용자수
- WAU(Weekly Active Users): 일주일간(지난 7일) 활성(활동) 사용자수
- DAU(Daily Active Users): 일일(이전 1일) 활성(활동) 사용자수

(2) 주체별 소셜미디어의 이용 현황

① 기업은 소셜미디어를 자사의 홍보와 정체성을 알리는 창구이자, 소비자와 커뮤니케이션하는 소통의 창구로 활용

② 개인은 물론 기업, 정부 등의 조직 커뮤니케이션 채널로서 소셜미디어가 다양하게 활용됨

③ 플랫폼별로 특성이 다르므로 특성에 맞는 마케팅을 활용하는 것이 바람직함

④ 소셜미디어의 영향력과 확장에 따른 부정적 우려도 존재하는 상황임

⑤ 소셜미디어 대응 프로세스(감정-평가-대응): 미국 공군(US Air Force Emerging Technology Team)이 소셜미디어 도입과 관련해 가장 큰 우려로 지적되는 부정적 피드백(댓글)의 폐해를 걱정하여 감정(Assessment)-평가(Evaluation)-대응(Response)의 대응 프로세스를 발표했음

- 감정(Assessment): 소셜미디어 공간에서 자사 관련 글을 발견하면 그것이 긍정적인지, 부정적인지를 먼저 판단함
- 평가(Evaluation): 긍정적인 글에는 대응하지 않거나 공군과 관련된 스토리를 추가로 공유함. 부정적인 글은 4가지 유형(낚시질, 분노, 정보오류, 고객불만)으로 분류함
- 대응(Response): 감정 및 평가를 통해 나온 판단을 근거로 대응 방향을 결정함. 투명한 사실 공개, 정보원 공개, 수 시간 내 대응, 미국 공군의 생각을 반영한 대응, 주요 블로거를 통한 대응 중 가장 효과적인 것으로 대응함

3. 주요 소셜미디어

(1) 페이스북(Facebook)

① 2004년 2월 4일 하버드대학교 학생이었던 마크 저커버그(Mark E. Zuckerberg)와 에두아르도 세버린(Eduardo Saverin)이 학교 기숙사에서 사이트를 개설하며 만든 소셜미디어임

② 페이스북이라는 이름은 대학교에서 학기 초에 학교 측에서 학생들에게 서로를 알아 가라고 주는 책에서 기원함

③ 현재 만 13세 이상이면 누구나 가입할 수 있고, 한국어판은 2009년 1월에 시작했음

④ 2012년에 인스타그램(Instagram)을, 2014년 왓츠앱(WhatsApp)과 VR 관련 기기 개발 및 제조 기업인 오큘러스(Oculus)를 인수하여 사업을 확장함

⑤ 급변하는 소셜미디어의 트렌드에 맞게 메타버스를 인터넷의 미래로 설정하고, 2021년에는 명칭을 페이스북에서 메타(Meta)로 변경했음

🖒 용어설명

메타버스(Metaverse)

초월, 가상을 의미하는 단어인 메타(Meta)와 우주, 세계(관)를 뜻하는 유니버스(Universe)의 합성어로, 확장된 가상세계를 의미

(2) 인스타그램(Instagram)

① 케빈 시스트롬(Kevin Systrom)과 마이크 크리거(Mike Krieger)가 2010년에 공동으로 설립한 온라인 사진 공유 및 소셜 네트워크 서비스임

② 즉석에서 사진을 볼 수 있는 인스턴트 카메라(Instant Camera)와 정보를 보낸다는 의미의 텔레그램(Telegram)을 합쳐 만든 이름으로, 이용자는 인스타그램을 통해 사진 촬영과 동시에 다양한 디지털 효과를 적용하며 다양한 소셜 네트워크 서비스에 사진 공유가 가능함

③ 2012년 페이스북이 인스타그램을 인수함

(3) 유튜브(YouTube)

① 2005년 2월 페이팔(PayPal) 직원이었던 채드 헐리(Chad Hurley), 스티브 천(Steve Chen), 자베드 카림(Jawed Karim)이 공동으로 창립했으며, 2005년 4월 최초의 영상(Me at the zoo)이 업로드되면서 본격적으로 서비스를 시작했음

② 2006년 구글(Google)이 인수. 동영상 공유 플랫폼이자 콘텐츠 호스팅 웹사이트이며, 세계 최대 규모의 비디오 플랫폼임

③ 유튜브는 당신을 의미하는 'You'와 텔레비전, 브라운관을 의미하는 'tube'를 합친 단어로, "Broadcast Yourself!(당신 자신을 방송하세요!)"라는 슬로건을 사용하고 있음

(4) 카카오톡

① 카카오의 대표적인 SNS로 2010년부터 서비스된 카카오톡의 사용자수는 약 5,000만 명이며, 1억 회 이상의 다운로드수를 보유하고 있음

② 사실상 전 국민이 사용하는 국민 메신저의 역할을 하며, 단순히 국민 메신저 앱을 넘어 스마트폰 문화 확산을 상징하고 있는 대표적인 SNS임

③ 카카오톡 보급의 영향은 단순히 카톡이나 단톡같은 신조어를 만든 것에서 끝나지 않았고, SNS, 콜택시, 지도, 내비게이션, 대리운전, 간편 결제, 인터넷 전문 은행까지 확산되었음

(5) 네이버 밴드

① 네이버 밴드는 국내 포털 사이트 네이버에서 개발한 지인 간의 모임을 위한 SNS임
② 초대받은 멤버만 밴드라는 공간에서 끈끈한 모임을 만들 수 있는 대표적인 폐쇄형 SNS였으나, 2015년 공개형 밴드를 통해 관심사 기반 모임으로 영역을 확장하였음
③ 2021년 말 동네 기반의 관심사를 공유하는 '소모임 밴드'를 출시하였음
④ 2012년 8월 출시 후 2년 만에 3,500만 다운로드를 기록했으며, 게시판, 채팅, 사진첩, 캘린더, 멤버 주소록, 투표, 동창 찾기 등 다양한 기능을 제공하고 있음
⑤ PC 버전과 모바일용 앱 버전도 있고, 휴대폰, 이메일, 페이스북, 네이버 계정 중 하나 또는 여러 개를 이용하여 밴드 계정을 쉽게 만들고 로그인할 수 있어 편리함

(6) 아프리카 TV

① 대한민국의 개인 인터넷 방송 전문 플랫폼으로, 특별한 기술·장비·비용 없이도 누구나 쉽게 개인용 PC나 모바일 기기로 언제 어디서나 실시간 생방송이 가능함
② 2006년부터 본격적으로 인터넷 방송을 시작. 원래는 나우콤이 운영하는 회사였지만, 2013년부터 아프리카 TV로 사명 자체를 바꿈
③ 2007년 별풍선, 2009년 스티커라는 유료 아이템의 도입을 처음으로 이끌고, BJ(Broadcasting Jockey)라는 말을 만드는 등 1인 미디어 시대를 본격화한 소셜미디어였음
④ 유튜브의 등장과 발전으로 많은 BJ가 유튜브로 옮겨 가며, 전성기가 끝났다는 평가도 있었음
⑤ 2024년 아프리카 TV는 회사명을 숲(SOOP)으로 변경하며 글로벌 진출을 선언했으며, BJ라는 명칭 역시 타 플랫폼처럼 스트리머로 변경할 예정임

(7) 틱톡(TikTok)

① 틱톡은 국제 시장에 출시하기 전엔 중국에서 '더우인(抖音)'으로 먼저 출시됨. 중국의 바이트댄스(ByteDance)라는 회사가 2016년 9월에 만든 15초 길이의 짧은 영상 제작 및 소셜 공유 서비스임

② 처음에는 15초 영상만 제작할 수 있었는데, 이용자수가 많아지면서 영상 길이가 길어짐. 이용자가 음악을 선택한 후에 15초부터 60초까지의 길이로 다양한 필터 효과를 넣어 자신만의 짧은 동영상을 제작해 공유할 수 있음

③ 코미디, 음악, 댄스 등 다양한 영역의 사용자들이 영상 콘텐츠를 올려 다른 사용자들과 공유함

④ 직접 배경음악을 선택할 수 있는 것이 장점이며, 클릭하면 바로 다음 영상 시청이 가능함. AI를 통해 이용자 선호에 따른 동영상 추천, 온라인 기업 알리바바와 연계를 통해 동시에 쇼핑이 가능함

(8) X(엑스)[구 트위터]

① 2006년 3월에 미국에서 개설된 서비스로, 140자의 짧은 텍스트 중심의 빠른 정보 전달을 특징으로 하는 SNS임

② 업로드하는 140자 이내의 메시지를 트윗(Tweet)이라고 하며, 이를 통해 다른 사람과 소통하는 구조를 가짐

③ 메시지 용량 제한 이유는 휴대폰 문자메시지(SMS) 서비스를 활용하기 위함

④ 업로드 문자수 제한은 그대로 유지하고 있으며, 이에 대해 X(엑스)의 공동 창시자인 비즈 스톤(Biz Stone)은 "창조는 제한에서 온다."라고 주장하며 제한의 원칙을 고수할 것임을 강조하였음

⑤ 2017년부터 일부 국가의 트윗 글자수를 280자로 확장했으나, 한글의 트윗 글자수는 140자를 유지하고 있음

⑥ 2022년 일론 머스크(Elon R. Musk)가 인수한 이후 여러 논란이 있었으나 여전히 세계적으로 영향력 있는 SNS 중 하나라고 볼 수 있음

⑦ 2023년 7월 트위터에서 X(엑스)로 명칭을 변경하였음

(9) 핀터레스트(Pinterest)

① 2009년에 벤 실버만(Ben Silbermann), 에반 샤프(Evan Sharp)가 설립한 이미지와 동영상 중심의 소셜 네트워크 서비스로, 다양한 분야의 아이디어를 찾고 시각적으로 탐색할 수 있는 특징이 있음

② '핀(Pin)'과 '인터레스트(Interest)'를 합쳐 만든 이름처럼 사용자들이 자신의 관심사를 시각

적으로 공유하고 저장할 수 있는 플랫폼으로 사용이 간단함

③ 최근 이미지 검색 및 추천에 AI 기술이 접목되어 사용자의 취향을 정확히 분석하여 맞춘 콘텐츠를 제공하고 있음

(10) 스레드(Threads)

① 메타(Meta)가 탈중앙화 소셜미디어를 표방하며 2023년 7월에 출시한 SNS 및 마이크로 블로그 서비스임

② 사용자 간에 '스레드'라는 형태의 메시지로 상호작용하는 방식임

③ 기능의 상당 부분이 트위터와 유사하다는 점에서 '메타 버전 트위터'로도 불림

④ 인스타그램 계정과 연동하여 작동하므로 사용을 위해서는 인스타그램 가입이 필요함

⑤ 출시 7시간 만에 이용자수 1천만 명, 하루 만에 1억 명을 돌파해 '돌풍'으로 평가되기도 했음

(11) 링크드인(LinkedIn)

① 페이팔(PayPal) 출신의 리드 호프먼(Reid G. Hoffman)과 IBM 출신인 에릭 리(Eric Lee)가 2003년에 만든 비즈니스 전문 소셜 플랫폼임

② 일반적인 소셜미디어와 다르게 특정 업계 사람들이 구인 구직은 물론 동종업계의 정보 팔로잉 등을 할 수 있는 서비스임

③ 2016년 마이크로소프트사가 인수하였음

④ 무료지만 인맥 관계가 먼 사람들의 프로필 조회 등이 가능한 링크드인 프리미엄(LinkedIn Premium) 서비스는 유료로 제공하고 있음

(12) 메신저 유형의 SNS

① 왓츠앱(WhatsApp)

   ㉠ 2023년 기준으로 월간 활동 사용자가 20억 명으로, 사용자수 1위인 인스턴트 메시징임

   ㉡ 스마트폰과 웹 기반 메시지 앱으로, 메시지, 사진, 비디오, 음성 메시지를 통해 정보를 교환할 수 있는 도구임

   ㉢ 전 세계적으로 대중화된 메신저 프로그램으로 어느 장소에서나 같은 시간대에 텍스트를 보내거나 비디오 또는 음성 채팅이 가능함

② 페이스북 메신저(Facebook Messenger)

㉠ 페이스북 메신저는 이름 그대로 페이스북에서 제공하는 메신저 서비스로 2011년에 시작하였음

㉡ 타이젠 버전의 페이스북 메신저는 2015년 7월 13일에 시작함

㉢ 텍스트와 음성 통신을 제공하는 자유 인스턴트 메신저 서비스이자 응용소프트웨어로 줄여서 '펨', '페메'라고 불리기도 했음

③ 위챗(WeChat)

㉠ 중국의 인터넷 기반 서비스 제공업체인 텐센트(Tencent)가 개발한 메신저임

㉡ 사용자는 위챗을 다운로드하고 등록한 후 휴대폰 통신기록부, 사용자 ID 검색, QR코드 공유 등의 기능을 통해 소량의 데이터로 신속하게 문자, 음성, 사진, 동영상, 단체나 개인 채팅이 가능함

㉢ 기능적으로 인스턴스 통신 기능을 지원하고 있어 임의로 문자, 음성, 사진 등을 즉시 편집할 수 있으며, 동시에 SNS와 LBS(Location Based Service) 기능을 포함하고 있음

！ 이해쏙쏙 핵심요약

- 소셜미디어는 블로그(Blog), 소셜 네트워크 서비스(SNS), 위키(Wiki), UCC, 마이크로 블로그(Micro Blog)의 5가지로 구분 가능
- SNS는 개인 프로필을 기반으로 사용자 간 관계를 형성할 수 있는 소셜미디어 플랫폼
- SNS는 소셜미디어의 유형 중 하나이며, 소셜미디어는 SNS를 포함하는 더 큰 개념임
- 메타가 소유한 플랫폼이 페이스북, 인스타그램, 페이스북 메신저, 왓츠앱 등 4개로 소셜미디어 시장을 장악하고 있으며, 중국의 소셜미디어인 틱톡(바이트댄스), 위챗(텐센트)도 이용자수가 많음
- 국내 대표적인 소셜미디어로는 카카오톡, 네이버 밴드, 아프리카TV가 있음

↗ 실력쏙쏙 OX퀴즈

01. SNS는 소셜미디어의 일종이다. (○/X)　　　　　　　　　　　　정답: ○

02. 위키는 SNS의 대표적인 유형이다. (○/X)　　　　　　　　　　　정답: ×

03. 틱톡은 중국의 인터넷 서비스 제공업체인 텐센트(Tencent)가 개발한 메신저이다. (○/X)　　정답: ×

출제예상문제

01 다음 중 웹 2.0에서의 소셜미디어 플랫폼 유형이 아닌 것은?

① 소셜네트워킹(networking)

② 뉴스미디어

③ 소셜공유(sharing)

④ 소셜대화(messaging)

02 다음 소셜미디어 중 소셜 네트워크 서비스(SNS)인 것은?

① RSS

② 위키(Wiki)

③ 팟캐스트

④ 링크드인(LinkedIn)

03 다음 중 SNS에 대한 설명으로 옳지 않은 것은?

① 소셜미디어 중 가장 강력하면서도 큰 영역을 차지하고 있다.

② SNS의 원조라 불리는 서비스는 클래스메이트(Classmate)로 국내에도 큰 영향
을 미쳤다.

③ SNS로 가장 대표적인 것은 위키(Wiki)이다.

④ 다양한 SNS의 정의에 공통 요소로는 개인 프로필, 관계 형성, 웹 기반 등이 포
함된다.

04 소셜미디어 중 개인 프로필을 기반으로 사용자 간 관계를 형성할 수 있는 웹 기반의 플랫폼은 무엇인가?

① 소셜 네트워크 서비스(Social Network Service)

② UGC

③ 소셜 다이닝

④ RSS

05 다음 중 소셜미디어의 발전을 통해 기대할 수 있는 변화 양상이 아닌 것은?

① 다양한 유형의 소셜 플랫폼이 등장한다.

② 온라인 구전이 감소한다.

③ 정보 공유가 활발해진다.

④ 사회적 관계 형성이 증가한다.

06 2021년 시대적 변화를 반영해 기업의 이름을 메타(Meta)로 변경한 소셜 네트워크 서비스는 무엇인가?

① 페이스북　　　　　　　② 틱톡

③ 구글　　　　　　　　　④ 위키

07 다음은 무엇에 대한 설명인가?

> 케빈 시스트롬(Kevin Systrom)과 마이크 크리거(Mike Krieger)가 2010년에 공동으로 설립한 온라인 사진 공유 및 소셜 네트워크 서비스를 말한다.

① 인스타그램　　　　　　② 페이스북

③ 틱톡　　　　　　　　　④ 왓츠앱

08 미국 공군이 발표한 소셜미디어 대응 프로세스에 해당하지 않는 것은 무엇인가?

① 감정(Assessment)　　　　　② 노출(Impression)

③ 대응(Response)　　　　　　④ 평가(Evaluation)

09 다음 메타(Meta)와 관련 없는 것은 무엇인가?

① 유튜브(YouTube)　　　　　② 왓츠앱(WhatsApp)

③ 인스타그램(Instagram)　　　④ 오큘러스(Oculus)

10 다음 중 중국 기업이 운영하는 SNS가 아닌 것은 무엇인가?

① 틱톡　　　　　　　　　　　② 위챗(WeChat)

③ 시나 웨이보　　　　　　　　④ 왓츠앱

정답 및 해설

01　**정답** ②

해설 웹 2.0에서 소셜미디어 플랫폼 유형은 소셜네트워킹, 소셜협업, 소셜퍼블리싱, 소셜공유, 소셜토론, 소셜대화로 구분한다.

02　**정답** ④

해설 링크드인(LinkedIn)은 2002년에 리드 호프먼(Reid G. Hoffman)이 주도하여 창업한 세계 최대의 비즈니스 전문 소셜 네트워크 서비스이다. 특정 업계 사람들의 구인·구직, 동종 업계 사람의 정보 등을 파악할 수 있다.

03　**정답** ③

해설 위키(Wiki)를 SNS의 가장 대표적인 것으로 볼 수 없다. Wiki는 소셜미디어의 한 유형이지만 SNS는 아니다.

04 **정답** ①

해설 개인 프로필을 기반으로 사용자 간 관계를 형성할 수 있는 웹 기반의 플랫폼을 소셜 네트워크서비스, 즉 SNS라고 한다.

05 **정답** ②

해설 소셜미디어의 발전을 통해 온라인 구전은 감소하기보다는 활발한 정보 공유로 더 증가한다.

06 **정답** ①

해설 페이스북은 2021년 10월에 회사 이름을 '메타(Meta)'로 바꾸었는데, 그 이유는 소셜미디어를 넘어 가상현실(VR)과 같은 분야로 영역을 확장하면서 더욱 포괄적인 이름을 선택했다.

07 **정답** ①

해설 인스타그램에 대한 설명이며, 즉석에서 사진을 볼 수 있는 인스턴트카메라(Instant Camera)와 정보를 보낸다는 의미의 텔레그램(Telegram)을 합쳐 만든 이름이다.

08 **정답** ②

해설 미국 공군의 소셜미디어 대응 프로세스는 감정, 평가, 대응의 프로세스로 이루어져 있다.

09 **정답** ①

해설 2021년에 페이스북에서 명칭을 변경한 메타는 2012년에 인스타그램(Instagram)을, 2014년에 왓츠앱(WhatsApp), VR 관련 기기 개발 및 제조 기업인 오큘러스(Oculus)를 인수해 운영하고 있다.

10 **정답** ④

해설 시나 웨이보(Weibo), 위챗(WeChat), 틱톡(Tiktok)은 중국 기업이, 왓츠앱(WhatsApp)은 미국 기업인 메타가 운영하고 있다.

Chapter 03 | 소셜미디어 마케팅과 주요 전략

1. 디지털 마케팅 시대로의 변화

(1) 디지털 마케팅

① 고객의 경험을 극대화하고, 고객과의 지속적 관계 유지를 목적으로 하는 마케팅을 칭함
② 인터넷 마케팅, 소셜미디어 마케팅, 모바일 마케팅, 콘텐츠 마케팅을 포괄하는 광의의 개념임

(2) 마케팅 전략 및 마케팅 믹스 전략의 변화

① STP 전략: 필립 코틀러(Philip Kotlker)는 기업이 시장을 세분화하여 새로운 고객을 유치하고 지속적인 수익을 낼 수 있도록 하기 위한 STP 전략을 제안. 이는 시장세분화(Market Segmentation), 목표시장 설정(Targeting), 포지셔닝(Positioning)으로 구성됨

② 4P 전략: 4P는 Product(제품), Price(가격), Place(장소/유통), Promotion(촉진/프로모션)으로 구성되어 있으며, 이 4가지를 잘 믹스해 전략적으로 사용해야 한다는 것을 말함

③ 4C 전략: 정보사회에서 고객 관점의 4C, 즉 Customer Value/Benefit(고객의 가치/혜택), Customer Cost(고객이 부담하는 비용), Convenience(고객의 편리성), Communication(고객과의 커뮤니케이션)을 4P를 대체해서 고려해야 한다는 것을 말함

④ 4E 전략: 디지털 감성 시대에 마케팅은 4E, Evangelist(브랜드 전도사/호감과 충성도가 높은 고객), Enthusiasm(열정), Experience(체험/경험), Engagement(브랜드 참여) 중심의 4E 전략을 사용해야 한다는 것을 말함

(3) 디지털 마케팅의 변화 양상

① 디지털 미디어 중심, 소셜미디어 등 매체 세분화
② 능동적 참여형 소비자로 진화
③ 소비자 체험/경험 중심의 옴니채널 구조
④ 데이터 마케팅의 성장: 개인화된 맞춤형 마케팅 등장
⑤ 성과 중심의 퍼포먼스 마케팅 부상
⑥ 글로벌 경쟁과 글로벌 마케팅의 심화

2. 소셜미디어 마케팅

(1) 소셜미디어 마케팅의 정의

① 소셜미디어 마케팅(Social Media Marketing: SMM)이란 소셜미디어 플랫폼과 웹사이트를 이용해 제품이나 서비스를 제고하는 것으로, 소셜미디어를 활용한 마케팅 기법을 칭함. 이 중 SNS 마케팅은 사용자 간의 관계를 형성할 수 있는 소셜 네트워크 서비스(Social Network Service)를 활용해 고객과 소통하는 마케팅 전략을 의미함
② 소셜미디어 마케팅, 소셜 마케팅, SM 마케팅 등으로 혼재되어 불림
③ 소비자의 관심을 얻어 내는 것이 소셜미디어 마케팅의 가장 큰 효과이며, 기업들은 소셜미디어 마케팅을 통해 전체적인 마케팅 비용을 관리할 수 있을 뿐만 아니라 이는 상품의 실질적인 판매로 이어짐
④ 소셜미디어 마케팅은 콘텐츠를 활용해 유기적 도달을 이루어 내는 마케팅과 광고를 통한 도달을 이루는 광고 마케팅으로 구분할 수 있음

구분		방법
Social Media Marketing (SMM)	유기적 소셜미디어 마케팅 (Organic Social Media Marketing)	콘텐츠 등을 업로드하여 유기적으로(Organic) 잠재고객에게 노출해 유기적 도달(Organic Reach)을 달성하는 것을 의미 (콘텐츠 마케팅이 대표적)
	광고 소셜미디어 마케팅 (Paid Social Media Marketing)	소셜미디어에 비용을 지불하고 원하는 타깃층에 인위적으로 노출해 광고를 통한 도달(Paid Reach)을 이루는 것을 의미

유기적 도달(Organic Reach)

광고를 통해서가 아니라 플랫폼에 드나들며 활동하는 사람들의 행동과 결과에 의해 게시물을 본 사람의 수

광고 도달(Paid Reach)

광고 집행을 통해 게시물을 본 사람의 수

(2) 소셜미디어 중심의 구매 행동

① 소비자의 구매 행동은 미국의 경제학자 롤랜드 홀(Rolland Hall)에 의해서 제창된 전통적 AIDMA 과정으로 설명되었음

② 소셜미디어의 확대로 인해 새로운 소비자 행동에 대해 논의 시작. 대표적으로 일본 광고회사 덴츠(Dentsu)가 2005년에 제창한 AISAS 모델을 비롯하여 ASRAUV, AISCEAS 모델 등이 제안됨

③ 소셜미디어 등 디지털 미디어의 확대로 소비자들의 구매 행동 과정은 검색(Search), 참조(Reference), 비교(Compare) 등을 통해 구매로 이어지고, 구매 후에도 의견 공유(Share)나 전파(Viral)가 일어남

④ 소비자의 구매 행동을 파악할 수 있는 데이터의 수집은 앞으로 사용자 개인정보 보호에 대한 논의와 함께 어려워질 것임

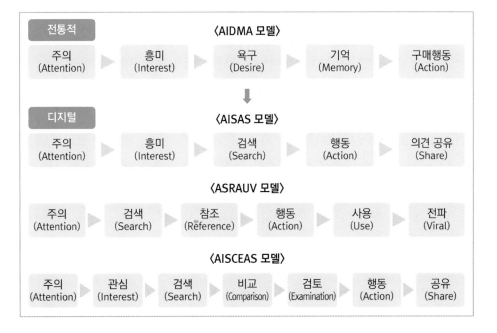

⑤ 크롬 등 브라우저에서 제3자 쿠키(Cookie) 지원 중단을 발표했던 구글이 여러 차례 연기를 거쳐 2024년 7월 결국 지원 중단 계획을 철회했으나 개인정보 보호 강화 움직임 속에서 좀 더 지켜봐야 할 이슈임

⑥ 이러한 변화로 인해 전통적인 마케팅에서 벗어난 새로운 마케팅 방안 모색이 요구되는 상황임

(3) 소셜미디어 마케팅의 대표적 유형

① 콘텐츠 마케팅(Contents Marketing)

ㄱ 다양한 유형의 콘텐츠를 활용해 브랜드나 상품, 서비스 등에 대한 고객들의 관심과 행동 변화를 유도하는 활동을 말함

ㄴ 어떤 특정 고객을 대상으로 가치 있고 일관성·연관성이 높은 콘텐츠를 제작, 비슷한 관심사나 공감대를 가진 잠재고객층에 해당 콘텐츠를 계속 확산시켜 나가는 마케팅 기법임

ㄷ 고객이 회사에 수익이 되는 행동을 하도록 유도한다는 목표로 타깃고객을 명확히 정의하여 그들을 유치하고 관여시킬 수 있는 콘텐츠를 만들고 배포하는 마케팅 및 영업 프로세스. 즉, 전략적으로 콘텐츠를 창조해 공유하게 함으로써 비즈니스 목표를 달성하는 것을 말함

② 해시태그 마케팅

ㄱ 해시태그란 소셜 네트워크 서비스(SNS)에서 사용되는 메타데이터 태그로, 해시기호(#) 뒤에 특정 단어를 쓰면 그 단어에 대한 글을 모아 분류해서 볼 수 있음

ㄴ 본래 해시기호(#)는 1978년에 C 프로그래밍 언어에서 먼저 처리되어야 할 키워드를 표시하기 위해 사용된 기호를 말함

ㄷ 2007년 X(엑스)에서 수많은 정보가 흩어지는 것을 안타깝게 여긴 크리스 메시나(Chris Messena)가 X(엑스) 측에 해시기호를 사용해 정보를 묶을 것을 제안했고, 이를 X(엑스) 측이 받아들이면서 사용되기 시작하였음

ㄹ 이후 X(엑스)뿐만 아니라 페이스북(Facebook), 인스타그램(Instagram), 틱톡(Tiktok) 등에서 사용 가능. 특히 인스타그램에서 리그램(Regram) 시 해시태그는 필수적. 리그램을 통해서 최대한 많은 도달을 이끌어 낼 수 있고, 리그램을 권유하여 콘텐츠를 알리거나, 고객의 게시글을 리그램하여 충성고객 창출도 가능함

③ 챌린지 마케팅

   ㉠ SNS의 참여, 공유 특성을 활용한 마케팅임

   ㉡ 2019년 가수 지코가 신곡 〈아무 노래〉에 맞춰 춤추는 영상을 #anysong- challenge 태그와 함께 게재. 이를 시작으로 각종 챌린지 열풍이 이어짐

   ㉢ 이후 틱톡(Tiktok)의 다운로드가 급증하고, 숏폼 형태의 콘텐츠 소비가 두드러짐

   ㉣ 챌린지 마케팅 확대로 밈(Meme)이 부각되었음

👍 용어설명

밈(Meme)
- 리처드 도킨스(Richard Dawkins)는 문화적 유전자, 문화 전달과 모방의 기본 단위를 밈(Meme)으로 칭함
- 밈(Meme)은 모방을 의미하는 그리스어 '미메메(Mimeme)'에서 나온 말로, 생물체의 유전자처럼 재현 · 모방을 되풀이하며 이어 가는 사회적 관습, 문화적 요소를 나타냄
- 일반적으로 디지털 유행 코드를 뜻함

④ 인플루언서 마케팅(Influencer Marketing)

   ㉠ 인플루언서는 영향력 있는 개인이라는 의미로, 다양한 사용자 간의 관계를 중심으로 타인에게 영향력을 미치며, 플랫폼을 통해 그들에게 잘 소비되는 콘텐츠와 그 안의 메시지를 전달하는 사람을 의미함

   ㉡ 인플루언서 마케팅은 소셜미디어에서 영향력을 행사하는 인플루언서의 입을 빌려 브랜드나 상품을 소비자에게 소개하고 공유하는 마케팅 방식을 말함

⑤ 그로스 마케팅(GROWTH Marketing)

   ㉠ 지속 가능한 비즈니스 성장을 달성하기 위해 빠른 실험, 데이터 기반의 의사결정 및 지속적인 최적화를 강조하는 종합적 디지털 광고 전략을 칭함

   ㉡ 그로스(GROWTH)는 이를 위해 진행하는 여섯 단계, 즉 목표 설정(Goal setting), 연구(Research), 최적화(Optimization), 웹 분석(Web analysis), 테스팅(Testing), 가설 기반 실험(Hypothesis−driven experimentation)을 의미함

⑥ 퍼널 마케팅(Funnel Marketing)

   ㉠ 소비자가 미디어 접점을 통과하면서 의사결정을 하는 과정을 설명하는데, 입구는 넓고 출구는 좁은 퍼널(깔때기)을 표현한 것으로 소비자의 구매로 가는 여정(Journey)을 말함

   ㉡ 전통적인 마케팅 퍼널 모델은 AIDA(Attention−Interest−Desire−Action) 모델임

   ㉢ 퍼널 마케팅 모델로는 사용자가 제품이나 서비스를 최초로 인지하고, 활동(이용)하고, 서비스를 유지하고, 주변 사람에게 추천하고, 매출을 발생시키는 과정을 나타내는 프레임

워크인 AARRR(Aquisition-Activation-Retention-Referal-Revenue) 모델을 비롯해서 제품이나 서비스 특성에 맞게 수정되어 RARRA(Retention-Activation-Referral-Revenue-Acquisition) 모델, AAARRR(Acquisition-Activation-Adoption-Retention-Revenue-Referral) 모델 등으로 다양하게 제시되고 있음

② 퍼널의 단계별로 고객을 정의하고, 캠페인 목표 달성을 위해 적합한 마케팅 활동을 전개해 나가야 함

3. 최적화 기법 사용

(1) 소셜미디어 최적화

① 정의와 중요성

㉠ 소셜미디어 최적화(Social Media Optimization: SMO)는 소셜미디어 플랫폼과 웹사이트를 통해 제품이나 서비스를 제고하는 것으로, 소셜미디어 플랫폼에서 콘텐츠의 유기적 트래픽 유입을 최적화하기 위한 마케팅 기법을 말함

㉡ 소셜미디어나 온라인 커뮤니티 등에 운영 중인 소셜미디어 채널을 널리 알리기 위한 것임

㉢ 소셜미디어가 가지고 있는 공유와 사회적 관계 맺기 기능을 잘 사용해 커뮤니티로의 공헌을 통해 채널의 힘과 영향력을 높이고, 사용자와 사용자 간의 정보 공유 기능을 통해 자신이 제공할 정보를 더 많은 사람에게 전달하려고 하는 시도라고 볼 수 있음

② SMO 기법

㉠ 링크하기, 태깅, 북마크를 쉽게 함

㉡ 링크하는 사람도 얻는 게 있어야 하며, 사이트 바깥에서 쓸 수 있는 콘텐츠를 제작해야 함

㉢ 콘텐츠는 오픈하고, 다른 사람들의 정보원이 되며, 도움이 되는 귀중한 사용자에게 보답해야 함

㉣ 소통이 주요하며, 타깃이 되는 사용자를 파악해야 함

㉤ 반응이 좋은 콘텐츠를 만들고, 정직하고 겸손함을 유지함

㉥ 새로운 것에 도전해서 신선함을 유지하고, 성과를 명확히 정의함

㉦ 콘텐츠로 얻을 결과를 생각하며, SMO를 사이트 운영의 일부로 만들고, 새로운 참가자를 격려해서 SMO를 지속해서 유지함

(2) 랜딩페이지 최적화

① 정의와 중요성
- ㉠ 랜딩페이지란 소셜미디어, 검색엔진, 광고 등을 거쳐 접속하는 사용자가 최초로 보게 되는 웹페이지를 말함
- ㉡ 랜딩페이지 최적화(Landing Page Optimization: LPO)는 사용자들이 다른 사이트로 이동하지 않도록 랜딩페이지에서 목적 페이지로 간단히 이동할 수 있게 최적화하는 것임
- ㉢ 랜딩페이지 최적화의 핵심은 방문 목적을 쉽고 빠르게 달성할 수 있도록 안내해 주는 것임
- ㉣ 사용자가 원하는 웹페이지를 찾을 때, 메뉴나 사이트 검색 기능 등 UI, UX가 충실하게 디자인되어 있지 않다면 사용자는 이탈하게 되므로 랜딩페이지 최적화가 중요함

② LPO 기법
- ㉠ 매력적인 헤드라인으로 사용자의 시선을 끄는 것이 중요함
- ㉡ 이미지(또는 동영상)는 텍스트보다 강력함
- ㉢ 가격, 할인율 등이 중요한 고객을 타깃으로 함
- ㉣ 고객에게 신뢰감을 주어야 함
- ㉤ 사용자의 이용 후기를 적극적으로 활용함
- ㉥ 사용자가 받을 혜택을 직접적으로 알려 줌
- ㉦ 행동 유도 버튼(CTA)을 적절히 활용하는 것이 좋음
- ㉧ 기회가 얼마 남지 않았다는 것을 상기하는 것이 좋음
- ㉨ A/B 테스트는 필수적임

👍 용어설명

행동 유도 버튼(Call to Action: CTA)
디지털 마케팅 전략에서 자주 쓰이는 기법인 행동 유도 버튼(CTA)은 사용자에게 특정 행동을 하도록 유도하는 장치를 말하며, 웹이나 모바일 페이지에서 사용자의 특정 반응을 유도하기 위해 배너나 버튼 등의 요소를 활용하는 것을 말함

4. 소셜미디어 마케팅 성과 관련 용어 정리

용어	의미
CPM (Cost Per Mille)	• 광고가 1,000번 노출됐을 때의 비용을 지불하는 방식
CPC (Cost Per Click)	• 광고의 노출수에 관계 없이 클릭을 한 번 할 때마다 비용을 지불하는 방식
CPA (Cost Per Action)	• 온라인상에 노출된 광고를 클릭해 랜딩페이지에 진입했을 때, 광고주가 원하는 특정 행동을 취하면 비용을 지불하는 광고 비용 책정 방법 • 회원가입, 구매, 신청, 다운로드, 설치 등을 기준으로 할 수 있음
CPV (Cost Per View)	• 광고 시청당 비용 • 일반적으로 동영상 서비스 플랫폼에 사용되며, 노출되면 과금이 되는 방식이 아니라 일정 시간 이상 광고를 시청해야 비용을 지불하는 방식
CPI (Cost Per Install)	• 광고의 노출수와 관계없이 설치 건당 비용을 지불하는 방식 • CPI = 광고비÷설치수
CTR (Click Through Rate)	• 클릭률로 광고 노출수 대비 클릭된 비율을 의미 • CTR = (클릭수÷노출수)×100
CVR (Conversion Rate)	• 전환율로 클릭수 대비 전환이 일어난 비율을 말함 • CVR = (전환수÷클릭수)×100
PPC (Pay Per Click)	• 전체 광고비를 클릭수로 나눈 값이며, 클릭 1회당 단가를 의미 • PPC = 광고비÷클릭수
eCPM (Effective CPM)	• 지불된 전체 비용을 1,000번 노출로 나눈 값을 의미 • CPC, CPM, CPA 등의 광고 효과를 측정하는 기준을 1,000회 노출로 동일하게 만들어 비교하는 데 활용하는 지표를 말함 • eCPM = PPC×CTR×1,000
ROAS (Revenue on Ad Spending)	• 광고비 지불을 통해 광고주가 얻은 매출을 의미 • ROAS = (광고주 매출액÷광고비)×100
ROI (Return On Investment)	• 광고비 지불을 통해 광고주가 얻은 이익이나 효과를 의미하며, 로그 분석 등을 통해 측정할 수 있음 • ROI = (순이익÷광고비)×100
RPI (Revenue Per Impression)	• 노출당 발생하는 매출을 의미 • RPI = 매출÷노출수

이해쏙쏙 핵심요약

- 소셜미디어 마케팅은 소셜미디어 플랫폼과 웹사이트를 이용해 제품이나 서비스를 제고하는 마케팅 기법을 칭함
- 소셜미디어 마케팅은 콘텐츠를 활용해 유기적 도달을 이루어 내는 유기적 소셜미디어 마케팅과 광고를 통해 도달을 이루는 광고 마케팅으로 구분할 수 있음
- 특히 광고뿐만 아니라 소셜미디어 플랫폼에서 콘텐츠의 유기적 트래픽 유입을 최적화하는 소셜미디어 최적화(SMO) 기법을 통해 운영 중인 소셜미디어 채널을 알리고 자신이 제공할 정보를 더 많은 사람에게 전달하려고 하는 것임
- 소셜미디어 시대의 소비자 구매 행동은 주의(Attention), 흥미(Interest)의 단계 후 검색(Search), 참조(Reference), 비교(Compare) 등을 통해 구매로 이어지고, 구매 후에도 의견 공유(Share)나 전파(Viral)가 일어남(AISAS, ASRAUV, AISCEAS 모델)
- 소셜미디어의 발달과 함께 소비자 행동의 변화가 이루어지고 있어 이에 따른 그로스 마케팅, 퍼널 마케팅 등과 같은 새로운 마케팅이 논의되는 상황임

실력쏙쏙 OX퀴즈

01. 소셜미디어 최적화(SMO)는 소셜미디어 플랫폼에서 콘텐츠의 유기적 트래픽 유입을 최적화하는 마케팅 기법을 말한다. (○/X)   정답: ○

02. 소셜미디어 확대에 따른 소비자의 구매 행동 과정을 설명하는 대표적인 모델은 AIDMA 모델이다. (○/X)
정답: ×

03. 플랫폼에 드나들며 활동하는 사람들의 행동과 그 결과로 이루어진 도달(Reach)을 유기적 도달이라 한다. (○/X)
정답: ○

출제예상문제

01 다음 설명 중 틀린 것은?

① 인스타그램의 유기적 도달을 높이기 위해서는 해시태그가 중요하다.

② 옥션, G마켓 등에서 판매자가 상품의 설명 문구를 올려놓은 페이지를 상세페이지라고 하는데, 이는 랜딩페이지가 될 수 없다.

③ SMM는 소셜미디어나 온라인 커뮤니티 등에 운영 중인 소셜미디어 채널을 널리 알리기 위한 것이다.

④ SMM는 사용자와 사용자 간의 정보 공유 기능을 통해 자신이 제공할 정보를 많은 사람에게 전달하려고 하는 것이다.

02 다음 설명 중 틀린 것은?

① 소셜미디어 마케팅은 소셜미디어 광고만을 사용한다.

② 소셜미디어란 사람들의 의견, 생각, 경험, 관점들을 공유하고 사용할 수 있는 온라인 도구나 플랫폼이다.

③ 대표적인 소셜미디어는 X(엑스), 페이스북(Facebook), 유튜브(Youtube), 핀터레스트(Pinterest), 링크드인(LinkedIn) 등이 있다.

④ 기업은 SMM을 통해 전체적인 마케팅 비용을 관리하고 실질적인 판매로 이어지는 효과를 보고 있다.

03 다음 용어에 대한 설명으로 틀린 것은 무엇인가?

① 노출(Impression): 이용자에게 광고나 콘텐츠가 보여진 횟수

② CPM(Cost Per Mille): 노출 1,000회당 비용

③ 도달(Reach): 광고나 콘텐츠를 본 사람수

④ 유기적 도달(Organic Reach): 웹사이트의 특정 페이지가 열린 횟수이며, 웹사이트를 얼마나 열람했는지를 측정하기 위한 가장 일반적인 지표

04 다음 중 밈(Meme)이라는 용어의 기원은 무엇인가?

① 참여　　　　　　　　　② 세대

③ 모방　　　　　　　　　④ 광고

05 다음은 무엇에 대한 설명인가?

> • SNS에서 사용되는 메타데이터 태그
> • C 프로그래밍 언어에서 먼저 처리되어야 할 키워드를 표시하기 위해 사용된 기호

① 버튼　　　　　　　　　② 해시태그

③ 포스트　　　　　　　　④ 쿠키

06 다음 소셜미디어 마케팅 전략을 통해 비즈니스가 가질 수 있는 혜택으로 볼 수 없는 것은?

① SEO 최적화　　　　　　② 새로운 고객 확보

③ 마케팅 비용 절감　　　　④ 브랜드 인지도 향상

07 다음 중 소셜미디어 마케팅 범주에 포함되지 않는 것은?

① Social Media Management   ② Search Engine Optimization

③ Content Marketing   ④ Paid Ads

08 다음 중 소셜미디어 시대의 소비자 행동을 설명하는 모델이 아닌 것은?

① AIDMA   ② AISAS

③ AISCEAS   ④ ASRAUV

09 다음의 설명 중 잘못된 것은?

① 챌린지 마케팅을 주도한 매체는 숏폼 동영상 플랫폼인 틱톡이다.

② 해시태그가 제일 먼저 사용된 SNS는 인스타그램이다.

③ 인스타그램에서 다른 사람의 계정에 있는 게시물을 내 계정에 리포스트하는 것을 리그램이라 한다.

④ 챌린지 마케팅의 확대로 밈(Meme)이 부각되었다.

10 다음 중 소셜미디어 최적화에 대한 설명으로 맞지 않는 것은?

① 소셜미디어 플랫폼에서 콘텐츠의 유기적 트래픽 유입의 최적화를 위한 마케팅 기법이다.

② 소셜미디어 최적화를 위해 주로 SNS 광고를 사용한다.

③ 소셜미디어 최적화는 검색 최적화에도 긍정적 영향을 미친다.

④ 소셜미디어상에서 고객에게 메시지를 전달하고 관리하여 브랜드를 성장시키는 활동이다.

01 **정답** ②

해설 스마트 스토어나 옥션, G마켓 등에서 판매자가 상품 설명 문구를 올려놓은 페이지를 상세페이지라고 하는데, 상세페이지도 랜딩페이지가 될 수 있다.

02 **정답** ①

해설 SMM(Social Media Marketing)은 유기적 소셜미디어 마케팅과 광고 소셜미디어 마케팅으로 이루어진다.

03 **정답** ④

해설 유기적 도달(Organic Reach)은 광고를 통해서가 아니라 플랫폼에 드나들며 활동하는 사람들의 행동과 결과로 게시물을 본 사람수를 말한다. 웹사이트의 특정 페이지가 열린 횟수이고, 웹사이트를 얼마나 열람했는지를 측정하기 위한 가장 일반적인 지표는 PV(Page View)이다.

04 **정답** ③

해설 밈(Meme)은 모방을 의미하는 그리스어 '미메메(Mimeme)'에서 나온 말이다.

05 **정답** ②

해설 SNS에서 사용되는 메타데이터 태그인 해시기호(#)는 뒤에 특정 단어를 쓰면 그 단어에 대한 글을 모아 분류해서 볼 수 있다. 본래 C 프로그래밍 언어에서 먼저 처리되어야 할 키워드를 표시하기 위해 사용된 기호였으나, X(구 트위터)에서 처음 사용되어 페이스북(Facebook), 인스타그램(Instagram), 틱톡(Tiktok) 등에서 사용되고 있다.

06 **정답** ③

해설 소셜미디어 마케팅이 매스미디어를 활용한 마케팅보다 비용이 적게 들지만, 소셜 마케팅의 이점으로 반드시 마케팅 비용 절감이 이루어진다고는 할 수 없다.

07 **정답** ②

해설 SEO(Search Engine Optimization)는 검색엔진에서 홈페이지, 웹사이트가 검색 결과 상위에 더 잘 노출될 수 있게 하여 웹사이트로의 트래픽(웹사이트 유입)을 높이는 것이다.

08 **정답** ①

해설 소셜미디어 시대의 소비자 행동을 나타내기 위해 일본 광고회사인 덴츠(Dentsu)가 제창한 AISAS 모델을 비롯해 ASRAUV, AISCEAS 모델 등이 다양한 측면에서 제안되었다. AIDMA(Attention, Interest, Desire, Memory, Action)는 전통적인 소비자 구매 행동 모델로, 1920년에 제창된 모델이다.

09 **정답** ②

해설 해시태그를 가장 먼저 사용한 SNS는 X(구 트위터)이다.

10 **정답** ②

해설 SMO(Social Media Optimization)는 소셜미디어 플랫폼과 웹사이트를 통해 제품이나 서비스를 제고하는 것으로, 소셜미디어 플랫폼에서 콘텐츠의 유기적 트래픽 유입을 최적화하는 마케팅 기법을 말한다. SMO를 위해 주로 SNS 광고를 사용하는 것은 아니다.

Chapter 04 | 소셜미디어 콘텐츠 유형

1. 콘텐츠의 일반적 구분

(1) 콘텐츠 유형

① 일반적으로 콘텐츠의 제작 목적에 따라 수익 창출을 위한 광고형 콘텐츠, 유익한 정보를 전달하고 신뢰를 형성하기 위한 정보형 콘텐츠, 소통을 위한 일상형 콘텐츠, 참여를 유도하기 위한 참여형 콘텐츠 등으로 구분할 수 있음

② 광고형(상업성) 콘텐츠
  ㉠ 실제 기업의 수익 창출에 목적을 둔 콘텐츠 광고
  ㉡ 브랜드를 각인시키기 위한 다양한 행사나 이벤트 소개 콘텐츠, 광고와 같이 제품의 특성, 상품 소개로 구매를 유도하기 위한 목적의 콘텐츠, 고객이 작성한 후기나 리뷰, 체험단 후기 등과 같은 콘텐츠 등이 있음

③ 정보형 콘텐츠
  ㉠ 유익한 정보 제공에 목적을 둔 콘텐츠
  ㉡ ~하는 방법, ~하는 법 추천 등을 목록 형태로 제시하는 콘텐츠(혹은 리스티클)가 많음
  ㉢ 리스티클(listicle)은 목록을 뜻하는 '리스트(list)'와 '아티클(article)'을 합쳐 만든 단어로, 특정 주제에 관한 정보를 순서대로 나열하는 방식으로 만든 콘텐츠로 정보 전달에 중점을 둠

④ 일상형 콘텐츠
  ㉠ 일상생활을 담아 딱딱한 느낌을 해소하고 소통을 목적으로 하는 콘텐츠
  ㉡ 특정 청자에게 전달할 목적으로 적는 일기와 같은 로그(Log), 별도의 청자 없이 혼자만의 생각을 나타낸 다이어리(Diary), 질문에 대한 답변(talk) 등의 콘텐츠가 해당됨

⑤ 참여형 콘텐츠: 관심을 끌 만한 사항을 참여를 유도하는 데 목적을 둔 콘텐츠

  ㉠ 공감 유도, 댓글 유도, 관심 유도, 바이럴 유도를 위한 콘텐츠임

  ㉡ 체험 참여 유도 등 참여형 콘텐츠가 확대되고, 마케팅에서 중요시되는 추세임

2. 소셜미디어 콘텐츠의 특징과 유형

(1) 소셜미디어 콘텐츠의 특징

① 모바일 친화적이고, 모바일에 최적화된 콘텐츠로 변화되고 있음

② 상대적으로 수용과 창작이 용이함

③ 짧은 형식 이외에도 더 짧고 강렬하게 소비하려는 경향이 숏폼에 반영되는 추세임

(2) 소셜미디어 콘텐츠의 대표 유형

① 인포그래픽

  ㉠ 정보(information)와 그래픽(graphic)의 합성어

  ㉡ 인포그래픽은 정보를 빠르고 분명하게 표현하기 위해 시각화한 것

  ㉢ 정보를 시각적으로 쉽고 밀도 있게 전달하는 데 중점을 준 정보성 콘텐츠임

② 카드뉴스

  ㉠ 이미지와 문구를 사용해 핵심 이슈나 뉴스를 전달하는 형식의 콘텐츠를 말함

  ㉡ 제작자 측면에서는 쉽고 빠르게 제작해 다양한 채널에 활용할 수 있고, 소비자 입장에서는 스마트폰에서 빠르게 읽기 편하고, 공유 및 저장이 쉬움

  ㉢ 가독성과 전달력 측면에서 우수한 정보성 콘텐츠임

③ 브이로그(Vlog)

  ㉠ 동영상(Video)과 기록(Log)을 뜻하는 단어의 합성어임

  ㉡ 유튜브 등의 동영상 플랫폼에서 유행한 영상 콘텐츠 형태 중의 하나로, 일상생활을 영상화한 콘텐츠를 말함

  ㉢ 1993년 영국의 BBC에서 방송되었던 〈비디오네이션(Video Nation)〉이라는 시리즈물에서 시청자로부터 비디오로 된 투고물을 받아 그들의 일상을 찍은 영상물로 프로그램을 구성해 방송한 것이 그 시초라고 볼 수 있음

④ 숏폼 동영상

　　㉠ 클립 동영상(Clip Video), 쇼트 클립(Short Clip), 쇼트 동영상(Short Video), 숏폼 동영상(Short-form Video) 등 다양한 단어가 혼재되어 사용되고 있음

　　㉡ 웨이브(Wavve), 티빙(tving) 등 동영상 스트리밍 플랫폼에서 예능, 다큐 등의 기존 콘텐츠를 10분 내외로 제공하는 동영상에서 시작되었음

　　㉢ 숏폼은 전통적인 미디어가 규정해 온 콘텐츠 형식과 기준을 벗어나 모바일 환경에 적합하게 짧게 변경된 콘텐츠를 말한다고 할 수 있음

　　㉣ 상대적으로 촬영이나 편집에 많은 시간이나 고난도 기술을 요구하지 않고, 다양한 숏폼 서비스를 제공하는 플랫폼이 많아져서 수용과 창작이 용이함. 소비자 참여를 유도하는 데에도 효과적임

3. 소셜미디어 콘텐츠의 크리에이티브 계획 수립

(1) 시작하기 전에 계획 세우기

① 게시할 내용과 눈에 띄는 콘텐츠를 만드는 방법을 파악할 수 있는 계획을 세우는 것부터 시작

② 계획 세우기 3단계

　　㉠ 명확한 목표 설정하기: SMART 기법을 활용해 마케팅 목표를 설정하고 그 목표를 바탕으로 게시물의 방향성 설정

　　㉡ 고유한 디자인과 보이스 만들기: 모든 콘텐츠에 일관성 있는 비주얼과 메시지를 사용하여 브랜드 개성 확립

　　㉢ 게시 일정 만들기: 자주, 지속적으로 게시할 게재 일정 수립

👍 **용어설명**

목표 설정을 위한 SMART 기법

목표는 구체적이고(Specific), 측정 가능해야 하며(Measurable), 달성 가능해야 하고(Achievable), 실현 가능해야 하고(Realistic), 목표를 언제까지 달성할 것인지의 시간 설정/시간제한(Time bound)을 두고 설정되어야 한다는 것을 말함

(2) 마케팅 목표를 사용하여 게시할 내용 파악하기

① 비즈니스가 달성하려는 목표에 부합할 수 있도록 마케팅 목표에 기반한 콘텐츠 제작
② 사람들이 비즈니스에 대해 더 잘 알아 갈 수 있는 게시물
③ 사람들이 제품 또는 서비스를 구매하도록 유도할 수 있는 게시물

(3) 디자인, 보이스, 게시 일정을 일관성 있게 유지하기

① 일관된 색상 조합 사용하기
② 커뮤니티 구성원들이 비즈니스의 게시물을 바로 알아볼 수 있도록 사진과 동영상에서 테마를 기반으로 촬영하기
③ 커뮤니티와 소통할 때 일관된 어조 사용하기
④ 정기적으로 게시하기

4. 소셜미디어 콘텐츠의 크리에이티브 전략

(1) 크리에이티브 전략의 중요성 부각

① 크리에이티브는 성공적인 브랜드 캠페인 요소 중 가장 높은 비중을 차지하고, 치열한 콘텐츠 경쟁 속에서 살아남기 위한 핵심 경쟁력임
② 크리에이티브 전략
　㉠ 치열한 경쟁 속에서 브랜드의 존재감을 키우기 위해서는 차별화가 필요함
　㉡ 콘텐츠 시장은 그 어떤 산업군보다 개인화된 유저의 경험이 중요하므로 세분화된 오디언스에 맞춰 개인화해야 함
　㉢ 팬들과 적극적으로 소통하며 탄탄한 브랜드 팬덤 구축을 위한 쌍방향 소통 콘텐츠 제작에 중점을 두어야 함
　㉣ 브랜드 메시지, 컬러와 모델, 사운드, 앱 UI, 그리고 차별화된 광고 형식 등 브랜드가 보유한 자산 중 콘텐츠로 가장 잘 표현할 수 있는 요소를 찾아 효과적으로 활용해야 함

(2) 모바일에 최적화된 콘텐츠

① 스마트폰과 같은 모바일의 대중화에 의해 정보의 제작과 공유, 그리고 전달에 많은 변화가 이루어짐

② 문자보다는 이미지나 영상을 이용하고, 짧은 시간에 효과적으로 정보를 얻으려는 경향이 강해지는 등 콘텐츠 소비 방식의 변화가 이루어지고 있음

③ 기존의 TV 브라운관이 대표하던 가로형 영상에서 모바일의 세로형 영상으로 영상의 대표적 형태가 바뀌고 있으며, 그 길이도 짧은 것(숏폼)을 선호함

④ 간식(스낵)을 간단히 먹는 것처럼 정보를 빠르고 간단하게 취하는 오늘날을 '스낵 컬처(snack culture)'로 칭해지고 있음

⑤ 콘텐츠의 내용 역시 스낵처럼 무겁지 않고, 재미있는 흥미 중심의 콘텐츠가 중심이 되고 있음

(3) 모바일 콘텐츠의 크리에이티브 스토리텔링 기법

① 스토리텔링 기법은 스토리를 이끌어 나가는 구성 방법을 의미함

② 순차적인 스토리 구성의 경우에는 기승전결로 이어지는 순차적인 방식으로 스토리가 전달되는 반면, 비순차적인 스토리 구성에서는 주요 개념이 먼저 등장한 이후 스토리가 전개되면서 자세한 정보나 설명이 제시됨

③ 순차적 스토리텔링: 어느 정도의 시간 흐름에 따라 스토리를 전개하는 순차적인 방식으로 전달되며, 주로 전통 미디어에서 많이 사용됨

④ 비순차적 스토리텔링: 주로 모바일에서 많이 사용됨

　　㉠ 부메랑(Boomerang): 반복 사용하여 비디오 내에서 화면 효과를 만드는 방식임

　　㉡ 버스트(Burst): 초반에 강력한 즐거움을 선사해 끝까지 시청하게 만드는 방식임

　　㉢ 펄스(Pulse): 스토리 구조를 패턴화하여 다음 순간에 어떤 장면이 나올지 기대하도록 만드는 방식임

　　㉣ 역행(Retrograde): 이야기의 끝과 시작을 뒤바꾸는 방식임

　　㉤ 셔플(Shuffle): 콘텐츠를 짜깁기하여 첫 3~6초 이내에 주요 장면을 구성하며 이야기를 구성해 나가는 방식임

5. 애드테크 발달과 소셜미디어 마케팅

(1) 애드테크 발달 양상

① 애드테크(AD Tech)는 광고(AD)와 기술(Technology)의 합성어

　㉠ 대표적으로 증강현실(Augmented Reality: AR), 가상현실(Virtual Reality: VR), 인공지능 (Artificial Intelligence: AI) 등의 기술 발달

　㉡ 메타버스(Metaverse): 초월, 가상을 의미하는 단어인 메타(Meta)와 우주를 뜻하는 유니버스(Universe)의 합성어로, 확장된 가상세계를 의미

　㉢ AI: Chat GPT를 비롯해, 구글(Gemini, 이전 명칭 Bard) 등도 인공지능 활용 본격화

　　• Chat GPT: 2022년 11월 말 공개한 대화형 전문 인공지능 챗봇

　　• AI 기반 광고 확대: 메타는 어드밴티지+쇼핑 캠페인(Advantage+ Shopping Campaigns: ASC), 자동으로 광고를 만들어 주고 최적화시켜 주는 어드밴티지+크리에이티브를 소셜미디어 마케팅에 도입함

　㉣ 애드테크의 발달로 광고주, 광고매체, 광고 대상을 연결하고 정확한 시기, 정확한 소비자에게 정확한 메시지 전달이 가능해짐

　㉤ 애드테크의 발달로 자동화와 프로그래매틱, 맞춤화(표적화/개인화), 최적화(Optimization)가 이루어지고 있음

(2) 애드테크와 소셜 마케팅

① 전통적인 '지면 구매 방식(Placement Buying)'에서 '오디언스 구매 방식(Audience Buying)'으로 전환

　㉠ 애드테크는 광고 수요자와 매체의 개별 계약으로 이루어지던 전통적인 '지면 구매 방식 (Placement Buying)'에서 유효한 반응이 높을 것으로 예측되는 오디언스를 구매하는 방식인 '오디언스 구매 방식(Audience Buying)'으로 전환을 가져옴

　㉡ 자동화된 구매 및 관리 시스템 구축인 '프로그래매틱 바잉(Programmatic Buying)'이 이를 가능하게 함

　㉢ 프로그래매틱(Programmatic)은 프로그램(Program)과 자동화(Automatic)의 합성어로, 워크플로우의 자동화를 말함

　㉣ 프로그래매틱을 통해 'Right Audience, Right Place, Right Time'을 실현해 나가고 있음

② 미디어 최적화(Media Optimization)

   ⊙ 소비자 반응에 따라 지속적인 변경과 갱신을 수행하며 광고 기획과 실행이 통합된 동태적인 과정을 말함

   ⊙ 이러한 과정을 통해 크리에이티브 기획과 실행이 통합됨

   ⊙ 컴퓨터 프로그램이 자동으로 이용자의 검색 경로, 검색어 등의 빅데이터를 분석해 이용자가 필요로 하는 광고를 띄어 주는 광고 기법인 프로그래매틱 광고(Programmatic Ad) 게재가 가능해짐

   ⊙ 각 매체사의 광고 관리 시스템에서 캠페인의 목표에 따른 예산 최적화, 타깃 최적화는 물론 광고의 유동성을 최적화하고 수익률을 높일 수 있도록 하는 광고 게재 위치(노출 위치) 최적화, 광고 게재 위치와 형식에 따라 적합한 크리에이티브를 제공하는 크리에이티브 최적화 등의 각 광고주에 맞춰진 최적의 기능을 자동으로 제시함

③ 광고 시장 측면에서의 쿠키 이슈

   ⊙ 사용자 개인정보 보호에 대한 우려로 인해 쿠키 지원 중단은 광고 산업에서 중요한 이슈로 작용해 왔음

   ⊙ 기존의 쿠키 기반 광고 추적 방식에 대해 사용자들의 비판과 개인정보 보호에 대한 우려 확대로 쿠키리스 방향으로 전환되어, 구글은 2020년 1월 개인정보 보호 강화를 위해 크롬 브라우저에서 제3자 쿠키 지원을 단계적으로 중단하겠다고 발표하여 광고 산업 전반에 큰 파장을 일으킴

   ⊙ 제3자 쿠키(3rd Party Cookie data)는 이용자가 방문한 웹사이트가 아닌 제3의 도메인에 이용자의 방문 데이터, 구매 행동 데이터 등이 저장되고 읽히게 하는 기술로, 이를 사용하면 사용자의 체류시간, 조회 활동 등을 추적해 취향을 파악할 수 있고 이를 기반으로 맞춤 광고가 가능함

   ⊙ 쿠키가 중단되면 타깃의 관심사와 행동 데이터를 직접적으로 연결할 수 없기에 타기팅, 리타기팅, 맞춤형 광고 등이 어려워져 광고 산업 전반에 미치는 영향이 큼

   ⊙ 구글의 제3자 쿠키 지원 중단 계획은 업계의 반발로 몇 차례 중단 시점이 연기되어 왔으나, 2024년 1월 구글은 2024년 3분기부터 본격적으로 쿠키 제공을 중단할 것이라고 밝혔음

   ⊙ 그러나 제3자 쿠키 지원 중단 시점을 바로 앞두고 구글은 쿠키 지원 중단 계획을 철회할 것을 발표하고 프라이버시 샌드박스(Privacy Sandbox) API 개발 및 개선, 쿠키 설정에 대한 사용자의 선택 및 관리 강화 등의 새로운 접근 방식을 통해 대응해 나갈 것을 제안하였음

   ⊙ 새로운 접근 방식으로는 제3자 쿠키 없이도 광고 타기팅 및 측정 가능한 새로운 기술로

서 구글의 프라이버시 샌드박스(Privacy Sandbox) API, 애플의 SKAN(StoreKit Ad Network) 등이 제시되고 있으며, 사용자의 개인정보를 식별하지 않고도 쿠키의 기능을 할 수 있는 대안이 모색되는 상황임

👍 용어설명

쿠키

이용자가 웹사이트를 처음 방문할 때 웹사이트에서 이용자 컴퓨터의 하드 디스크에 저장해 둔 작은 파일로 웹사이트 이용 편의성 제고(로그인시 정보 기억, 활용, 장바구니 보관 등) 및 사용자 경험 개선, 사용자 행태 정보 제공, 맞춤형 상품 추천 및 리타기팅에 활용함

Google의 프라이버시 샌드박스(Privacy Sandbox)

구글이 프라이버시 침해 문제에 대비해 개발 중인 것으로 개인에 대한 추적을 제한하면서도 모두가 투명하고, 안전하게 사용할 수 있는 기술을 개발하여 제공하는 것을 목표로 하는 개인정보 보호 및 대응 방안

Apple의 SKAN(StoreKit Ad Network)

애플의 앱 추적 투명성 정책에 따라 개인정보 수집을 허용한 사용자만 IDFA(=구글의 GAID)를 광고주에게 제공하며, 사용자 또는 디바이스의 정보 없이 캠페인 성과를 측정 가능한 애플의 개인정보 보호 중심의 API

❗ 이해쏙쏙 핵심요약

- 소셜미디어 콘텐츠의 대표 유형으로는 인포그래픽, 카드뉴스, 브이로그, 숏폼 동영상 등이 있음
- 소셜미디어 콘텐츠 활용에 앞서서 무엇보다 중요한 것은 계획 세우기에서 시작함
- 소셜미디어 콘텐츠에서 중요한 것은 무엇보다도 치열한 경쟁에서 살아남을 수 있는 핵심 경쟁력인 크리에이티브임
- 모바일 콘텐츠에서는 부메랑, 버스트, 펄스, 역행, 셔플과 같은 비순차적 스토리텔링 기법이 많이 사용됨
- 애드테크의 발달로 소셜미디어 마케팅에도 AI 기반 광고 확대, 최적화 강화 등 다양한 변화가 이루어지고 있음

↗ 실력쏙쏙 OX퀴즈

01. 공감 유도, 댓글 유도, 관심 유도, 바이럴 유도와 같은 참여를 목적으로 한 콘텐츠를 참여형 콘텐츠라고 한다. (○/X)

정답: ○

02. 전통적인 미디어가 규정해 온 콘텐츠 형식과 기준을 벗어나 모바일 환경에 적합하게 짧게 변형된 동영상 콘텐츠를 숏폼, 혹은 숏폼 동영상이라고 한다. (○/X)

정답: ○

03. 모바일에서는 어느 정도의 시간 흐름에 따라 스토리를 전개하는 순차적 스토리텔링 방식이 많이 사용된다. (○/X)

정답: ×

04. 챗GPT는 초월, 가상을 의미하는 단어와 우주, 세계(관)를 뜻하는 단어가 합쳐져 가상과 현실이 융합되어 다양한 활동과 가치 창출이 가능한 디지털 세계를 말한다. (○/X)

정답: ×

05. 셔플(Shuffle)은 콘텐츠를 짜깁기하여 첫 3~6초 이내에 주요 장면을 구성하며 이야기를 구성해 나가는 방식이다. (○/X)

정답: ○

출제예상문제

01 디지털 놀이문화를 뜻하는 것으로 디지털 유행코드를 뜻하는 단어이며, 한국어로 '짤방'으로 불리는 단어를 무엇이라 하는가?

① 밈(Meme)　　　　　　　② MZ 세대

③ UCC　　　　　　　　　④ 바이럴 비디오

02 다음이 뜻하는 용어는 무엇인가?

> • 동영상과 기록을 뜻하는 영어 단어의 합성어이다.
> • 유튜브 등의 동영상 플랫폼에서 유행했던 영상 콘텐츠 형태의 하나이다.
> • 영국 BBC 방송 〈비디오네이션〉이라는 시리즈물에서 시초가 되었다.

① 숏폼 콘텐츠

② 기획 콘텐츠

③ 브이로그

④ 라이브 스트리밍

03 다음 중 대표적인 소셜미디어 콘텐츠 유형이 아닌 것은?

① 숏폼

② 카드뉴스

③ 브이로그(Vlog)

④ 다큐멘터리

04 다음 중 모바일용 크리에이티브 스토리텔링 기법이 아닌 것은?

① 버스트: 스토리 구조를 전면에 드러내고 즐거움을 선사해서 끝까지 시청하게 만듦

② 셔플: 트레일러와 같이 콘텐츠를 짜깁기하여 첫 3~6초 이내에 주요 장면을 구성

③ 펄스: 스토리 구조를 패턴화하여 다음 순간에 어떤 장면이 나올지 기대감 생성

④ 전개: 어느 정도의 시간 흐름을 통해 스토리를 전개

05 한 회사의 소셜미디어 담당자가 브랜드 콘텐츠 전략을 구성하고 있다. 다음 중 적합하지 않은 마케팅 전략은 무엇인가?

① 인스타그램의 경우 브랜드 계정과 인플루언서 계정을 분리하여 운영한다.

② 긍정적인 리뷰 콘텐츠를 블로거와 협력하여 제작하여 배포한다.

③ 긍정적인 여론 형성을 위해 커뮤니티와 협력해 프로모션을 진행한다.

④ 효율적인 인력 리소스 관리를 위해 최근 유행하는 틱톡 매체에 집중한다.

정답 및 해설

01 정답 ①
해설 모방을 의미하는 그리스어 '미메메(Mimeme)'에서 온 말로, 생물체의 유전자처럼 재현·모방을 되풀이하며 이어 가는 사회적·관습적·문화적 요소를 나타내는 디지털 유행코드를 뜻한다.

02 정답 ③
해설 브이로그는 비디오(Video)의 형식으로 인터넷에 올려지는 블로그(Blog)의 합성어로, 최근 동영상 플랫폼에서 유행했던 영상 콘텐츠의 하나이다.

03 정답 ④
해설 다큐멘터리는 사실을 기록한다는 점에서 기록 영화라고도 불리면서 이전의 영화와 맥을 같이하기에 대표적인 소셜미디어 콘텐츠 유형으로 보기는 어렵다.

04 정답 ④

해설 모바일용 크리에이티브 스토리텔링 기법은 순차적/비순차적 기법이 있다. 비순차적으로 스토리를 전개하는 기법으로 부메랑, 버스트, 펄스, 역행, 셔플 기법을 사용할 수 있다.

05 정답 ④

해설 소셜미디어 마케팅은 매체별 특성에 맞게 관리하는 것이 좋다. 효율적인 인력 리소스 관리를 위해 최근 유행하는 틱톡 매체만을 집중적으로 관리하는 것은 적합하지 않다.

PART 02

SNS 광고 마케팅

Chapter 01 | 메타(Meta)

메타

- ○ 메타의 전신인 페이스북(Facebook)은 2004년 2월 4일 하버드대학교 학생이었던 마크 저커버그(Mark E. Zuckerberg)와 에두아르도 세버린(Eduardo Saverin)이 학교 기숙사에서 사이트를 개설하며 만든 소셜미디어로, 개인뿐만 아니라 기업도 비즈니스 프로필 기반의 페이지를 만들어 고객과 소통할 수 있음
- ○ 대표적 SNS인 페이스북은 고객이 될 만한 사람들과 이해 관계를 맺거나 친구를 맺고 팔로잉하면서 그들과 관계를 형성하는 활동을 할 수 있음
- ○ 2012년 인스타그램(Instagram), 2014년 왓츠앱(WhatsApp) 및 VR 관련 기기 개발·제조 기업인 오큘러스(Oculus)를 인수함
- ○ 이후 메타버스(Metaverse)를 인터넷의 미래로 설정하고 2021년 사명을 메타(Meta)로 변경하였으며, 급변하는 소셜미디어의 트렌드에 맞게 오큘러스를 메타 퀘스트(Meta Quest)로 통합해 상당한 비용을 투자해 오고 있음
- ○ 2023년 7월 탈중앙화 소셜미디어를 표방하며 스레드(Threads)를 출시하였는데, 인스타그램과 달리 텍스트 콘텐츠(글자수 500자 제한)가 중심임

1. 메타 테크놀로지

(1) 페이스북

① 페이스북 페이지 만들기

㉠ 페이스북 비즈니스 페이지는 비즈니스, 브랜드, 유명인, 사회 운동 및 조직이 이들의 타깃에게 무료로 도달할 수 있는 방법임

- 페이스북 프로필은 비공개로 설정할 수 있지만, 페이스북 페이지는 전체공개만 가능함
- 페이지에 게시물 올리기, 페이스북, 인스타그램 및 페이스북 메신저 사용자와 소통 가능하며 페이지로 광고를 할 수 있음

[그림] 페이스북 페이지 만들기

출처: https://www.facebook.com/pages/creation

㉡ 페이스북 페이지를 만드는 데 필요한 사항

- 페이지를 만들려면 개인 프로필이 필요함. 페이스북 개인 프로필의 정보를 페이스북 페이지에 공유하지 않는 한 페이지에 개인 프로필 정보는 표시되지 않음. 즉, 페이스북에서 프로필과 페이지는 별도로 취급됨
  - ☞ 페이스북 페이지 계정은 뒤의 인스타그램 계정, 광고 계정 등과 비즈니스 포트폴리오(이전 명칭: 비즈니스 관리자 계정)로 메타 비즈니스 스위트(Meta Business Suite)와 비즈니스 관리자에서 한 번에 관리 가능함

- 카테고리: 페이지의 선택한 카테고리에 따라 비즈니스에 특별한 기능이 제공됨
- 비즈니스 관련 상세 정보: 주소, 서비스 지역, 이메일, 전화번호, 웹사이트, 운영 시간, 스토리, 이미지 등 회사나 단체의 세부 정보를 추가
- 달성하려는 목표: 페이지를 만들 때 달성하려는 목표를 명확하게 설정해야 페이지의 특별 기능 활용 가능함

② 페이지의 주요 기능

ㄱ 설정: 페이지 정보, 페이지 삭제 기능 등 모든 설정을 관리, 수정

ㄴ 권한: 전체 관리 권한이 포함된 페이스북 액세스 권한이 있는 경우에 다른 사람에게 페이지에 대한 페이스북 액세스 권한 또는 작업 액세스 권한을 부여하여 페이지 관리에 참여하도록 할 수 있음

- 이전 페이지 관리 역할은 다음과 같이 업무별로 액세스 권한을 할당하는 식으로 변경됨

〈표〉 이전 페이지 역할과 새로운 페이지 환경의 액세스 권한 비교

이전 역할	페이지 액세스 권한
관리자	전체 관리 권한의 페이스북 액세스 권한
편집자	부분적인 관리 권한의 페이스북 액세스 권한
댓글 관리자	메시지 답장, 커뮤니티 활동, 광고, 인사이트에 대한 작업 액세스 권한
광고주	광고, 인사이트에 대한 작업 액세스 권한
분석자	인사이트에 대한 작업 액세스 권한
커뮤니티 매니저	라이브 채팅 관리에 대한 커뮤니티 매니저 액세스 권한

ㄷ 콘텐츠: 페이지에서 모든 콘텐츠를 만들거나 관리 혹은 삭제 가능

ㄹ 메시지: 받은 메시지함에서 답장 가능

ㅁ 커뮤니티 활동: 댓글 삭제 및 응답, 페이지 내 활동 신고 등

ㅂ 광고: 모든 플랫폼에서 광고를 만들고, 관리하고, 삭제 가능

ㅅ 인사이트: 페이지, 게시물 및 광고 인사이트를 통해 페이지의 성과 분석

ㅇ 인스타그램 계정 연결: 페이지를 인스타그램 계정에 연결하여 두 플랫폼에서 커뮤니케이션을 관리하고, 교차 게시, 광고 게재

ㅈ 수익 창출 및 광고: 관련 도구를 사용하여 만든 콘텐츠 수익화

③ 페이지 성격에 따른 템플릿 활용 가능

ㄱ 페이지 설정: 페이지 관리에서 템플릿을 사용하고, 언제든지 수정할 수 있음

ㄴ 카테고리별로 기본 탭과 버튼을 제공

ⓒ 일반 템플릿: 페이지의 기본 템플릿으로, 탭에서 홈, 게시물, 리뷰, 동영상, 사진, 정보, 커뮤니티 중 하나를 선택하고, 행동 유도 버튼(좋아요, 취소, 팔로우, 추천, 저장 등)에서 필요한 것을 선택해 설정할 수 있음

ⓓ 서비스 템플릿: 서비스를 쉽게 찾고 연락하는 데 중점을 둔 페이지 템플릿으로, 서비스, Shop, 쿠폰, 이벤트 탭이 추가되어 있음

ⓔ 쇼핑 템플릿: 서비스 템플릿과 유사한 템플릿으로, 쇼핑몰에서 판매 중인 상품을 Shop에서 연결할 수 있으며, 쿠폰, 리뷰, 이벤트 등의 정보 제공이 가능함

ⓕ 비즈니스 템플릿: 채용 정보, 특별 쿠폰 등 비즈니스 운영에 유용한 기능을 포함함

ⓖ 장소 템플릿: 오프라인 매장 운영 사업자에게 적합한 템플릿으로, 영업 시간, 위치, 이벤트 등의 정보를 강조할 수 있음. '더 알아보기'라는 버튼이 생성되며, 탭에는 홈, 이벤트, 리뷰, 정보, 동영상, 사진, 게시물, 커뮤니티 등을 포함할 수 있음

ⓗ 비영리단체 템플릿: 비영리단체의 경우 사용할 수 있는 템플릿으로, 기부 유도가 가능함. 주요 탭으로는 홈, 정보, 이벤트, 사진, 동영상, 커뮤니티, 리뷰, 게시물이 있음

ⓘ 정치인 템플릿: 기본 버튼으로 '메시지 보내기'가 있으며, 주요 탭으로는 홈, 정보, 동영상, 게시물, 이벤트, 노트, 사진, 커뮤니티가 있음

ⓙ 음식점 및 카페 템플릿: 주요 메뉴 및 영업 시간, 매장 위치 등 중요 정보 및 사진을 강조하고 있는 템플릿으로, 기본 버튼으로 '지금 전화하기'가 제공되며, 선택할 수 있는 탭으로는 홈, 쿠폰, 리뷰, 사진, 게시물, 동영상, 이벤트, 정보, 커뮤니티 등이 있음

ⓚ 동영상 제작 도구 템플릿: 동영상 콘텐츠가 많은 브랜드라면 동영상 제작 템플릿을 활용할 수 있음. 주요 탭으로는 홈, 라이브 방송, 동영상, 사진, 게시물, 정보, 커뮤니티가 있음

④ 게시물

ⓐ 게시물은 타깃과 소통하고 잠재고객에게 도달할 수 있는 가장 빠른 방법임

ⓑ 새로운 게시물을 자주 작성하면 사람들에게 비즈니스가 활발히 활동하고 있고, 고객에게 관심을 쏟는다는 인상을 줄 수 있으며, 게시물로 사람들의 공감을 얻을수록 사람들과 더욱 밀접한 관계를 맺을 수 있으므로 지속적으로 올리는 것이 좋음

ⓒ 페이스북 콘텐츠 게시 팁

• 자주 포스팅하는 것이 좋음. 가이드라인을 위반하지 않는 고품질 콘텐츠를 자주 포스팅하면, 콘텐츠가 고객에게 노출될 가능성이 커짐

• 적시에 포스팅하는 것이 좋음. 화제가 될 때 포스팅하면 주목받을 가능성이 더 커짐

- 본인의 게시물이 친구들이 공유할 만한 것인지, 다른 사람에게 추천할 만한 것인지 스스로 물어볼 것
- 모든 게시물에 적용될 수 있는 공통적인 전략은 없으므로 일반적으로 포스팅을 보는 사람이 흥미를 느낄 거라고 생각되는 콘텐츠를 만드는 데 집중하는 것이 좋음

⑤ 스토리

  ㉠ 스토리 게재 위치
- 페이지 스토리는 피드 상단의 가장 눈에 띄는 위치에 표시됨
- 모바일에서 페이지의 프로필 사진을 눌러도 페이지 스토리가 노출됨

  ㉡ 스토리의 장점
- 페이지에 이미 콘텐츠를 공유했거나 광고를 게재 중인 경우, 스토리를 통해 타깃이 즐길 다양한 미디어 형태로 소통 가능함
- 모바일 기기에서는 브랜드나 비즈니스를 보여 주는 콘텐츠를 바로 공유할 수 있음
- 공감할 만한 즐거운 순간을 전달하여 유대감을 형성하는 콘텐츠를 공유함
- 게시물을 아직 확인하지 않은 타깃의 피드 상단에 비즈니스의 스토리가 표시됨

⑥ 동영상 업로드 및 관리

  ㉠ 동영상 업로드
- 페이지 또는 프로필에서 직접 동영상 업로드가 가능함
- 썸네일, 캡션을 준비하고, 최적화 여부, 동영상에 퍼가기 허용 여부를 선택하면 영상 업로드가 완료됨(☞업로드할 동영상이 2개 이상일 때는 Meta Business Suite에서 최대 50개까지 일괄 업로드함)

  ㉡ 동영상 수정 및 삭제
- 페이스북의 동영상이나 동영상 클립을 변경, 삭제하고 싶다면 저장, 예약 또는 공개 후에 편집 가능함(☞클립은 데스크톱 Meta Business Suite에서만 수정 가능)

  ㉢ 기존 동영상이나 새로운 동영상 시리즈 만들기
- Meta Business Suite에서 이전에 업로드한 기존 동영상이나 새로운 동영상으로 시리즈를 만들 수 있음
- 시리즈는 동일한 콘텐츠 세트의 일부인 '에피소드 모음'으로 'ep. ○○○'와 같은 이름의 여러 에피소드 동영상을 하나의 시리즈로 만들 수 있음
- 에피소드는 하나의 시리즈에만 포함될 수 있으나, 여러 재생목록에 표시될 수 있음
- 시리즈당 동영상은 500개로 제한되며, 시리즈 하나에 포함할 동영상이 500개가 넘는 경우 시리즈를 하위 주제, 시간별 컬렉션, 시즌 등으로 세분화하는 것이 좋음

ⓔ 재생목록
- 재생목록은 테마나 주제별로 동영상을 정리한 것으로, 콘텐츠를 더 쉽게 찾고 팬들의 충성도를 높이는 데 도움이 됨
- 재생목록당 동영상은 500개로 제한되므로 주제나 시간별 컬렉션처럼 세분화해서 목록을 만드는 것이 좋음
- 재생목록에 커버 이미지를 넣는 것은 선택 사항임. 이미지를 직접 업로드 안 하면 자동으로 생성됨

⑦ 페이스북 라이브 방송
- 페이지나 프로필에서 라이브 방송을 시작하고, 친구와 팔로워를 초대하여 라이브 이벤트와 공유 가능함
- 라이브 방송은 계정을 만든 지 60일 이상 지나고, 페이지 또는 프로페셔널 프로필 팔로워가 100명 이상이어야 가능함. 또한 이제 페이지에서 라이브 방송을 하려면 페이스북 액세스 권한 또는 콘텐츠 생성을 위한 작업 액세스 권한이 있어야 함(2024년 6월 변경 사항)
- 프로필에서 공개대상을 선택할 수 있으며, 페이지의 라이브 방송은 전체공개로만 됨

⑧ 인사이트의 활용
ⓐ 인사이트는 타깃을 더욱 잘 파악하고, 타깃이 가장 많이 반응을 보이는 콘텐츠를 이해하는 데 도움이 됨
ⓑ 인사이트는 팔로워 수가 100명 이상인 페이지 또는 프로페셔널 프로필(개인 프로필에서 프로페셔널 모드를 설정한 프로필)에 가장 유용하게 활용할 수 있음
ⓒ 요약: 특정 기간(오늘, 어제, 최근 7일, 최근 28일)을 기준으로 선택 가능함
- 페이지 행동: 사람들이 페이지의 연락처 정보 및 행동 유도 버튼을 클릭한 횟수
- 페이지 조회: 로그인 또는 로그아웃한 사람들이 페이지의 프로필을 조회한 횟수
- 페이지 미리보기: 사람들이 콘텐츠를 미리보기 위해서 페이지 이름 또는 프로필의 사진에 커서를 가져간 횟수
- 페이지 좋아요: 페이지를 좋아하는 사람 중 새롭게 추가된 사람의 수를 좋아요를 누른 위치에 따라 광고 및 비광고로 나누어 각각 집계한 수치
- 게시물 도달: 화면에 페이지의 게시물을 표시한 사람의 수를 전체, 일반 및 홍보로 나누어 집계한 수치
- 스토리 도달: 화면에 페이지의 스토리를 표시한 사람의 수를 전체, 일반 및 홍보로 나누어 집계한 수치
- 추천: 사람들이 페이지를 추천한 횟수

- 게시물 참여: 사람들이 좋아요, 댓글, 공유 등을 통해 게시물에 참여한 횟수
- 응답률: 응답률은 비즈니스에서 응답한 메시지의 비율을 말함. 응답 시간은 가장 빠른 응답 시간의 90%를 기준으로 페이지에서 응답하는 데 걸린 평균 시간을 말함
- 동영상: 페이지의 동영상이 3초 이상 재생된 횟수 또는 총 길이가 3초 미만의 경우에 총 길이에 가깝게 재생된 횟수를 전체, 광고 및 비광고로 나누어 집계한 수치
- 페이지 팔로워: 페이지를 팔로우한 사람 중 새롭게 추가된 사람의 수를 유입 경로에 따라 광고 및 비광고로 나누어 각각 집계한 수치
- 주문: 선택한 기간에 접수된 주문 건수와 수익

ⓛ 최근 홍보: 최근 페이지에서 홍보된 게시물(광고)과 성과

ⓜ 최근 게시물: 5개의 게시물과 성과

ⓝ 경쟁 페이지: 경쟁사 페이지를 추가해 성과 비교 가능

ⓞ 활성 상태 유지: 페이지 팬들과 교류하고, 연락처 상세 정보와 기타 정보를 포함한 게시물을 자주 올리고, 페이지 인사이트를 활용할 때 높은 성과를 낼 수 있음

⑨ 페이스북의 콘텐츠 배포 방식

ㄱ 페이스북의 콘텐츠는 4단계의 알고리즘(인벤토리-시그널-예측-점수 단계)을 거쳐서 게재 여부가 결정됨

- 인벤토리 단계: 인벤토리는 나와 내 친구가 공유하고 있는 포스트 그리고 내가 팔로우하고 있는 페이지 전체를 말하며, 페이스북 피드에는 주로 친구나 퍼블리셔가 올린 콘텐츠가 표시됨
- 시그널 단계: 이 단계에서는 누가, 언제(몇 시에, 인터넷 연결 속도는 등) 올렸는지와 같이 시그널 요소를 많이 고려함
- 예측 단계: 게시물에 대한 참여(댓글, 시청 시간 등)가 얼마나 이루어질지 예측해 보는 단계
- 점수 단계: 이 모든 사항을 사용해 관련성 점수(사람들이 게시물에 얼마나 관심을 가질 것이라고 생각하는지를 나타내는 숫자)로 나타내고, 콘텐츠 게재를 결정함

ㄴ 페이스북은 페이지에 게시물이 올라오면 누가, 언제 올린 게시물로 어떤 인게이지먼트가 이루어지고, 이루어질 것인지를 예측해 콘텐츠를 배포함

⑩ 퍼블리셔 콘텐츠 및 페이스북 커뮤니티 규정

ㄱ 페이스북 커뮤니티 규정을 위반할 가능성이 있는 콘텐츠는 불시에 삭제됨

- 가짜 계정에서 만들고 배포한 콘텐츠
- 알려진 혐오 용어가 포함된 콘텐츠

- 심각한 폭력을 선동하거나 조장할 수 있는 콘텐츠
- 따돌림 및 괴롭힘
- 스팸
- 폭력적인 이미지
- 성인 나체 이미지 및 성적 행위
- 즉각적인 신체적 상해의 위험에 직접적으로 기여할 가능성이 있는 코로나19에 관한 거짓 주장
- 페이스북 커뮤니티 규정에 정의된 제한된 상품 또는 서비스를 구매, 판매, 거래 또는 홍보 하는 게시물

ⓛ 규정 위반의 소지가 있으므로 노출을 제한함
- 성인 나체 이미지 또는 성적 행위 정책을 위반하지는 않았지만, 위반의 소지가 있는 콘텐츠
- 페이스북의 폭력적이고 자극적인 내용 정책을 실제로 위반하지는 않았지만, 그러한 가능성이 있는 콘텐츠
- 따돌림과 괴롭힘, 혐오 발언, 폭력 및 선동 관련 정책을 위반하지 않았지만, 위반의 소지가 있는 콘텐츠
- 코로나19 또는 백신 정책을 위반하지는 않았지만, 백신 접종을 방해할 가능성이 있는 방식으로 백신에 대해 오해의 소지가 있거나 과장된 정보를 공유하는 콘텐츠
- 화기, 화기 부품, 탄약, 폭발물 또는 살상 무기를 구매, 판매 또는 거래하려고 시도하는 콘텐츠
- 고위험 약물(오용, 중독, 과용을 포함한 심각한 건강 문제를 겪을 가능성이 큰 약물)을 판매하거나 제공할 것으로 예상되는 콘텐츠

ⓒ 의심스러운 입소문을 암시하는 게시물 가이드라인
- 페이스북의 콘텐츠는 신뢰할 수 있는 출처를 가진 것이어야만 함
- 게시물이 빠른 속도로 배포될 때, 특히 게시자가 거주하는 국가 이외의 국가 사람들에게 배포되는 속도가 이상하게 빠를 때는 콘텐츠 게시자의 신원을 확인하거나 위반 사항이 검토 혹은 확인될 때까지 콘텐츠 이용을 일시적으로 제한할 수 있음

ⓔ 페이스북 정책을 반복적으로 위반하는 사람에 대한 가이드라인
- 페이스북의 커뮤니티 규정, 서비스 약관 또는 콘텐츠 배포 가이드라인 등을 여러 번 반복해서 위반한 프로필, 페이지, 또는 그룹은 계정을 여러 개 만들어서 규제를 회피하려 함
- 정책 및 가이드라인을 위반하는 콘텐츠를 반복적으로 게시할 경우, 특정 수준으로 강등될 수도 있음

⑪ 추천 기능

　㉠ 페이스북과 인스타그램은 추천 기능을 통해 사용자가 아직 팔로우하지 않은 콘텐츠, 계정, 단체를 추천해 새로운 커뮤니티와 콘텐츠를 발견하도록 함

　㉡ 플랫폼에서 허용되지만, 추천 대상이 되지 않는 콘텐츠는 다음과 같음

- 안전한 커뮤니티를 조성하는 데 방해가 되는 콘텐츠
  - 자해, 자살 또는 섭식 장애를 다루는 콘텐츠와 죽음이나 우울증에 관한 주제를 묘사하거나 이를 경시하는 콘텐츠(자살 또는 자해를 조장하는 콘텐츠나 자극적인 이미지는 삭제됨)
  - 싸움과 같이 폭력을 묘사할 수 있는 콘텐츠(자극적이고 폭력적인 콘텐츠는 삭제됨)
  - 속이 다 비치는 옷을 입은 사람의 사진과 같이 노골적인 성 묘사가 있거나 선정적인 콘텐츠(성인의 나체 이미지나 성적 행위가 포함된 콘텐츠는 삭제됨)
  - 담배 또는 전자 담배, 성인용품 및 서비스 또는 처방 약물 등 특정 규제 제품의 사용을 홍보하는 콘텐츠(대부분 규제 상품을 판매하거나 거래하려는 콘텐츠는 삭제됨)
  - 추천할 수 없는 계정 또는 단체에서 공유한 콘텐츠
- 건강 또는 금융에 관한 민감하거나 낮은 품질의 콘텐츠
  - 미용 시술을 홍보하거나 묘사하는 콘텐츠
  - '기적의 치료제'와 같이 건강에 대해 과장된 주장이 포함된 콘텐츠
  - 체중감량에 도움이 되는 보조제 등 건강 관련 주장을 기반으로 제품 또는 서비스를 판매하려는 콘텐츠
  - 급여일 대출 또는 '위험이 없는' 투자와 같이 오해의 소지가 있거나 거짓 정보가 포함된 비즈니스 모델을 홍보하는 콘텐츠
- 사용자가 일반적으로 좋아하지 않는 콘텐츠
  - 낚시성 콘텐츠가 포함된 콘텐츠
  - 참여 유도를 위한 낚시성 콘텐츠가 포함된 콘텐츠
  - 대회 또는 무료 증정 행사를 홍보하는 콘텐츠
  - 연결 링크 또는 악성 광고로 채워진 랜딩페이지와 같이 품질이 낮거나 사기성 콘텐츠가 포함된 랜딩페이지 또는 도메인의 링크가 포함된 콘텐츠
- 품질이 낮은 게시물과 관련된 콘텐츠
  - 물질적 가치를 추가하지 않고 다른 소스에서 대부분을 재가공한 원본이 아닌 콘텐츠
  - 페이스북과 웹상의 다른 장소 대비 불균형한 클릭수를 얻은 웹사이트의 콘텐츠
  - 저작권 또는 퍼블리셔의 편집자에 대한 투명한 정보가 포함되지 않은 뉴스 콘텐츠

- 허위 콘텐츠이거나 오해의 소지가 있는 콘텐츠
  - 독립적인 팩트 체크 기관에서 거짓으로 판명된 주장이 포함된 콘텐츠(신체적 상해 또는 투표 억제를 유발할 수 있는 허위 정보는 삭제됨)
  - 주요 국제 보건의료기관에서 잘못된 내용이라고 널리 밝힌 백신 관련 허위 정보
  - 가짜 신분증 사용 관련 게시물을 공유하는 사람과 같이 허위 문서 사용을 조장하는 콘텐츠(처방전과 같이 위조문서를 판매하려고 시도하는 콘텐츠는 삭제됨)

(2) 인스타그램

① 개요
  ㉠ 케빈 시스트롬(Kevin Systrom)과 마이크 크리거(Mike Krieger)가 2010년에 공동으로 설립한 온라인 사진 공유 및 소셜 네트워크 서비스
  ㉡ 즉석에서 사진을 볼 수 있는 인스턴트 카메라(Instant Camera)와 정보를 보낸다는 의미의 텔레그램(Telegram)을 합쳐 만든 이름으로, 사진 촬영과 동시에 다양한 디지털 효과를 적용하며 다양한 소셜 네트워크 서비스에 사진을 공유할 수 있는 것을 특징으로 함
  ㉢ 매월 12억 명 이상이 활동하는 글로벌 소셜미디어로, 인스타그램과 '할 수 있는'의 합성어인 인스타그래머블(인스타그램에 올릴 만한), '인스타 감성' 등의 신조어가 만들어질 만큼 감각적이고 트렌디한 이미지와 영상을 게재함
  ㉣ 2012년에 페이스북이 인수함. 이후 사명을 변경한 세계 최대 소셜미디어 기업인 메타가 운영하고 있음

② 인스타그램 비즈니스 계정 만들기
  ㉠ 인스타그램에서는 개인 프로필을 프로페셔널 계정으로 전환하여 사용하면 되고, 언제든지 개인 계정으로 되돌릴 수 있음
   • 인스타그램 프로필 설정에서 프로페셔널 계정으로 전환 선택하고, 크리에이터/비즈니스 중 비즈니스 카테고리를 선택함
   • 인스타그램 계정을 최대 5개까지 보유할 수 있으며, 이를 관리하기 위해 다중 계정 로그인 설정을 하면 로그아웃한 후 다시 로그인할 필요 없이 전환하여 관리할 수 있음
   • 인스타그램 프로페셔널 계정에 페이스북 페이지를 연결해 두어야 인스타그램 비즈니스 도구를 최대한 사용할 수 있음
  ㉡ 개인 프로필을 비즈니스 계정으로 전환한 후에는 비공개로 전환할 수 없음
  ㉢ 인스타그램 비즈니스 계정의 이점

- 인스타그램에서 비즈니스에 관심 있는 사람들을 파악할 수 있는 인사이트 보기
- 성과 추적 등을 볼 수 있는 프로페셔널 대시보드 이용하기
- 프로필에 비즈니스 카테고리와 연락처 정보를 표시하거나 숨길 수 있는 옵션 사용하기

③ 인스타그램의 구성

  ㉠ 피드: 인스타그램 피드는 사람들이 사진과 동영상을 공유하고, 커뮤니티와 소통하고, 관심 있는 콘텐츠를 둘러볼 수 있는 모바일에 최적화된 랜딩페이지임

  ㉡ 스토리: 개인 사용자와 비즈니스가 24시간 뒤에 사라지는 짧은 형식의 세로 방향 이미지와 동영상으로 공유. 좋아요 누르기가 가능함

  ㉢ 릴스: 영상을 찍어 편집하여 창의성을 드러내고 브랜드의 개성을 생생하게 전달하는 데 사용할 수 있는 숏폼(Short-form) 형식의 재미있는 동영상 게시물임

  ㉣ 인스타그램 다이렉트(Instagram Direct): 한 명 이상의 사람들과 텍스트, 사진, 게시물과 스토리를 비공개로 주고받을 수 있는 앱 내의 메시지. 개인적인 소통을 통해 관계를 발전시키고, 또한 판매를 유도함

  ㉤ 인스타그램 Shop: 브랜드 사진과 동영상을 통해 제품을 쉽게 발견할 수 있게 하며 쇼핑을 즐길 수 있도록 하는 솔루션 기능. 페이스북 Shop과 함께 커머스 관리자에서 통합적으로 관리함(☞자세한 사항은 '4. 메타 콘텐츠로 수익 창출하기' 참조)

  - Shop: 사람들이 비즈니스 프로필에서 바로 쇼핑할 수 있는 맞춤 설정이 가능한 온라인 매장으로, Shop 보기를 눌러 Shop 이름, 추천 이미지, 고객 평가, 배송 및 안전 결제 상세 정보와 함께 팔로우 및 모든 제품 둘러보기 행동 유도 버튼을 확인할 수 있음
  - 제품 태그: 고객들이 비즈니스의 웹사이트나 앱에서 제품을 구매할 수 있도록 카탈로그의 제품을 추천하는 태그임(☞제품 태그 광고를 만들거나 제품 태그 게시물을 홍보하기 위해 반드시 Shop을 만들어야 하는 것은 아님. 제품 태그를 사용하여 인스타그램 게시물과 스토리에 제품 소개가 가능함)
  - 컬렉션: 고객들이 마음에 드는 제품을 찾는 데 도움이 되도록 비즈니스가 Shop에 맞춰 모아 제공함
  - 제품 상세 페이지: 가격, 제품 설명 등과 같은 제품과 관련된 정보를 보여 주는 페이지임
  - 제품 태그 광고: 광고 관리자와 인스타그램 앱에서 제품 태그 광고나 Shop 게시물을 홍보함으로써 판매하고자 하는 콘텐츠의 도달범위를 넓힐 수 있음. 제품 태그 광고는 전환, 링크 클릭 및 게시물 참여 유도가 가능함

  ㉥ 인스타그램 검색: 검색어 기반으로 계정, 해시태그, 장소 등의 검색 기능을 제공

④ 인스타그램에서 게시물 만들기

ㄱ 시선을 사로잡는 콘텐츠 만들기: 전환과 효과를 사용하여 시선을 사로잡고, 타이밍이 적용된 텍스트로 요점을 강조하며, 오디오로 클립에 생생함을 더한 콘텐츠를 만드는 것이 좋음

ㄴ 게시물 내용을 전달할 간단한 캡션 작성하기: 가장 중요한 정보를 초반에 배치하며, 핵심 메시지에 초점을 두고 간결하게 작성. 일관되고 친근한 어조를 사용하며, 간단하고 직접적인 텍스트로 행동을 유도하도록 작성함

ㄷ 해시태그를 추가해 게시물 검색 가능성 높이기: 검색 가능성을 높일 수 있는 위치 태그, 제품 태그, 관련된 파트너 태그 등을 추가함

⑤ 콘텐츠를 공유하는 방법

ㄱ 피드에 게시하여 비즈니스 소개하기

ㄴ 스토리를 사용하여 비즈니스의 친근한 모습을 보여 주고 실시간으로 소통하기

ㄷ 라이브 방송을 통해 실시간으로 커뮤니티 구성원들과 소통하기

☞ 피드 게시물은 인스타그램 피드에 표시되고 삭제하거나 보관하지 않는 한 프로필 그리드에 유지되지만, 인스타그램 스토리와 라이브 방송은 인스타그램 피드 상단에 표시되고 24시간이 지나면 사라짐

⑥ 게시물 홍보하기: 광고

ㄱ 기존 게시물로 광고로 만들 수 있음

ㄴ 자세한 사항은 '4. 메타 콘텐츠로 수익 창출하기' 참조

⑦ 인스타그램 Shop

ㄱ Shop과 광고

• 광고 관리자에서 제품 태그를 사용하여 광고를 만들 수 있음

• 광고 관리자와 인스타그램에서 게시물 홍보하기를 통해 광고 가능함

• 기존 게시물로도 파트너십 광고를 만들 수 있음

• 크리에이티브 도구로 어드밴티지+ 카탈로그 광고를 맞춤 설정하여 제품 태그를 추가할 수 있음

• 다이내믹 형식과 크리에이티브로 어드밴티지+ 카탈로그 광고를 만들어 인스타그램에 표시되는 일부 광고에 자동으로 제품 태그를 추가할 수 있음

• 제품 태그 광고를 사용하면 사람들을 제품 상세 정보 페이지로 빨리 바로 연결하고, 광고에서 바로 구매 단계로 이동하도록 설정할 수 있음

• 상품 출시: Spring, Represent, Fanjoy, Universal Music Group과 같은 상품 제공업체의 계정이 있는 인스타그램 크리에이터인 경우는 인스타그램에서 상품 출시 즉시 고객이 제

품을 구매할 수 있는 환경을 제공할 수 있음

    ⓛ 인스타그램 게시물에 Shop 태그 추가 · 수정 · 삭제하기

- 모든 사용자가 제품 태그 사용 가능. 단, 활성 상태의 인스타그램 계정(만 19세 이상)으로 계정 위반 사실이 없고, 카탈로그를 중복해서 사용하고 있지 않아야 제품 태그를 사용할 수 있음
- 태그는 카탈로그의 제품, 컬렉션 또는 프로모션을 표시하고, 고객이 비즈니스의 웹사이트나 인스타그램 앱에서 제품을 구매하도록 안내하는 역할을 함
- 인스타그램 릴스, 스토리, 이미지 및 동영상 게시물에 태그를 추가할 수 있음
    - 사진 피드 게시물은 최대 20개의 제품, Shop 태그를 추가할 수 있음
    - 슬라이드 게시물(최대 10개의 사진과 동영상으로 구성)당 20개씩 태그를 추가할 수 있음
- 인스타그램 계정의 새로운 게시물은 물론 기존 게시물에서도 태그가 가능함
- 모든 사람, 또는 승인된 브랜디드 콘텐츠 파트너에게만 태그 권한을 부여할 수 있음

    ⓒ 인스타그램 스토리에 제품 스티커 추가하기

- 인스타그램 스토리의 이미지나 동영상 홍보하기를 통해 스티커를 추가할 수 있음
- 스토리당 제품 스티커 1개(최대 5개까지 태그된 제품이 포함된) 추가 가능
- 제품 스티커는 추가 스티커, 하이라이트 및 동영상과 함께 게재할 수 있음

    ⓔ 인스타그램 게시물에 프로모션, 컬렉션 표시는 현재 미국에서만 가능함

(3) 메신저(Messenger)

    ① 개요

        ㉠ 메타에서 제공하는 비즈니스 소통을 위한 메신저 앱

        ㉡ Meta Business Suite에서 메신저와 인스타그램 다이렉트의 통합 관리가 가능함

    ② 메신저 활용의 이점

        ㉠ 고객 확보: 사람들이 시간을 보내는 익숙한 플랫폼에서 행동을 취할 수 있는 직접적인 대화 수단을 제공함으로써 간편하게 고객을 확보할 수 있음

        ㉡ 거래 활성화: 문의 사항에 응답하고 관련 제품을 추천하여 비즈니스의 신뢰를 높여 판매를 늘림

        ㉢ 브랜드 인지도 증대: 대화를 통해 브랜드에 대해 알리고, 고객과 유의미한 관계를 형성함

        ㉣ 고객 관리: 고객 서비스 전략의 하나로 메타 메신저를 활용해 고객이 편리하게 소통하는 것이 가능함

③ 메신저 시작하기
  ㉠ 계획하기: 마케팅 전략에 메신저를 더하기 전에 먼저 비즈니스 목표와 타깃을 명확하게 정의하기
  ㉡ 만들기: 메신저 사용에 대한 가장 좋은 접근 방식을 파악하기. 라이브 채팅의 경우, 페이지 메시지 기능을 설정하여 고객에게 수동으로 답변하는 것부터 시작해서 답변을 자동화된 인사말, 인스턴트 답장, 부재중 메시지와 같은 페이지 메시지 기능으로 확대하기
  ㉢ 도달하기: 대화에 사람들의 참여를 유도하기
  ㉣ 최적화하기: 메신저의 성과를 평가하여 어떤 전략이 효과적인지 알아보고 고객과 대화를 통해 소통할 새로운 방법을 계속 모색하기(테스트-학습-반복)

(4) 왓츠앱(WhatsApp)

① 특징
  ㉠ 친구나 가족과 메시지 주고받기(무료): 휴대전화에 연결된 인터넷을 사용하여 메시지를 주고받기 때문에 SMS 비용이 발생하지 않음
  ㉡ 그룹 대화 가능
    • 그룹 대화를 통해서 동시에 최대 256명이 함께 메시지, 사진, 동영상을 공유할 수 있음
    • 그룹 대화방에 이름도 붙이고, 소리 끔 또는 알림 맞춤 설정 등을 할 수 있음
    • 음성 및 영상 통화 가능
    • 웹과 데스크톱에서 사용할 수 있어서 모든 대화를 동기화하여 가장 편리한 기기에서 대화 가능
    • 사진, 동영상, 문서 등의 공유 가능
  ㉢ 보낸 메시지를 확인 후 24시간 안에 사라지는 스냅챗(Snatchat)과 같이 사라지는 메시지 타이머 설정을 통해 시간(24시간, 7일, 90일)을 선택하면 메시지가 사라지는 기술이 적용됨
② 비즈니스 설정 방법
  ㉠ 왓츠앱에서는 2가지 방법으로 비즈니스를 설정할 수 있음
  ㉡ 비즈니스의 상황에 맞게 선택하여 설정함

〈표〉 왓츠앱 비즈니스 설정 방법

왓츠앱 비즈니스 WhatsApp Business App.	소규모 비즈니스 운영자를 위해 제작되었으며, 메시지를 자동으로 처리하고 빠르게 답장해 고객과 편리하게 소통 가능
왓츠앱 비즈니스 API	대규모 비즈니스와 브랜드에서 고객에게 대량의 메시지를 효과적으로 전달 가능

(5) 오디언스 네트워크(Audience Network)

① 개요

    ㉠ 메타 플랫폼뿐만 아니라 다른 앱과 모바일 웹사이트까지 확장할 수 있는 광고 네트워크를 말함

    ㉡ 오디언스 네트워크를 활용하면, 고품질 앱을 통해 더 많은 사람에게 도달하도록 캠페인을 확장할 수 있음

    ㉢ 오디언스 네트워크는 미디어, 게임, 교육, 엔터테인먼트, 스포츠 및 라이프스타일을 다루는 다양한 퍼블리셔 및 광고 네트워크와 협력하고 있으므로 원하는 타깃에게 도달이 가능함

    ㉣ 오디언스 네트워크 광고에는 메타 광고와 동일한 타기팅, 경매, 게재 및 성과 측정의 적용이 가능함

    ㉤ 광고 집행 시 광고와 연결된 랜딩페이지가 메타의 커뮤니티 규정을 준수해야 하듯이, 오디언스 네트워크 퍼블리셔도 동일 기준을 준수할 책임이 있음

② 오디언스 네트워크 정보

구분	전체		동영상 전용	
목표	• 트래픽 • 앱 설치	• 전환 • 카탈로그 판매	• 동영상 조회 • 참여	• 도달 • 브랜드 인지도
광고 유형	• 네이티브 광고, 배너 광고, 전면 광고		• 보상형 동영상	
광고 형식	• 이미지와 동영상, 슬라이드 광고를 지원함 • 사용 가능한 크리에이티브와 노출 위치는 목표에 따라 다름			

③ 광고 유형

    ㉠ 오디언스 네트워크 보상형 동영상: 사람들이 앱 내 통화나 아이템과 같은 보상을 받는 대가로 시청하는 동영상 형태의 광고 노출

    ㉡ 네이티브 광고, 배너 광고, 전면 광고: 오디언스 네트워크의 앱에 광고 노출

2. 메타의 비즈니스 관리 도구

(1) 메타 비즈니스 스위트(Meta Business Suite)

① 개요

　㉠ 페이스북, 인스타그램, 왓츠앱 등에서 비즈니스 활동과 관리를 할 수 있는 도구로, 콘텐츠와 광고, 커머스를 하나의 계정으로 관리할 수 있음(데스크톱/모바일 모두 가능하나, 일부 기능 차이가 있음)

　㉡ 이전에 Meta for Business로 불렸으나, 메타 크리에이터 스튜디오(Meta Creator Studio) 등의 서비스를 흡수해 메타 비즈니스 스위트(Meta Business Suite)로 명칭이 변경되었으며, 페이스북, 인스타그램의 각 관리자 페이지, 커머스 관리자, 광고 관리자를 모두 통합해 한곳에서 관리 가능함

　㉢ 비즈니스용 게시물, 스토리 및 광고 제작과 광고 예약, 그리고 마케팅 활동을 진행하며, 이를 최적화하는 데 도움이 되는 인사이트(계정 성과, 팔로워 수, 성장/감소 등의 정보)를 제공함

　㉣ Meta Business Suite를 사용하기 위해서 가장 먼저 비즈니스용 페이스북 페이지를 만들어야 함

　　• Meta Business Suite와 비즈니스 관리자에서 개인용 페이스북 계정으로 로그인하면, 최대 2개의 비즈니스 포트폴리오를 만들 수 있음

　㉤ 비즈니스 포트폴리오(이전 명칭: 메타 비즈니스 계정): Meta Business Suite에서의 계정을 말함. 비즈니스 포트폴리오는 비즈니스 자산과 작업자를 연결해 주는데, 페이스북 페이지, 인스타그램 계정, 광고 계정, 카탈로그 등 모든 비즈니스 자산과 해당 작업자의 액세스 권한을 한곳에서 관리할 수 있는 계정임

② 주요 기능

　㉠ 개요 보기: 홈 화면에서 페이스북 페이지와 인스타그램 비즈니스에 대한 개요 확인. 업데이트, 최신 게시물 및 광고, 인사이트 표시

　㉡ 새 알림: 페이스북 페이지와 인스타그램 계정에 대한 새 알림 보기

　㉢ 메시지 관리: 페이스북 페이지, 메신저 및 인스타그램 계정의 새 메시지와 댓글 확인. FAQs에는 자동 답변이 달리도록 설정해 시간 절약 가능

　㉣ 게시물과 스토리 만들기: 페이스북 페이지와 인스타그램 계정에 새로운 게시물과 스토

리를 올리거나 게시 일정 예약

ⓜ 커머스 관리자 액세스하기: 커머스 계정이 있으면 바로 Meta Business Suite 데스크톱에서 커머스 관리자로 액세스 가능

ⓗ 광고 만들기: 새 광고를 만들어서 페이스북과 인스타그램에 게재하고 게시물과 페이지 홍보

ⓢ 인사이트 보기: 트렌드, 공유한 콘텐츠 관련 활동, 타깃에 대한 자세한 정보 등 비즈니스 성과에 대한 상세 정보 보기

ⓞ 크리에이터를 위한 도구 이용: 크리에이터인 경우 방송하기, 더 많은 공유 콘텐츠 만들기, 협찬 광고 관리하기 등의 도구를 이용

ⓩ 더 많은 도구 이용: 광고 관리자, 비즈니스 설정, 페이지 설정 등 Meta Business Suite 데스크톱의 도구 더 보기에서 비즈니스 입지를 관리하는 데 사용할 수 있는 기타 도구 및 설정이 가능

ⓒ 브랜디드 콘텐츠 및 파트너십 광고 권한 관리: 일반 브랜디드 콘텐츠 및 파트너십 광고에 대한 계정 수준의 크리에이터 권한 추가 및 관리

③ Meta Business Suite 사용을 위한 준비 사항

　ⓐ 비즈니스용 페이스북 페이지 만들기

　　• 운영자 자신이 작업하려면 페이스북 프로필 계정으로 작업하지만, 공동 관리가 필요하면 비즈니스 관리자 계정을 생성하여 관리하는 것이 좋음

　　• 광고 집행을 위해서는 페이스북 페이지가 필수적이며, 페이스북 광고를 하지 않고 인스타그램에만 광고해도 페이스북 페이지는 반드시 만들어야 함(☞단, 인스타그램 모바일 앱에서는 별도의 페이스북 페이지 없이도 광고 집행이 가능함)

　ⓑ 비즈니스 계정 설정: 비즈니스 관리자

　　• 비즈니스 관리자로 이동해 비즈니스 계정을 생성

　　　– 비즈니스 관리자는 개인 페이스북 프로필과 별개인 공간

　　　– 모든 규모의 비즈니스 자산과 정보를 한곳에 정리할 수 있는 공간

　　　– 관리와 작업을 맡은 사람들이 적합한 액세스를 관리하는 공간

　　• 비즈니스 관리자는 Meta Business Suite 및 광고 관리자와 함께 연동되는 도구로 캠페인–광고세트–광고 수준의 단계로 구성

　　• 비즈니스 관리자에서 광고 계정, 페이지 등의 자산 관리, 광고 게재 및 추적, 비즈니스 관리 지원을 위해 대행사나 마케팅 파트너 추가 등을 할 수 있음

ⓒ 비즈니스 포트폴리오(이전 명칭: 메타 비즈니스 계정) 권한 설정
- Meta Business Suite의 계정 설정은 데스크톱과 모바일 앱에서 그 방법에 차이가 있음
- 데스크톱에서의 포트폴리오 설정
  - 비즈니스 포트폴리오에 페이스북 페이지를 추가하고, 광고를 만들고 관리할 수 있도록 광고에 대한 액세스 권한 표시
  - 데스크톱에서는 비즈니스 포트폴리오에 인스타그램 계정을 추가하더라도 인스타그램 계정이 페이스북 페이지에 자동으로 연결되지 않음
- 모바일 앱에서의 포트폴리오 설정
  - 페이지에서 광고를 만들거나 게시물을 홍보할 수 있는 역할을 할당
  - 모바일에서는 인스타그램의 계정 연결을 눌러 페이스북 계정을 연결하면, 페이지 관리자 앱이 Meta Business Suite 모바일 앱으로 전환됨. 두 계정이 모바일에 연결되지 않는다면 비즈니스 포트폴리오의 전체 관리 권한이 없기 때문이므로 각 계정의 액세스 권한 확인이 필요함

ⓔ Meta Business Suite에서 권한 관리자 설정하기
- 권한 관리자 도구는 권리 보유자가 페이스북과 인스타그램에서 자신의 동영상, 오디오, 이미지 콘텐츠를 관리 및 보호하고, 관련 권한을 부여하고, 그러한 콘텐츠에서 가치를 창출할 수 있도록 지원하는 저작권 관리 도구
- 권한 관리자에 액세스하려면 페이스북과 인스타그램에서 권리를 행사할 권한이 있는지를 신청 후 승인을 받아야 함
- 페이스북 액세스 권한이 있는 사람만 Meta Business Suite에서 권한 관리자에 액세스해서 다음과 같은 권한 설정을 할 수 있음
  - 참조 파일을 업로드해 콘텐츠 소유권을 설정
  - 동영상 게시 권한 부여
  - 권리를 소유한 콘텐츠가 포함된 동영상 여부 검토

(2) 비즈니스 관리자

① Meta Business Suite 및 광고 관리자와 함께 연동되는 도구
② 비즈니스 관리자 계정 설정: 페이지, 광고 계정, 비즈니스 자산 그룹, 앱, 커머스 계정, 인스타그램 계정, 비즈니스 라인, WhatsApp 계정 추가
③ 비즈니스 관리자에서 비즈니스 포트폴리오에 3가지 유형의 비즈니스 사용자를 추가할 수 있음
- 사람: 비즈니스 포트폴리오에 추가하는 개별 사용자로, 이중 권한 시스템을 통해 비즈니스 포

트폴리오 및 비즈니스 자산에 대한 액세스 권한이 할당됨

- 파트너: 대행사, 클라이언트 등과 같은 협업 파트너사와 비즈니스 자산을 공유할 수 있도록 파트너사의 비즈니스 포트폴리오를 추가함
- 시스템 사용자: 비즈니스 포트폴리오를 통해 소유하거나 관리하는 자산에 API를 호출하는 서버나 소프트웨어를 등록함

(3) 커머스 관리자('4. 메타 콘텐츠로 수익 창출하기' 참조)

① 커머스 관리자(혹은 상거래 관리자로도 불림)는 카탈로그를 만들고 관리하는 도구이며, Shop에서 제품 판매를 관리하는 도구
② 카탈로그는 페이스북과 인스타그램에서 홍보하려는 모든 상품이 포함된 것으로, 커머스 관리자에서 카탈로그를 만들고 관리함
③ 커머스 관리자를 사용하는 데 반드시 Shop이 필요하지 않지만, 실제 제품을 판매하면 페이스북, 인스타그램 중의 하나 또는 페이스북, 인스타그램 모두에 Shop을 선택할 수 있음
④ Shop에 연결할 카탈로그는 하나만 선택할 수 있음
⑤ 연결한 카탈로그는 계속 수정할 수 있지만, 나중에 다른 카탈로그로 바꿀 수는 없음

(4) 광고 관리자('6. 메타에서 광고하기' 참조)

① 페이스북, 인스타그램, 메신저, 오디언스 네트워크에 광고를 게재하려면 광고 관리자에서 시작
② 광고 관리자는 광고 만들기, 게재 기간과 노출 위치 관리, 마케팅 목표 대비 캠페인 성과 추적 등을 모두 한곳에서 할 수 있는 광고 관리 도구임
③ iOS 및 Android용 광고 관리자 앱을 사용하면 이동 중에도 캠페인 관리, 광고 제작 및 수정, 성과 추적, 광고 예산 및 일정 관리 등의 기능을 이용할 수 있음
④ 광고 관리자 계정: 광고 계정 및 ID 아래에 진행 중인 캠페인 수, 지출 금액, 계정 지출 한도의 현재 잔액과 같은 계정의 기본정보, 최근 7일간 머신러닝 단계에서 지출된 예산 비율을 나타냄
⑤ 대시보드: 알림, 추천, 캠페인 트렌드 등
- 알림: 광고 거부 및 결제 수단 만료와 같이 계정에서 해결해야 하는 긴급한 항목
- 추천: 게재 추천과 같이 캠페인을 개선하기 위해 취할 수 있는 조치를 추천
- 캠페인 트렌드: 동영상 조회가 목표인 ThruPlays, 참여가 목표인 페이지 좋아요수와 같이 캠

페인의 지표를 통해 트렌드를 나타내고 이를 통해 인사이트 제시

- Meta Marketing Pro와 상담: 페이스북 전략에 대해 자세히 알아보고 전담 Marketing Pro(특정 타깃에 제한됨)와 상담
- 광고 한도: 페이스북 페이지의 광고 한도가 얼마나 남았는지 현재 진행 중인 광고 수와 함께 진행률 표시
- 작업: 광고 성과 개선에 도움이 될 광고 계정 설정 작업 방법 안내

(5) 메타 광고 집행을 지원하는 도구

① 메타 포어사이트(Meta Foresight)[이전 명칭: Facebook IQ]
  ㉠ Meta Foresight에서는 아티클과 보고서를 통해 특정 주제에 대한 다양한 관점을 이해할 수 있음
  ㉡ 연령, 성별 등의 특성을 바탕으로 한 고객 인사이트, 광고 인사이트, 업계 인사이트, 이를 데이터로 간단하게 제시하고 있는 인사이트 카드 등 광고 전략 수립 및 비즈니스 과제 해결을 위한 리소스를 제공하고 있음

② 블루프린트(Blueprint)
  ㉠ 디지털 마케팅에 대한 이해를 돕기 위한 이러닝 플랫폼
  ㉡ 디지털 마케팅, 그리고 비즈니스의 성과 창출에 도움이 되는 사항을 오프라인 워크숍은 물론 주제별로 자기주도형 이러닝 학습 콘텐츠로도 제공하고 있음

③ 크리에이티브 허브(Creative Hub)
  ㉠ 페이스북과 인스타그램 마케터와 광고주를 대상으로 한 모바일용 온라인 광고 제작 플랫폼
  ㉡ 미리보기를 통해 가장 효과적인 광고 형태를 찾을 수 있으며, 제작에 관련된 사람들과 테스트 버전을 공유할 수 있음

④ 메타 광고 라이브러리
  ㉠ 현재 메타에 게재된 모든 광고를 검색할 수 있는 포괄적인 컬렉션
  ㉡ 업계 트렌드 파악이 가능함

⑤ 캠페인 플래너
  ㉠ 미디어 플래너가 메타 전반에서 미디어 플랜의 임시 저장 버전을 작성하고, 비교하고, 공유하고, 구매할 수 있는 도구
  ㉡ 광고 관리자에서 사용할 수 있음

3. 메타 콘텐츠로 수익 창출하기

(1) 수익화 규정

① 수익화 규정의 유형

    ㉠ 수익 창출 여부와 상관없이 메타에 게시되는 모든 콘텐츠는 메타의 서비스 약관과 커뮤니티 규정을 준수해야 함

    ㉡ 메타에서 콘텐츠로 수익을 창출하려는 크리에이터와 퍼블리셔는 파트너 수익화 정책과 콘텐츠 수익화 정책을 준수해야 함

② 수익화 조건

    ㉠ 메타에서 수익 창출은 페이스북 페이지, 프로페셔널 모드 프로필, 이벤트 및 그룹의 공개 콘텐츠에만 사용할 수 있으며, 프로페셔널 모드가 아닌 페이스북 프로필은 수익 창출 기능 사용 대상이 아님

    ㉡ 수익 창출 기능을 사용하려면 해당 제품 또는 기능을 이용할 수 있는 국가에 거주해야 함

    ㉢ 잘못된 정보 및 허위 뉴스로 플래그된 콘텐츠를 게시한 크리에이터, 퍼블리셔, 타사 제공업체는 부적합 판정을 받거나 수익화 기능을 사용할 자격을 잃을 수도 있음

    ㉣ 콘텐츠 크리에이터, 퍼블리셔, 타사 제공업체는 직접 제작했거나, 제작 과정에 참여했거나, 크리에이터, 퍼블리셔, 타사 제공업체가 직접 등장하는 콘텐츠로만(오리지널 콘텐츠) 수익 창출이 가능함(멀티채널 네트워크나 소셜미디어 에이전시와 같은 타사 제공업체가 배포한 제휴사 콘텐츠는 오리지널 콘텐츠로 간주함)

    ㉤ 크리에이터, 퍼블리셔, 타사 제공업체는 자연적으로 발생한 실제 타깃이 소비한 콘텐츠만 수익화할 수 있음

    ㉥ 수익화 기능을 사용할 자격을 갖추려면 페이스북에서 최소 30일 이상 활발히 활동하며 입지를 다져야 함. 단, 인스트림 광고를 이용하려면 페이스북 팔로워 수와 최소 동영상 수를 유지해야 함

       • 동영상 인스트림 광고를 통한 수익 창출 조건: 팔로워 수 5천 명 이상/최근 60일간 시청 시간의 합계가 6만 분 이상/페이지에서 5개 이상의 동영상을 게시

       • 라이브 방송 인스트림 광고를 통한 수익 창출 조건: 팔로워 수 1만 명 이상/최근 60일간 시청 시간의 합계가 60만 분 이상이고, 라이브 방송을 시청한 시간이 6만 분 이상/활성 상태의 동영상 5개 이상을 게시

Ⓐ 정치 및 정부 단체(정부 기관 및 부서, 정당, 정부 인사, 후보자 등)는 수익화 이용 불가(미국의 경우, 광고비를 지불할 파트너가 사회 문제, 선거 또는 정치 관련 광고를 게재하도록 승인받은 경우에만 브랜디드 콘텐츠로 사용 가능함)

③ 콘텐츠 수익화 정책 준수

ㄱ 메타에 게시되는 모든 콘텐츠는 메타의 서비스 약관과 커뮤니티 규정을 준수해야 함

ㄴ 특정 수익화 제품을 사용하려면 콘텐츠 자체가 다음과 같은 콘텐츠이어서는 안 됨
- 하나의 정적 이미지만 포함하고, 모션 효과가 거의 없거나 아예 없는 콘텐츠
- 참여를 높일 목적으로만 게시된 콘텐츠
- 정적 이미지를 중점적으로 표시한 콘텐츠
- 동일 구간을 여러 번 보여 주며 반복 재생되는 콘텐츠
- 광고가 이미 포함된 콘텐츠
- 참여를 유도하는 낚시성 콘텐츠
- 자극적이고 무례하며 과도하게 폭력적인 콘텐츠
- 성적·선정적인 콘텐츠
- 오해의 소지가 있는 의료 정보가 포함된 콘텐츠 등

(2) 메타 콘텐츠 수익화하기

① 페이스북/인스타그램에서 수익화하기

ㄱ 페이스북과 인스타그램에서는 크리에이터와 퍼블리셔가 콘텐츠를 통해 수익을 창출할 수 있음

ㄴ 수익 창출 기능은 페이스북 페이지, 프로페셔널 모드 프로필, 이벤트 그룹의 공개 콘텐츠에만 사용 가능함. 프로페셔널 모드가 아닌 페이스북 프로필은 수익 창출 대상 콘텐츠가 아님

ㄷ 메타 콘텐츠를 통한 수익 창출 방법은 광고 게재, (팬)구독, 유료 멤버십, 브랜디드 콘텐츠 게재 등이 있음

② 인스트림 광고

ㄱ 동영상 전후 또는 중간에 짧은 광고를 포함해 수익화가 가능함

ㄴ 페이스북 페이지가 있는 경우 Meta Business Suite에서 인스트림 광고를 관리할 수 있고, 프로페셔널 모드의 프로필을 사용하는 경우에는 프로페셔널 대시보드에서 인스트림 광고를 관리함

ⓒ 인스트림 광고를 통한 수익 창출 기본 자격 요건
- 메타의 파트너 수익화 정책을 지속적으로 준수해야 하며, 만 19세 이상으로 인스트림 광고를 사용할 수 있는 국가에 거주해야 함(우리나라 가능)
- 동영상: 팔로워 수 5천 명 이상/최근 60일간 시청 시간의 합계가 6만 분 이상/페이지에서 5개 이상의 동영상을 게시해야 함
- 라이브 방송: 팔로워 수 1만 명 이상/최근 60일간 시청 시간의 합계가 60만 분 이상이고, 라이브 방송을 시청한 시간이 6만 분 이상/활성 상태의 동영상 5개 이상을 페이지에 게시해야 함
- 현재 프로페셔널 모드 프로필에서는 라이브 방송의 인스트림 광고를 사용할 수 없음

③ 릴스 광고
ⓖ 릴스 광고는 크리에이터의 전체 공개 릴스 바로 위에 노출되는 광고로, 크리에이터의 팔로워는 릴스 사용 중단 없이 광고에 노출됨
ⓛ 페이스북 릴스 광고는 국가에 따라 제한적으로 운영. 우리나라는 릴스 광고 운영 중
ⓒ 인스타그램 또는 페이스북 계정이 광고 없이 메타 제품을 이용할 수 있는 '구독'을 사용하고 있는 계정에는 수익화 및 광고 게재 기능이 일시적으로 제한됨
ⓔ 릴스 광고를 통한 수익 창출 자격 요건
- 만 19세 이상이어야 하며, 페이스북 프로필 사용자의 경우는 프로페셔널 모드를 사용해야 함
- 온보딩 프로세스를 완료해야 함: 크리에이터가 페이스북 앱, Meta Business Suite 및 프로페셔널 대시보드를 포함해 페이스북 또는 메타 채널에서 릴스 광고 진행을 체크하는 온보딩 프로세스를 완료해야만 릴스 광고를 통해 수익을 얻을 수 있음
ⓜ 수익 정산
- 크리에이터의 수익금은 릴스의 재생 횟수를 기반으로 지급됨
- 수익화 자격을 갖춘 재생 횟수로 집계되려면 릴스가 파트너 수익화 정책 및 콘텐츠 수익화 정책을 충족해야 함
ⓗ 다음과 같은 경우는 수익으로 볼 수 없음
- 릴스에 라이선스가 부여된 음악이 포함되어 있는데, 라이선스가 부여된 음악이 포함된 릴스로 수익화할 수 있다는 알림을 받지 못한 경우
- 릴스가 브랜디드 콘텐츠인 경우
- 인스트림 광고가 지원되지 않는 언어로 만든 릴스인 경우
- 릴스가 홍보된 경우

- 릴스가 다른 크리에이터와 협업으로 공유된 경우
- 영구적으로 삭제된 릴스
- 릴스가 페이스북과 인스타그램에서 교차 게시되는 경우(인스타그램에서의 재생 횟수는 페이스북 릴스 광고로 집계되지 않으며, 릴스가 인스타그램에서 페이스북으로 교차 게시되는 경우 페이스북에서의 재생 횟수는 페이스북 릴스 광고로 집계됨)

④ 구독
  ㉠ 자신이 좋아하는 크리에이터에게 매달 일정 금액을 보내고, 구독자는 구독의 대가로 전용 콘텐츠, 전용 라이브 방송, 할인 혜택, 구독자 배지 등의 특전을 이용
  ㉡ 구독을 통한 수익 창출 자격 요건
    - 메타의 파트너 수익화 정책을 계속 준수해야 함
    - 팬 구독 크리에이터 약관을 검토하고 동의해야 함
    - 메타의 동영상 크리에이터의 경우: 팔로워 1만 명 또는 재방문 시청자 250명 이상을 보유한 페이스북 페이지 관리자/최근 60일 동안 게시물 참여 횟수 5만 회 또는 시청 시간 18만 분 중 하나를 충족해야 함
    - 메타의 게임 크리에이터의 경우: 게임 스트리밍 구독 사용을 위해 페이지 레벨업 프로그램에 가입하고, 재방문 시청자수가 250명 이상이어야 함(만 19세 이상)

⑤ 브랜디드 콘텐츠
  ㉠ 브랜디드 콘텐츠는 크리에이터 또는 퍼블리셔가 비즈니스 파트너와 가치를 교환하기 위해 만든 콘텐츠로, 비즈니스 파트너를 직접 언급하거나 파트너에게서 영향을 받은 내용도 포함됨
  ㉡ 페이지 또는 프로필에 게시된 게시물의 브랜디드 콘텐츠는 페이스북의 브랜디드 콘텐츠 정책을 준수해야 하며, 롤 광고나 배너 광고와 같은 형식의 브랜디드 콘텐츠는 허용되지 않음
  ㉢ 브랜드는 소비자가 전통적인 광고보다 브랜디드 콘텐츠를 더 신뢰하기에 마케팅 전략에는 브랜디드 콘텐츠를 사용하는 것이 좋음
  ㉣ 브랜디드 콘텐츠는 페이지에서 게시되는데, 브랜드와 크리에이터를 연결하는 브랜드 콜라보 관리자에서 브랜디드 콘텐츠 게시물과 거래 세부 사항을 관리 혹은 광고 관리자에서 광고에 해당하는 브랜디드 콘텐츠를 게시할 수도 있음
  ㉤ 조치 위반 시 메타의 수익화 도구 사용의 자격이 제한되거나 박탈될 수 있음. 수익화 중지 결정을 받았다면, 먼저 수익화 정책과 위반 사항을 먼저 비교 검토한 후 잘못되었다고 생각되는 부분에 대해서 메타의 검토팀에 재고 요청서를 직접 제출함

(3) 수익 창출 조건 충족을 위한 조치

① 수익화 자격 충족을 위한 조치

    ㉠ 메타의 파트너 수익화 정책을 검토하고 이를 준수하기 위해 노력함

    ㉡ 동영상이 메타의 커뮤니티 규정을 준수하는지 확인하고, 이를 준수하기 위해 노력함

    ㉢ 메타의 콘텐츠 수익화 정책을 준수하는 콘텐츠를 만들기 위해 노력함

    ㉣ 기존의 콘텐츠를 재활용해 사용하지는 말 것

    ㉤ 스팸성 또는 저급한 콘텐츠를 공유하거나, 조작을 통해 공유를 만들어 내지 않음

    ㉥ 메타에서 콘텐츠를 제작하고 공유할 때는 관련 가이드라인과 정책을 숙지해 두는 것이 중요함

② 페이지 팔로워 수를 늘리기 위한 조치

    ㉠ 매주 재방문하여 동영상을 조회한 사람수를 추적함. Meta Business Suite의 충성도 인사이트에서 매주 만든 동영상 수와 비교해 재방문한 사람의 조회 활동을 추적함. 재방문하여 조회한 사람이 급격히 늘어나거나 줄어들었다면, 어떤 유형의 동영상 때문에 그런 일이 일어났는지를 분석해 반영함

    ㉡ 동영상 콘텐츠를 매일 또는 매주 정기적으로 게시하면 시청자가 새로운 에피소드를 보기 위해 재방문하게끔 유도할 수 있음

    ㉢ 댓글 달기와 질문에 답하도록 하면 충성도 높은 팬이 될 수도 있음. 또한 시청자가 남긴 댓글은 동영상을 위한 아이디어를 얻는 데 도움이 되기도 함

    ㉣ 동영상을 모든 소셜 채널과 연결되도록 링크를 공유함

    ㉤ 페이지를 검색해서 들어오기 쉬운지 잘 생각해 볼 것. 페이지 이름에 팔로워들에게 잘 알려진 이름이나 브랜드를 포함하는 것이 도움이 됨

    ㉥ 참여도와 충성도가 높은 커뮤니티를 만들고, 대화를 유도하고, 커뮤니티를 성장시키고 확장할 수 있는 동영상을 만드는 데 중점을 두어야 함

    ㉦ 전략적으로 콘텐츠를 공유하고, 그룹을 활용하고, 페이지가 더욱 쉽게 발견되도록 하여 팔로워를 페이지로 유도해야 함

③ 시청 시간을 늘리기 위한 조치

    ㉠ 인스트림 광고를 염두에 두고 콘텐츠를 만듦. 동영상의 1분 지점에 광고가 자연스럽게 삽입될 수 있게 만드는 것이 좋음

    ㉡ 동영상 시작 부분에서 시청자의 관심을 사로잡아야 함

ⓒ 교차 게시된 동영상의 시청 시간은 총시청 시간에 포함되지 않기에 동영상을 교차 게시하는 것은 의미가 없음(교차 게시는 수익화 조건 충족 조치가 아님)

4. 메타에서 제품 판매하기

(1) 페이스북/인스타그램에서 Shop 시작하기

① 개요
  ㉠ Shop은 페이스북과 인스타그램에서 물건을 판매하고 구매할 수 있도록 무료로 제공되는 도구임
  ㉡ Shop을 만들면 고객이 페이스북 비즈니스 페이지나 인스타그램 비즈니스 계정의 온라인 매장을 통해 직접 상품을 찾아보고, 둘러보고, 구매할 수 있음
  ㉢ 판매자는 브랜드의 정체성이 반영되도록 손쉽게 Shop을 맞춤 설정하고, 인벤토리를 기반으로 상품 카탈로그를 업데이트할 수 있음
  ㉣ 페이스북과 인스타그램 양쪽에서 모두 Shop의 다양한 측면을 관리할 수 있음
  ㉤ 우리나라를 포함한 아시아 태평양(APAC) 지역에서 데스크톱(facebook.com) 또는 모바일 웹(m.facebook.com)으로는 페이스북 Shop 및 관련 기능을 볼 수 없음(최근 변경 사항임)
② 커머스 관리자(상거래 관리자)에 로그인하여 'Shop 시작하기' 선택
  ㉠ 커머스 관리자는 페이스북과 인스타그램에서 홍보하려는 모든 상품이 포함된 카탈로그를 관리하는 도구이며, Shop을 만들어 실제 제품을 판매하는 도구임
  ㉡ 페이스북, 인스타그램 관리자에서 Shop을 설정하면 커머스 관리자에서 다음의 작업 수행이 가능함
    • Shop 및 대표 컬렉션을 관리하고 맞춤 설정하기
    • 고객 인사이트와 인기 제품에 대한 인사이트 확인하기

〈표〉 커머스 관리자의 구성

구분		세부 구성
카탈로그	상품	카탈로그의 상품 목록
	세트	카탈로그에서 상품의 세트를 만들고 관리함. 세트를 사용해 광고로 게재하거나 컬렉션으로 표시 가능
	문제	카탈로그 관련 문제를 확인하고 해결 방법 확인
	데이터 소스	카탈로그(카탈로그에 연결할 픽셀 또는 앱 SDK를 선택), 픽셀, 오프라인 이벤트 세트, 이벤트 데이터 세트, 맞춤 전환, 자산, 이벤트 소스 그룹, 공유 타깃, 페이지 구조, 비즈니스 크리에이티브 폴더
	이벤트	카탈로그가 연결된 Meta 픽셀이나 앱 SDK 등의 이벤트 데이터 소스 관리
Shop		상품을 판매하기 위한 통합 온라인 매장(실제 제품을 판매할 때에만 표시됨)
광고		카탈로그에서 상품을 광고 진행
인사이트		판매, 상품 등에 대한 성과 인사이트 확인(Shop이 있는 경우 표시)
설정		카탈로그 설정 변경, Shop의 특정 커머스 설정 변경 등

ⓒ 페이스북, 인스타그램 Shop에 결제 기능 설정 시 커머스 관리자에서 다음의 작업 수행이 가능함

- 판매에 대한 정산, 재무 관리, 주문 처리, 반품 처리
- 고객에게 구매 보호 제공
- 받은 메시지함에서 고객의 메시지에 응답
- 배송 및 고객 서비스 성과 검토
- 고객은 페이스북 또는 인스타그램에서 제품을 바로 구매하는 것이 가능함

ⓓ 인스타그램 비즈니스 프로필과 페이스북 페이지 중 Shop을 공개할 위치를 선택(둘 다 선택 가능)

ⓔ 커머스 관리자에서 Shop을 설정할 때 기존의 카탈로그를 선택하여 연결하거나 새로운 카탈로그를 만들 수 있음

ⓕ 다른 웹사이트에서 결제 또는 메시지로 결제를 사용해 Shop에서 결제할 수 있음

ⓖ Shop 상세 정보를 살펴보고 판매자 계약을 검토한 다음 'Shop 만들기'를 클릭해 완료함

ⓗ Shop 설정을 완료하고 나면, 카탈로그를 관리하여 판매하기 위한 제품 추가, 컬렉션 만들기, Shop 디자인의 맞춤 설정과 표시 위치도 관리할 수 있음

③ Shop을 사용하여 카탈로그의 제품 판매하기

ⓐ Shop에는 카탈로그를 하나만 연결할 수 있고, 연결한 후에는 전환할 수 없음

ⓛ 카탈로그는 페이스북과 인스타그램에서 광고하거나 판매하려는 모든 상품이 담긴 공간

ⓒ 카탈로그를 선택하려면 우선 카탈로그 자격 요건을 충족해야 함

ⓡ 카탈로그 자격 요건

- 서로 다른 유형의 인벤토리가 포함된 카탈로그는 선택할 수 없음
- 이미 다른 Shop을 사용하고 있는 카탈로그는 선택할 수 없음
- 비즈니스 포트폴리오가 전체 관리 권한을 갖지 않은 카탈로그는 선택할 수 없음
- 제품이 하나도 포함되지 않은 카탈로그는 선택할 수 없음
- 제품 링크가 유효하지 않으면 안 됨

ⓜ 카탈로그가 없을 때는 커머스 관리자에서 이 단계가 생략되고 '비즈니스 페이지의 이름 및 ID의 상품'이라는 이름의 카탈로그가 자동으로 생성됨. Shop 설정이 완료되면 나중에 제품을 추가할 수 있음

④ 카탈로그에 상품 추가하기

ⓖ 카탈로그를 사용하여 전체 상품을 관리하고, 인벤토리가 변동됨에 따라 업데이트할 수 있음

ⓛ 카탈로그에 상품을 추가하는 방법은 다양한데, 상품을 수동으로 업로드할 수도 있고, 제품 피드나 API를 사용하여 카탈로그를 쇼피파이(Shopify)나 마젠토(Magento)와 같은 전자상거래 플랫폼과 연결하는 것도 가능함

〈표〉 카탈로그에 상품을 추가하는 방법

구분	추가 방법
수동	커머스 관리자에서 수동 양식을 사용하여 제품을 추가
데이터 피드	컴퓨터 또는 파일 호스팅 웹사이트에서 스프레드시트 또는 XML 파일을 업로드하여 제품을 일괄 추가. 파일을 한 번 업로드하거나 예약된 업로드를 설정하여 매시간, 매일 또는 매주 업데이트 가능
파트너 플랫폼	메타의 파트너 플랫폼에서 제품을 이미 호스팅한 경우 커머스 관리자의 카탈로그로 제품을 가져올 수 있음. 파트너 플랫폼에서 제품을 관리하면 메타의 커머스 관리자에 자동으로 동기화됨
메타 픽셀	픽셀을 사용하여 웹사이트에서 자동으로 제품을 가져오고 업데이트
카탈로그 배치 API	개발자가 단일 HTTP 요청에서 여러 제품을 추가, 업데이트 및 삭제할 수 있는 고급 방법으로 물품이 수십만 개이고 인벤토리가 빠르게 변경되는 카탈로그를 사용하는 대규모 비즈니스에 적합한 옵션

ⓒ 어떤 방법을 선택할지는 인벤토리의 크기, 인벤토리의 유형, 인벤토리의 변경 빈도와

같은 몇 가지 요인에 따라 달라짐

〈표〉 카탈로그 상품 추가 방법

구분	수동	데이터 피드	파트너 플랫폼	메타 픽셀	카탈로그 배치 API
인벤토리 크기	• 작고 자주 변경되지 않음	• 중간~큰 크기이거나 자주 변경됨	• 중간~큰 크기이거나 자주 변경됨	• 중간~큰 크기이거나 자주 변경됨	• 크고 자주 변경됨
인벤토리 유형	• 제품만	• 모든 인벤토리 유형	• 제품만	• 제품만	• 모든 인벤토리 유형
필수 요건	• 상품의 상세 정보와 이미지	• 올바른 사양이 지정된 데이터 피드 파일 • 호스팅 사이트(선택 사항, 예약된 업로드 설정)	• 파트너 플랫폼에서 호스팅된 제품	• 픽셀 설치 제품 페이지의 마이크로데이터 태그 최근 웹사이트 활동	• 개발자 지원
설정 난이도	• 낮음	• 중간	• 중간	• 높음	• 높음
관리 난이도	• 높음: 수동으로 상품 업데이트	• 중간: 필요에 따라 데이터 피드 파일 업데이트	• 보통: 파트너 플랫폼에서 제품 관리	• 낮음: 픽셀을 통해 자동으로 제품 업데이트	• 보통: 필요에 따라 업데이트 전송

⑤ 양질의 카탈로그를 만들기 위한 팁

　㉠ 페이스북과 인스타그램에서 광고하고, 판매하려는 제품은 모두 커머스 관리자의 카탈로그에 포함할 수 있음

　㉡ 카탈로그 정보의 질이 좋으면 구매 결정에 도움이 되며, 광고와 판매 성과도 향상됨

　㉢ 광고와 커머스에 하나의 카탈로그를 사용하는 것이 좋음. 제품을 한곳에서 관리하고, 카탈로그 일치율을 최적화하며, 메타 픽셀 이벤트 및 광고 참여 데이터를 하나의 카탈로그로 통합하여 광고 성과를 개선하는 데 도움이 될 수 있음

　㉣ 카탈로그(특히 가격 및 구매 가능 여부)를 변경할 때마다 제품을 업데이트하여 최신 상태로 유지하는 것이 좋음. 실제로는 재고가 없거나 가격이 잘못된 경우, 고객 경험이 저하될 수 있음

　㉤ 제품명과 제품 설명은 해당 제품에 대한 첫인상을 심어 주는 데 중요하기 때문에, 제품마다 정확한 제품명과 설명을 제공해야 함

　㉥ 제품을 소개할 때 500×500px 이상의 고해상도 이미지를 제공하고, 제품이 선명하고 정확하게 보일 수 있도록 흰색 배경을 사용하고, 각 제품을 여러 각도에서 보거나 확대해

서 자세히 볼 수 있도록 이미지를 여러 개 제공하는 것이 좋음

Ⓐ 고객이 해당 제품에 정확하게 연결되도록 제품 링크가 올바른지 반드시 확인해야 함

Ⓞ 제품 카테고리와 카테고리별 필드를 포함하는 것이 좋음

Ⓩ 동일한 제품의 여러 에디션을 판매하는 경우, 광고나 Shop에 제품이 올바르게 표시되도록 카탈로그에서 에디션을 설정함

Ⓩ 제품 세트는 카탈로그 내의 제품 그룹으로 Shop의 컬렉션이라고도 함. 제품 세트를 만든 다음 광고를 만들 때 원하는 제품 세트나 컬렉션으로 나타내 해당 광고에 표시될 제품의 수를 줄일 수 있음

Ⓚ 메타 정책을 준수하지 않거나 그 외에 특정 문제가 있는 제품은 광고나 Shop에 표시되지 않으므로, 제품이 광고나 Shop에 표시되지 않는 경우에는 해결 방법을 확인하고 해결해야 함

Ⓔ 카탈로그에서 제품 추가, 세트 만들기와 같은 동작을 수행하려면 비즈니스 관리자에서 해당 카탈로그에 대한 올바른 권한 수준이 설정되어 있어야 하므로 권한 설정을 잘 확인해 볼 것

⑥ 메타페이(Meta Pay)

㉠ 메타페이는 페이스북, 인스타그램, 메신저 중 하나에 로그인하여 결제 정보로 카드나 계정 정보를 입력하여 설정함(설정 방법: 프로필 > 설정 및 개인정보 > 결제 > 메타페이 선택)
  ☞ 단, 페이스북, 인스타그램의 결제 기능은 미국에 있는 비즈니스에서만 사용 가능함
  ☞ 결제 기능을 사용하는 Shop을 설정했다면, Shopify의 Shop Pay가 자동으로 설정됨

㉡ Shop에서 결제기능을 설정하기 위해서는 커머스 관리자에서 다음과 같이 추가로 결제 관리 도구를 이용할 수 있음

〈표〉 커머스 관리자의 결제 관리 기능

구분		세부 구성
주문	주문	• 고객의 주문 상태(주문 대기, 발송 대기, 완료) 확인
	반품	• 고객의 반품 상태(요청 수락, 요청 취소, 환불 처리) 확인
	이의 제기	• 고객이 제출한 이의 제기 확인
정산		• 정산 정보 표시, 재무 보고서와 세금 양식 다운로드 가능
받은 메시지함		• 고객의 메시지를 읽고 응답 가능
계정 상태		• 배송 및 고객 서비스 성과의 개요를 확인
교육		• 판매자 책임 여부 등 지원팀에 문의

설정	• 은행 및 세금 정보, 주문 처리 위치, 배송 프로필, 반품 정책에 대한 추가적인 커머스 설정 사항 수정

ⓒ 설정 후에는 페이스북, 인스타그램, 메신저와 메타페이가 지원되는 외부 플랫폼에 연결할 수 있음

ⓔ 결제 기능을 제공하는 인스타그램 Shop을 사용하면 고객이 인스타그램 앱에서 직접 구매 가능. 결제 기능 없이 인스타그램 Shop을 사용하는 비즈니스의 경우에는 제품 태그를 통해 웹사이트의 제품으로 연결되어 결제하게 되는데, 여기에 메타페이를 설정하면 결제를 빠르게 진행하도록 지원해 판매 전환을 늘리는 데 도움이 될 수 있음

ⓜ 메타가 제공한 플랫폼에서 이루어진 판매에 대한 처리 수수료를 부과(카드결제 시 판매가의 2.9%를 수수료로 부과)

ⓗ 메타페이 사용처
- 친구에게 송금하기
- 자선 단체나 개인 기부 캠페인에 기부하기
- 인스타그램에서 상품 구매하기
- 마켓플레이스와 그룹에서 상품 구매 및 판매하기
- 앱 내 게임 구매하기
- 이벤트 티켓 구매하기
- 참여하는 온라인 스토어에서 구매하기

5. 메타에서 광고하기

(1) 광고 관리자에서 광고하기

① 광고 관리자(Ad Manager)
  ㉠ 메타에서 광고를 만들고, 실행하고, 관리하는 것은 다양한 곳에서 가능함
  - 광고 관리자에서 광고하기(웹/앱)
  - 페이스북 페이지에서 광고하기
  - 인스타그램에서 광고하기/인스타그램 Shop에서 광고하기
  - Meta Business Suite 활용하기

- 메타의 모든 콘텐츠, 광고, 커머스 등 모든 마케팅 및 광고 활동을 한곳에서 관리할 수 있음
- 메타의 모든 도구, 즉 광고 관리자, 커머스 관리자, 비즈니스 관리자 등으로 바로 이동 가능함

ⓛ 페이스북, 인스타그램, 메신저, 오디언스 네트워크에 광고를 집행하려면 광고 관리자에서 시작함

ⓒ 광고 관리자는 광고 만들기, 게재 기간과 노출 위치 관리, 마케팅 목표 대비 캠페인 성과 추적 등을 모두 한곳에서 할 수 있는 광고 관리 도구임

ⓔ iOS 및 Android용 광고 관리자 앱을 사용하면 이동 중에도 캠페인 관리, 광고 제작 및 수정, 성과 추적, 광고 예산 및 일정 관리 등의 기능을 이용할 수 있음

② 주요 기능

ㄱ 광고 만들기: 비즈니스 목표에 부합하는 광고 목표를 설정, 광고 크리에이티브 업로드, 광고 문구 작성, 기기에 따른 광고의 미리보기를 통한 크리에이티브 관리 등

ㄴ 타깃 설정하기: 타깃을 정의하여 광고 목표에 맞는 타깃 설정

ㄷ 광고 예산 설정 및 관리: 캠페인 전체 예산과 일 단위 예산 설정 등 광고 예산을 설정, 관리

ㄹ 광고 노출 매체 결정: 자동 노출 위치를 사용하여 페이스북 및 서비스 패밀리 전체로 자동 확장하면서 광고 성과를 높이도록 관리

ㅁ 캠페인 조정: 예산, 타깃, 노출 위치 옵션과 크리에이티브 수정, 또한 캠페인 일시 중단, 복제 또는 재개 등 가능

ㅂ 어드밴티지＋ 크리에이티브로 성과 개선

- 어드밴티지＋ 크리에이티브는 이미지, 동영상, 텍스트와 같은 광고 구성 요소를 타깃에 꼭 맞는 방식으로 조합한 맞춤형 광고를 자동으로 게재하는 것을 말함

ㅅ 성과 테스트 및 반영: A/B 테스트, 실험 등

- 광고캠페인에 가장 적합한 타깃, 게재 최적화, 노출 위치, 크리에이티브를 확인하고 반영함

ㅇ 인사이트 파악

- 보고서를 사용하여 광고가 원하는 목표를 달성하고 있는지 파악할 수 있음
- 시간에 따른 트렌드를 알아보면서 캠페인 성과를 개선하기 위해 조정할 부분을 파악하고 확인할 수 있음

ㅈ 머신러닝으로 유동성을 증대시키고 광고주의 투자수익률을 높일 수 있도록 최적화 기

술을 사용함

- 어드밴티지+ 노출 위치: 노출 위치 최적화
- 어드밴티지+ 캠페인 예산: 캠페인 예산 최적화
- 어드밴티지+ 크리에이티브: 선택한 광고 형식 또는 노출 위치에 따른 크리에이티브 최적화
- 어드밴티지+ 타깃, 어드밴티지+ 맞춤 타깃, 어드밴티지+ 유사 타깃: 타깃 자동화

👍 **용어설명**

유동성

세계광고협회(International Advertising Bureau: IAB)에 따르면, 유동성은 가장 가치 있는 노출(Impression)을 달성하도록 광고 예산을 낭비 없이 사용되었을 때의 상태, 즉 광고 노출이 최적화된 상태를 나타냄

- ⓒ 메타의 광고 게재 머신러닝에 대한 이해
  - 광고 게재를 결정하는 요인은 크게 광고주의 타깃 선택과 광고 경매 결과에 의해 결정되는데, 광고 경매가 진행되는 동안 머신러닝은 총가치인 광고 관련성(이전 명칭: 광고 관련성 점수)을 진단함
  - 총가치는 광고주 입찰, 추산 행동률, 광고 품질 점수라는 세 가지 요인을 기반으로 계산되며, 이 진단 점수가 가장 높은 광고가 게재됨

(2) 캠페인 만들기

- ① 광고 만들기
  - ㉠ 메타의 광고 만들기는 캠페인-광고세트-광고 단계로 구성
    - 캠페인 단계: 캠페인의 목적인 광고 목표 선택
    - 광고세트 단계: 도달하려는 타깃 정의, 광고 노출 위치 선택, 예산 및 일정 설정
    - 광고 단계: 광고를 디자인하며, 이미지와 동영상을 업로드해 텍스트, 링크 등을 추가
- ② 캠페인 설정
  - ㉠ 새 캠페인 만들기, 혹은 기존의 캠페인, 광고세트 또는 광고를 사용하여 캠페인을 새로 만들 수도 있음
  - ㉡ 새로운 캠페인, 광고세트 및 광고의 목표를 선택하고, 타깃, 노출 위치, 광고 형식 등과 같은 상세 정보를 선택함
  - ㉢ 광고캠페인 목표 설정하기
    - 광고캠페인의 목표를 설정하기 전에 현재 무엇을 달성하고 싶은지 파악하고, 비즈니스 목

표를 설정하는 것이 중요함

- 비즈니스 목표에 따라 캠페인 목표를 설정
- 메타는 기존의 11가지에서 6가지(인지도, 트래픽, 참여, 잠재고객, 앱 홍보, 판매)로 목표를 통합하여 간소화된 새로운 목표를 도입함
- 2024년 1월부터는 기존의 광고 목표를 사용해서 캠페인, 광고세트 및 광고를 만들 수 없고, 이전에 만든 캠페인, 광고세트, 광고를 복사 및 이동할 수 없음(비슷한 목표로 복제만 가능함)
- 페이스북, 인스타그램, 메신저, 오디언스 네트워크에서의 세부 광고 목표 설정도 가능하지만, 추가로 광고 목표를 더 설정하면 일부 광고 형식이 사용되지 못할 수도 있음

〈표〉 메타의 새로운 광고 목표 유형

광고 목표	비즈니스 목표	이전 광고 목표
인지도	• 비즈니스, 브랜드 또는 서비스에 대한 인지도 증대 • 광고를 기억할 가능성이 가장 큰 사람들에게 광고 게재	• 브랜드 인지도 • 도달 • 동영상 조회 • 매장 방문
트래픽	• 온라인 랜딩페이지의 트래픽 증대 • 웹사이트, 앱 또는 페이스북 이벤트와 같은 원하는 랜딩페이지로 유도	• 링크 • 랜딩페이지 조회
참여	• 게시물에 참여(메시지 수신, 동영상 조회, 게시물 참여, 페이지 좋아요 또는 이벤트 응답)할 가능성이 큰 사람들에게 도달	• 게시물 참여 • 동영상 조회 • 메시지
잠재고객	• 메시지, 전화 통화 또는 등록을 통해 비즈니스나 브랜드를 위한 잠재고객을 확보	• 잠재고객 정보 수집(인스턴트 양식) • 메시지 • 전환(통화, 가입)
앱 홍보	• 모바일 기기를 이용하는 사람들이 앱을 설치하거나 앱 내에서 특정 행동을 취하도록 유도	• 앱 설치 • 앱 이벤트
판매	• 비즈니스의 상품이나 서비스를 구매할 가능성이 큰 사람에게 도달	• 전환 • 카탈로그 판매 • 메시지

〈표〉광고 목표별로 지원되는 광고 형식

광고 목표		이미지	동영상	슬라이드	컬렉션	인스턴트 경험
인지도	성과목표: 광고 상기도 성과 증대	○	○	○	○	○
	성과목표: 도달 또는 노출	○	○	○	○	○
	성과목표: ThruPlay 또는 동영상 연속 2초 이상 조회	○	○	○		
	매장 위치 기능 설정	○	○	○		○
트래픽	성과목표: 랜딩페이지 조회, 링크 클릭, 도달, 대화, 노출	○	○	○	○	○
참여	전환 위치: 메시지 앱	○	○	○		
	전환 위치: 광고 참여 유형: 동영상 조회 성과목표: ThruPlay 또는 동영상 연속 2초 이상 조회		○			
	전환 위치: 광고 참여 유형: 게시물 참여 성과목표: 게시물 참여, 도달 또는 노출	○	○			
	전환 위치: 광고 참여 유형: 이벤트 응답	○	○			
	전환 위치: 광고 참여 유형: 알림 세트	○	○	○		
	전환 위치: 통화 성과목표: 통화	○	○	○		
	전환 위치: 웹사이트 성과목표: 전환, 랜딩페이지 조회, 링크 클릭, 도달, 대화, 노출	○	○	○	○	○
	전환 위치: 앱 성과목표: 앱 이벤트, 링크 클릭 또는 도달	○	○	○	○	○
	전환 위치: 페이스북 페이지 성과목표: 페이지 좋아요	○	○			
	전환 위치: 페이스북 그룹 성과목표: 링크 클릭	○	○			
잠재 고객	전환 위치: 웹사이트 성과목표: 전환, 랜딩페이지 조회, 링크 클릭, 도달, 대화, 노출	○	○	○	○	○
	전환 위치: 인스턴트 양식 성과목표: 잠재고객 또는 전환 잠재고객	○	○	○		
	전환 위치: 메신저 성과목표: 잠재고객	○	○	○		
	전환 위치: 인스턴트 양식 및 메신저 성과목표: 잠재고객	○	○	○		
	전환 위치: 인스타그램 성과목표: 잠재고객	○	○	○		
	전환 위치: 통화 성과목표: 통화	○	○	○		
	전환 위치: 앱 성과목표: 앱 이벤트	○	○	○	○	○
앱 홍보	성능 목표: 링크 클릭, 앱 이벤트, 앱 설치, 전환	○	○			○
판매	전환 위치: 웹사이트 성과목표: 전환, 랜딩페이지 조회, 링크 클릭, 도달, 대화, 노출	○	○	○	○	○
	전환 위치: 앱 성과목표: 앱 이벤트	○	○	○	○	○
	전환 위치: 웹사이트 또는 앱 성과목표: 전환	○	○			
	전환 위치: 메시지 앱	○	○	○		
	전환 위치: 통화	○	○			
	수동 캠페인 선택 > 카탈로그 사용 > 성과목표: 전환, 링크 클릭 또는 노출	○	○	○	○	○ (컬렉션만 해당)

(3) 예산 설정과 광고 구매

① 예산 설정

    ㉠ 예산은 광고를 노출하는 데 지출하고자 하는 금액으로, 캠페인 또는 광고세트의 총지출을 관리하기 위해서는 예산 설정이 필요함

    ㉡ 캠페인에서 최적화 예산을 설정하거나 광고세트에 개별 예산을 설정할 수 있음. 또한 캠페인 예산과 광고세트 예산의 경우, 예산을 매일 적용할지 아니면 전체 기간에 적용할지를 선택하는 것이 가능함

    ㉢ 캠페인/광고세트 예산 설정

      • 캠페인에서 어드밴티지 캠페인 예산(이전 명칭: 캠페인 예산 최적화)을 설정: 최저 비용으로 최상의 결과를 얻을 수 있도록 도움을 주며, 광고세트 전반의 예산을 지출하는 방식이 유연할 때 가장 효과적인 예산 설정 방식임

      • 광고세트에서 개별 예산 설정: 광고세트 간의 잠재고객 규모 차이가 클 때, 최적화 목표와 입찰 전략이 혼합되어 있을 때 사용함

    ㉣ 일예산 및 총예산: 캠페인 예산과 광고세트 예산의 경우, 예산을 매일 적용할지 아니면 전체 기간에 적용할지를 선택하는 것이 가능함

      • 일예산: 매일 캠페인 또는 광고세트에 (1주일 동안) 매일 지출하는 평균 비용으로, 매일 비슷한 비용을 지출하고 일관된 결과를 얻고자 할 때 효과적임

      • 총예산: 캠페인 또는 광고세트의 광고 기간에 지출할 총금액으로, 정해 둔 금액 이상으로 예산을 초과하고 싶지 않을 때 유용하며, 하루 광고비를 유연하게 사용하고 싶을 때 효과적임

② 캠페인에 적합한 구매 유형 선택하기

    ㉠ 캠페인 설정에서 캠페인 목표에 따라 구매 유형을 선택함

    ㉡ 메타 광고의 구매 유형은 예약(이전 명칭: 도달 및 빈도)과 경매의 2가지 유형이 있음

    ㉢ 예약을 사용하면 성과 결과를 예측하고 빈도를 더 구체적으로 관리하는 등 사전 계획하에 구매할 수 있음. 예약은 페이스북과 인스타그램 광고 구매에서 가능함

    ㉣ 경매의 결과 예측은 예약보다 정확성 측면에서 낮지만, 더 많은 옵션이 제공되며 효율성과 유연성이 높음. 페이스북, 인스타그램, 메신저, 오디언스 네트워크 광고 구매가 가능함

〈표〉 캠페인 설정에서 구매 유형 차이

캠페인 설정	예약	경매
예산	총예산	일예산/총예산 *어드밴티지 캠페인 예산은 일예산 및 총예산 설정 가능
입찰	자동	최고 볼륨
CPM	고정 가격	동적 가격(경매 기준)
성과목표	도달(기본) 광고 상기도 ThruPlay	도달(기준) 노출수 광고 상기도 ThruPlay 동영상 연속 2초 이상 조회
빈도 관리	타깃 빈도(기본) 빈도 한도	— 빈도 한도
노출 위치	페이스북, 인스타그램	페이스북, 인스타그램, 메신저, 오디언스 네트워크
광고 형식	360도 동영상, 360도 사진을 제외한 전 형식 사용 가능	캠페인 목표에 따라 전 형식 사용 가능
브랜드 가치 보호	전체 인벤토리, 기본 인벤토리, 제한된 인벤토리	전체 인벤토리, 기본 인벤토리, 제한된 인벤토리
타기팅	여러 국가 타기팅 가능 소규모 타깃에 적합 동적 타깃 제외 가능	여러 국가 타기팅 가능 소규모 타깃에 적합 동적 타깃 제외 가능
광고 순서 지정	가능	불가능
게재	일반 게재, 순차 게재, 예약 게재	일반 게재만 사용 가능
결과 예측	구매 전에 도달, 빈도 분포, 일일 비용, 노출 위치 분포 등 예측 가능	일일 도달만 예측 가능
가격 결정	노출을 기준으로 청구되는 CPM은 변경되지 않음	경매에서 결정(입찰가 경쟁)
일정	하루 중 일부 시간을 선택하거나 요일별로 다르게 광고 게재 일정을 지정할 수 있음	게재 요일과 시간을 선택하는 것이 가능

③ 예약 구매(이전 명칭: 도달 및 빈도 구매, 2023년 10월 변경)

  ㉠ 고정된 노출당 비용(CPM)으로 인지도 및 참여 캠페인을 계획하고 예약할 수 있음. 또한 예약에 따른 도달 결과를 예측할 수 있고, 광고비로 얼마나 들지를 광고캠페인을 시작

하기 이전에 알 수 있음

ⓛ 시장 점유율이 낮거나 광고캠페인을 짧게 진행하는 신규 브랜드는 높은 빈도 전략을 사용해야 함

ⓒ 이전의 도달 및 빈도 구매에서 예약 구매로 변경되어, 타깃이 볼 수 있는 주당 평균 광고 노출 횟수를 제어할 수 있는 타깃별 광고 빈도 설정이 가능해짐(기존에는 타깃별로 최대 광고 노출 횟수인 빈도 한도 설정만 가능했음)

ⓔ 타깃 빈도와 빈도 한도

• 이전의 링크 클릭, 노출, 게시물 참여와 같은 성과목표는 사용할 수 없고, 인지도 및 참여 캠페인에서 도달범위 극대화 및 트루플레이(ThruPlay)만 성과목표로 설정할 수 있음

• ThruPlay는 동영상 조회수를 나타내는 성과 지표로 15초 미만 동영상에 대해 끝까지, 15초 이상은 15초 이상 재생된 광고에 대해서 광고비가 과금됨

〈표〉 예약 캠페인에서의 빈도 관리

빈도 관리	캠페인 목표	성과목표	캠페인 기간
타깃 빈도 (주당 평균 노출 횟수)	인지도, 참여	도달, ThruPlay	최소 7일
빈도 한도 (최대 광고 노출 횟수)	인지도, 참여	도달, ThruPlay	최소 기간 제한 없음

ⓜ 예약 구매를 사용해야 하는 경우

• 200,000명 이상의 사람에게 도달해야 할 때

• 광고 도달범위의 예측 가능성을 높이고 싶을 때

• 사람들이 광고를 보는 횟수 통제가 필요할 때

• 캠페인을 미리 계획하고 예약하고자 할 때

④ 예약 캠페인 설정 방법

㉠ 광고 관리자에서 '새로운 캠페인 만들기' 선택−구매 유형으로 '예약' 선택

ⓛ 캠페인 목표(인지도 목표와 참여 목표 중에서 선택할 수 있음)를 선택−계속 클릭

ⓒ 예산 설정: '총예산'을 설정하면 예약 추산치가 산정됨

ⓔ 광고를 게재할 페이스북 페이지, 인스타그램과 연결

ⓜ 광고 일정 설정: 광고 게재 기간과 노출 시간, 순차 게재와 광고 예약 가능

• 순차 게재(광고물의 순서 선택): 최대 50개 광고의 순서를 원하는 대로 정렬하여 타깃에게 노출할 수 있게 순서 설정

- 순차 게재를 사용해야 하는 경우
  - 정해진 순서대로 광고를 사용해 타깃 참여도를 실험해 보고 싶은 경우
  - 스토리를 전달하거나 브랜드 메시지를 강화하고 싶은 경우
  - 광범위한 타깃에 도달하여 브랜드에 대한 관심을 유도하고자 하는 경우
- 광고 예약: 특정 시간에 광고가 게재되도록 예약
ⓗ 타깃 정의: 광고세트 수준의 타깃 설정 부분에서 기본 설정된 타깃 수정
- 맞춤 타깃 추가, 상세 타기팅 설정 등
ⓐ 노출 위치 설정: 어드밴티지+ 노출 위치, 수동 노출 위치 설정
- 어드밴티지+ 노출 위치: 성과가 가장 좋을 것으로 예측되는 위치에 메타의 광고 시스템이 자동으로 광고를 게재
- 수동 노출 위치: 광고를 노출할 위치를 직접 선택
ⓞ 브랜드 가치 보호 도구에서 차단 리스트 및 인벤토리 필터 사용 가능
- 노출 차단 리스트: 오디언스 네트워크의 앱, 페이스북 인스트림 동영상, 페이스북 릴스 광고, 인스타그램 릴스 광고, 인스타그램 프로필 피드, 인스타그램 프로필 릴스 등 브랜드 또는 캠페인에 적합하지 않다고 여겨지는 노출 위치에 광고가 게재되지 않도록 리스트 등록
- 인벤토리 필터 사용 방법
  - 광고세트 수준의 노출 위치에서 옵션 [더 보기] 클릭-인벤토리 필터로 이동
  - 피드 광고 설정 변경: 적용 대상인 페이스북/인스타그램 피드 및 릴스 피드 광고를 선택하고, 노출 위치를 '확장된 인벤토리', '보통 인벤토리', '제한된 인벤토리' 중 하나를 선택
  - 인콘텐츠 광고 설정 및 변경: 적용 대상인 페이스북 인스트림 동영상, 페이스북 릴스 광고, 인스타그램 릴스 광고를 클릭-노출 위치에 대해 '확장된 인벤토리', '보통 인벤토리', '제한된 인벤토리' 중 하나를 선택
  - 오디언스 네트워크 설정 및 변경: 오디언스 네트워크 클릭-노출 위치에 대해 '확장된 인벤토리', '보통 인벤토리', '제한된 인벤토리' 중 하나를 선택
  - 확장된 인벤토리: 콘텐츠 수익화 정책을 준수하는 콘텐츠로 확장되어 광고가 표시되므로 도달범위가 극대화됨
  - 보통 인벤토리: 보통 수준의 민감한 내용이 포함된 콘텐츠는 제외됨
  - 제한된 인벤토리: 민감한 내용이 포함된 추가적인 콘텐츠 및 라이브 방송이 제외되고, 도달범위가 감소함
ⓩ 성과목표 선택: 광고의 성과를 측정하는 방법
- 일부 성과목표를 사용하려면 메타 픽셀 또는 SDK를 설정해야 함

〈표〉광고 목표별 성과목표

목표	전환 위치	광고 유형 및 참여 유형	성과목표
인지도	–	–	• 인지도 목표: 광고 도달범위 극대화, 노출수 극대화, 광고 상기도 성과 증대 극대화 • 동영상 조회 목표: ThruPlay 조회 극대화, 동영상 연속 2초 조회 극대화
트래픽	웹사이트	–	• 트래픽 목표: 랜딩페이지 조회수 극대화, 링크 클릭수 극대화 • 기타 목표: 일일 고유 도달 극대화, 대화수 극대화, 노출수 극대화
	앱	–	• 트래픽 목표: 링크 클릭수 극대화 • 기타 목표: 일일 고유 도달 극대화
	메시지 앱	–	• 트래픽 목표: 링크 클릭수 극대화 • 기타 목표: 일일 고유 도달 극대화, 대화수 극대화, 노출수 극대화
	인스타그램 프로필	–	• 인스타그램 프로필 방문수 극대화
	통화	–	• 통화수 극대화
참여	메시지 앱	메시지 연결 광고	• 참여 목표: 대화수 극대화 • 기타 목표: 링크 클릭수 극대화
		홍보 메시지	• 노출수 극대화
	광고	동영상 조회	• 동영상 조회 목표: ThruPlay 조회 극대화, 동영상 연속 2초 조회 극대화
		게시물 참여	• 참여 목표: 게시물 참여 극대화 • 기타 목표: 일일 고유 도달 극대화, 노출수 극대화
		이벤트 응답	• 참여 목표: 이벤트 응답수 극대화, 게시물 참여 극대화 • 기타 목표: 일일 고유 도달 극대화, 노출수 극대화
		그룹 가입	• 링크 클릭수 극대화
		알림 설정	• 알림 설정 극대화
	통화	–	• 통화수 극대화
	웹사이트	–	• 참여 목표: 전환수 극대화 • 기타 목표: 랜딩페이지 조회수 극대화, 링크 클릭수 극대화, 일일 고유 도달수 극대화, 노출수 극대화
	앱	–	• 참여 목표: 앱 이벤트 수 극대화 • 기타 목표: 링크 클릭수 극대화, 일일 고유 도달수 극대화
	페이스북 페이지	–	• 페이지 좋아요 수 극대화
잠재 고객	웹사이트	–	• 잠재고객 목표: 전환수 극대화 • 기타 목표: 랜딩페이지 조회수 극대화, 링크 클릭수 극대화, 일일 고유 도달수 극대화, 노출수 극대화
	인스턴트 양식	–	• 잠재고객 목표: 잠재고객수 극대화, 전환 잠재고객수 극대화
	메신저	–	• 잠재고객수 극대화
	인스타그램	–	• 잠재고객수 극대화
	통화	–	• 통화수 극대화
	앱	–	• 앱 이벤트수 극대화
앱 홍보	–	–	• 앱 홍보 목표: 앱 이벤트수 극대화, 앱 설치수 극대화, 전환값 극대화 • 기타 목표: 링크 클릭수 극대화
판매	웹사이트	–	• 전환 목표: 전환수 극대화, 전환값 극대화 • 기타 목표: 랜딩페이지 조회수 극대화, 링크 클릭수 극대화, 일일 고유 도달수 극대화, 노출수 극대화
	앱	–	• 전환 목표: 앱 이벤트수 극대화 • 기타 목표: 링크 클릭수 극대화, 일일 고유 도달수 극대화, 노출수 극대화
	웹사이트/앱	–	• 전환수 극대화
	메시지 앱	–	• 전환 목표: 대화수 극대화, 전환수 극대화 • 기타 목표: 링크 클릭수 극대화, 일일 고유 도달수 극대화
	통화	–	• 통화수 극대화

ⓩ 광고 빈도 관리: 타깃 빈도, 빈도 한도 설정

ⓚ 예약 캠페인을 구매하고 예약하려면 '예약 및 업로드' 클릭

ⓣ 고정 CPM을 얻으려면 '광고세트 예약' 선택

ⓟ 캠페인이 시작되기 전에 광고를 업로드해야 함

⑤ 경매 구매

㉠ 기본 구매 옵션이며, RTB(Real Time Bidding)로 진행

㉡ 최대한 낮은 금액 또는 일정한 목표 금액으로 타깃에게 도달하기 위해 입찰할 수 있음

㉢ 모든 광고 계정에서 이용할 수 있으며, 광고주 대부분에게 권장되는 옵션

㉣ 경매에 영향을 미치는 요인은 다음의 3가지 주요 요인을 조합하여 결정됨

- 입찰가: 광고주가 해당 광고에 설정한 입찰가. 즉, 광고주가 원하는 결과를 달성하기 위해 지불할 의향이 있는 금액을 말함
- 추산 행동률: 특정 사람이 특정 광고에 반응을 보이거나 특정 광고로부터 전환하는 행동의 추정치. 즉, 타깃에게 광고를 노출해 광고주가 원하는 행동을 이끌 가능성(참여율, 전환율 등)을 말함
- 광고 품질: 광고를 보거나 숨기는 사람들의 피드백이나 낮은 품질 속성(예: 의도적인 정보 숨김, 자극적인 표현, 참여 유도를 위한 낚시성 콘텐츠) 등 다양한 요소의 평가치
- 추산 행동률과 광고 품질을 모두 사용해 광고 관련성(이전 명칭: 광고 관련성 점수)을 진단하며, 광고 관련성이 높은 광고는 더 낮은 비용으로 광고 경매에서 낙찰될 수 있음

용어설명

RTB(Real Time Bidding)
실시간 경매로 주로 매체사별 광고 관리 플랫폼을 통해 광고주가 직접 입찰가를 제시하여 구매하는 방식을 말함

㉤ 입찰 전략

- 선택한 입찰 전략에 따라 광고 경매의 입찰 방식이 다름
- 입찰은 비즈니스 목표에 가장 적합한 옵션으로 선택하는데, 메타의 입찰 전략으로는 지출액 기준 입찰, 목표 기준 입찰 및 수동 입찰의 3가지 유형이 있음
- 지출액 기준 입찰: 예산을 모두 지출했을 때, 결과/가치의 극대화에 중점
  - 최고 볼륨: 광고 예산을 지출해서 달성할 수 있는 광고 노출수 및 전환수 극대화를 목표로 함
  - 최고 가치: 광고 예산을 지출해서 발생할 수 있는 최고 구매 가치(최고 판매량, 최대 판매금 등)를 목표로 함

- 목표 기준 입찰: 달성하려는 목표(CPA, 매출액 등) 설정
  - CPA 평균 금액 유지 목표: 시장의 상황과 관계없이 비용 한도를 유지하는 데 목표를 둠. 수익성을 평균적으로 유지하기 위해 구매당 비용(CPA) 유지를 목표로 설정할 수 있음
  - ROAS 목표(광고비 지출 대비 수익률): 캠페인 기간에 걸쳐 광고비 지출 대비 수익률을 평균 금액 수준으로 유지하는 것을 목표로 설정함. 예를 들어, 광고비 100만 원으로 150만 원의 구매를 발생시키려는 경우(또는 150%의 수익률) ROAS 관리 한도는 1,500%로 설정함
- 수동 입찰: 경매 전체에서 사용할 입찰가 한도를 설정하는 것으로, 예상 전환율을 잘 알고 있고 적절한 입찰가를 계산할 수 있는 광고주에게 적합함
  - ⓑ 입찰가 설정
    - 입찰가는 선택한 입찰 전략 및 최적화 목표, 전환 기간, 캠페인의 이전 성과를 고려하여 설정해야 함
- ⑥ TRP 구매
  - ㉠ 예약, 경매 이외에 메타의 광고 관리자가 아니라 메타에 직접 광고게재신청서(Insertion Order: IO)를 제출하여 예약할 수 있는 구매 옵션임(최대 6개월 전)
  - ㉡ TRP 구매는 TV 캠페인 기획에 익숙한 광고주가 페이스북과 인스타그램에서 닐슨(Nielsen)의 타깃 시청률(Target Rating Point: TRP)을 사용하여 동영상 캠페인을 계획하고 구매할 수 있도록 고정 가격으로 인구통계학적 특성에 따라 지정된 타깃에게 정확한 노출수를 제공하는 방식임
  - ㉢ DMA®(Designated Market Area)로 지정한 미국, 영국, 프랑스, 이탈리아, 독일, 호주, 브라질, 캐나다, 말레이시아, 인도네시아, 필리핀, 태국, 멕시코 중에서 국가나 지역, 연령과 성별을 지정해서 광고를 노출할 수 있으며, 노출 빈도('높음', '보통', '낮음')를 설정할 수도 있음
  - ㉣ TRP 구매의 경우, 닐슨이 검증한 TRP에 맞춘 최적화 기능을 제공하며, 지정했던 타깃에게 노출됐을 때 광고비가 청구됨

(4) 광고세트 만들기

- ① 광고세트
  - ㉠ 광고세트는 캠페인의 다음 수준에서 도달하려는 타깃을 정의하고, 광고 노출 위치를 선택하며, 예산을 결정하고, 일정 등을 설정하는 단위임

ⓛ 광고세트의 이름을 입력하고, 먼저 다이내믹 크리에이티브 여부를 선택함

ⓒ 다이내믹 크리에이티브를 설정하면 광고 수준에서 노출 위치별로 광고를 직접 맞춤 설정할 수 없음

• 다이내믹 크리에이티브는 어떤 미디어나 광고 구성 요소가 각 타깃의 반응을 얻는지 알 수 없는 경우에 사용할 수 있는 이상적인 최적화 도구임

• 여러 미디어(이미지, 동영상)와 여러 광고 구성 요소(이미지, 동영상, 텍스트, 오디오, 행동 유도)를 광고 성과를 높이기 위해 광고를 보는 각 사람에게 맞춤화된 크리에이티브 결과물을 제시하는 자산 맞춤화(소재 맞춤화로도 불림). 단, 다국어 광고, 정치 관련 콘텐츠를 포함하는 광고에는 다이내믹 크리에이티브를 사용할 수 없음

• 다이내믹 크리에이티브 광고는 최대 1,000개까지 만들 수 있으며, 한도에 도달하면 일부 다이내믹 크리에이티브 광고를 삭제하거나 따로 저장해야 추가로 광고를 만들 수 있음

ⓔ 전환 세션에서 전화 위치와 전환 이벤트를 선택함

• 전환 위치: 원하는 비즈니스 성과가 발생하는 위치를 말함

• 전환 이벤트: 선택한 전환 위치에 따라 전환 이벤트를 선택하는데, 전환 이벤트는 타깃이 취하도록 유도하려는 행동을 말함. 예를 들어, 사람들이 웹사이트를 통해 비즈니스에 문의하도록 유도하는 것이 목표라면 잠재고객을 목표로 한 캠페인을 만든 다음, 전환 위치로 '웹사이트'를, 전환 이벤트로 '문의하기'를 선택함

• 모든 전환 위치에 전환 이벤트가 필요한 것은 아님

ⓜ 예산과 일정 세션에서 일예산 또는 총예산을 입력함

ⓗ 시작 날짜와 종료 날짜 선택(하루 중 다른 시간대에 광고 예약도 가능함)

ⓢ 타깃 정의

• 맞춤 타깃 혹은 유사 타깃 사용 가능

• 위치나 최소 연령 및 언어 등의 수정 및 변경이 가능함

  – 어드밴티지+ 타깃 설정

ⓞ 광고 노출 위치 설정

• 노출 위치는 광고를 게재할 수 있는 곳을 말하며, 자동 노출 위치 설정과 수동 노출 위치 설정 중에서 선택함

  – 어드밴티지+ 노출 위치 설정: 광고 전송 시스템이 가장 성과가 좋을 것으로 예상되는 위치에 광고를 표시

  – 수동 노출 위치 설정: 노출 위치를 직접 선택

• 페이스북과 인스타그램에 동시에 광고하는 것은 적절한 매체 전략임

〈표〉 목표별로 사용할 수 있는 전환 위치와 전환 이벤트

목표	전환 위치	전환 이벤트
인지도	선택할 필요 없음	전환 이벤트 필요 없음
트래픽	웹사이트, 앱, 메신저, 왓츠앱, 전화	전환 이벤트 필요 없음
참여	동영상 조회, 게시물 참여, 이벤트 응답 중 선택	전환 이벤트 필요 없음
	메시지 앱, 메신저, 왓츠앱, 인스타그램 다이렉트 중 선택	
	웹사이트	위시리스트에 추가, 문의하기, 제품 맞춤 주문, 기부, 위치 찾기, 예약, 검색, 체험판 시작, 요청 제출, 구독, 콘텐츠 조회
	앱	레벨 달성, 앱 활성화, 위시리스트에 추가, 튜토리얼 완료, 문의하기, 제품 맞춤 주문, 기부, 위치 찾기, 앱 내 광고 클릭, 앱 내 광고 노출, 평가, 예약, 검색, 크레딧 지출, 체험판 시작, 요청 제출, 구독, 신기록 달성, 콘텐츠 조회
	페이스북 페이지	전환 이벤트 필요 없음
잠재 고객	웹사이트	등록 완료, 문의하기, 위치 찾기, 잠재고객, 예약, 검색, 체험판 시작, 요청 제출, 구독, 콘텐츠 보기
	앱	등록 완료, 튜토리얼 완료, 문의하기, 위치 찾기, 예약, 검색, 체험판 시작, 요청 제출, 구독, 콘텐츠 보기
	인스턴트 양식, 메신저, 인스타그램, 통화	전환 이벤트 필요 없음
앱 홍보	자동으로 앱 선택됨	표준 앱 이벤트와 맞춤 앱 이벤트를 포함하는 모든 앱 이벤트
판매	웹사이트	결제 정보 추가, 장바구니에 담기, 위시리스트에 추가, 등록 완료, 기부, 결제 시작, 구매, 검색, 체험판 시작, 구독, 콘텐츠 조회
	앱	결제 정보 추가, 장바구니에 담기, 위시리스트에 추가, 등록 완료, 기부, 앱 내 광고 클릭, 앱 내 광고 노출, 결제 시작, 구매, 검색, 크레딧 지출, 체험판 시작, 구독, 콘텐츠 조회
	웹사이트 및 앱	장바구니에 담기, 결제 정보 추가, 위시리스트에 추가, 등록 완료, 결제 시작, 잠재고객, 구매, 체험판 시작, 검색, 구독, 콘텐츠 조회
	메신저	결제 정보 추가, 장바구니에 담기, 위시리스트에 추가, 등록 완료, 기부, 결제 시작, 구매, 검색, 체험판 시작, 구독, 콘텐츠 조회
	왓츠앱	

② 타깃 설정

　㉠ 메타는 사용자 행동 기반 타기팅이란 용어를 잠재고객 타기팅이란 용어로 대체함

　㉡ 잠재고객 타기팅을 설정하는 방법으로는 구체적으로 지정하는 방법(특정 타기팅)과 광
범위하게 지정하는 방법(광범위 타기팅)의 2가지가 있음

　　• 특정 타기팅: 상세, 맞춤, 유사 타깃 등 매개변수에 의해 타깃을 지정하는 방법임

　　• 광범위 타기팅: 주로 메타의 광고 시스템에 의존하여 광고를 노출할 가장 적절한 사람들
을 설정하는 방법으로, 완전히 새로운 잠재고객을 찾는 데 효과적임

③ 특정 타기팅

　㉠ 상세 타기팅

　　• 위치, 연령, 성별, 언어별로 기본 타깃 설정을 마친 후, 특정한 인구통계학적 특성이나 관
심사, 행동 등의 기준을 추가하여 광고를 노출할 그룹을 세분화하는 데 사용함

　　• 상세 타기팅에서 고려되는 사항

　　　– 클릭한 광고

　　　– 참여한 페이지

　　　– 기기 사용량, 여행 관련 선호 사항 등 메타 내에서 사람들이 나타내는 다양한 활동

　　　– 사용하는 모바일 기기와 네트워크 연결 속도

　　• 왓츠앱 연결 광고에는 현재 상세 타기팅을 사용할 수 없음

　㉡ 맞춤 타기팅

　　• 메타 사용자 중에서 광고주의 기존 고객들을 활용한 타기팅 방식

　　• 인스타그램과 페이스북을 이용하는 사람 중에서 기존 타깃을 찾거나, 고객 리스트, 웹사
이트 또는 앱 트래픽, 페이스북 또는 인스타그램에서의 참여도와 같은 소스를 사용하여 이
미 광고주를 알고 있는 사람들로 맞춤 타깃을 만들 수 있음

　　• 광고 계정당 최대 500개의 맞춤 타깃을 소스로 활용해 유사 타깃으로 확장 가능함

〈표〉 광고주가 제공하는 소스의 유형

유형	설명
웹사이트	• 메타 픽셀을 사용하여 웹사이트를 방문하는 사람들과 메타 사용자를 매칭하는 타기팅 옵션임 • 최근 30일 동안 비즈니스의 웹사이트를 방문한 모든 사람을 포함하는 타깃이나 제품 페이지에 방문했지만 구매하지 않은 사람 등의 타기팅이 가능함 • 웹사이트에서의 행동 이벤트를 기반으로 하여 정교하게 타기팅이 가능함(대부분의 국가에서는 18세 미만, 태국의 경우 20세 미만, 인도네시아의 경우 21세 미만은 타기팅 옵션을 사용할 수 없음)

앱 활동	• 메타 SDK를 사용하여 앱에서 유도하려는 행동을 취할 가능성이 높은 특정 사람들에게 광고를 효과적으로 타기팅하는 것이 가능함
고객 리스트 (CRM Data)	• 메타 비즈니스 관리자에 연결된 광고 계정의 소유자이거나 소유자가 관리자 또는 광고주의 권한을 제공한 경우는 고객 리스트 맞춤 타깃을 만들 수 있음 • 메타는 고객 리스트에 있는 정보(식별자)와 메타의 프로필을 매칭하는데, 식별자 유형이 많을수록 매칭률이 높아짐
참여 맞춤 타깃	• 참여는 동영상 시청, 페이지 팔로우, 잠재고객 확보, 광고에서 양식 열기, 이벤트 참여 등과 메타 전반에 걸쳐 사람들이 취할 수 있는 행동으로, 메타 및 서비스 전반에 걸쳐 콘텐츠에 반응을 보인 사람들로 타깃으로 구성하는 것을 말함

- 비즈니스(광고주)가 보유하고 제공하는 소스: 웹사이트, 앱 활동, CRM, 참여 맞춤 타깃
- 메타가 제공하는 소스: 동영상 시청, 잠재고객 양식 참여, 인스턴트 경험, AR 경험, 쇼핑, 인스타그램 계정
  - 참여는 동영상 시청, 페이스북 페이지 팔로우하기, 잠재고객용 양식 열기 등 메타 전반에 걸쳐 사람들이 취한 행동을 말하며, 참여 맞춤 타깃을 사용해 이들을 타기팅하여 광고를 노출할 수 있음
  - 참여 맞춤 타깃을 소스로 사용하여 유사 타기팅을 설정할 수도 있음

〈표〉 메타 제공 소스(참여 맞춤 타깃)의 유형

구분	참여 유형
동영상 시청	• 페이스북이나 인스타그램에서 동영상을 시청한 사람들을 기반으로 참여 맞춤 타기팅 가능 • 사람들이 조회한 동영상은 페이스북과 인스타그램 피드, 스토리 및 사용 가능한 다른 노출 위치에 게재된 동영상을 포함
잠재고객용 양식 참여	• 비즈니스 페이지의 잠재고객 양식에 이벤트가 발생한 사람을 기준으로 타깃 설정
인스턴트 경험	• 페이스북 인스턴트 경험에 참여한 타깃을 모수로 생성할 수 있으며, 컬렉션 캠페인에서 인스턴트 경험 사용 가능
AR 경험	• AR 효과가 포함된 콘텐츠를 열어 본 타깃은 참여도가 높은 타깃이 될 수 있으므로, 맞춤 타깃 유형으로 AR 경험 선택 가능 • AR 효과와 AR 경험 유형 중에서 선택 가능 - AR 효과: 페이스북 또는 인스타그램에서 AR 효과를 열어 본 사람(광고에 사용된 효과는 포함되지 않음) - AR 경험: AR 경험을 열어 본 사람들

쇼핑	• 페이스북 및 인스타그램의 쇼핑 경험에서 제품에 반응을 보이는 사람들을 맞춤 타깃으로 생성 가능 • 제품을 조회한 사람, 제품을 조회하고 웹사이트로 이동한 사람, 제품을 저장한 사람, Shop 페이지를 조회한 사람, Shop 컬렉션을 조회한 사람, 장바구니에 제품을 추가한 사람, 제품 결제를 시작한 사람, 제품을 구매한 사람 등을 옵션으로 선택해 타기팅 가능
인스타그램 계정	• 인스타그램 프로페셔널 계정을 팔로우하거나 참여한 사람을 대상으로 타기팅 • 인스타그램 비즈니스 계정 또는 인스타그램 크리에이터 계정으로만 만들어야 하며, 개인 계정은 사용할 수 없음

ⓒ 유사 타기팅
- 맞춤 타깃보다 더 많은 사람에게 도달하고 싶다면 유사 타깃을 추가할 수 있음. 유사 타깃을 사용하면 메타 시스템이 소스 타깃(맞춤 타깃)에 포함된 사람들과 유사한 특성을 가진 사람들에게 노출하여 최적의 성과를 유지하도록 지원함
- 유사 타깃을 만드는 경우, 페이지 또는 메타 픽셀의 관리자여야 만들 수 있음
- 맞춤 타깃에서 유사 타깃을 만드는 경우, 광고 계정에 관리자 또는 광고주의 역할이 있어야 만들 수 있음
- 앱의 관리자이거나 개발자이기도 한 경우, 해당 앱뿐만 아니라 광고 계정과 공유된 다른 앱에 대해서도 유사 타깃 만들기가 가능함
- 유사 타깃의 소스 선택
  - 소스로는 맞춤 타깃, 모바일 앱 데이터 또는 페이지 팬 중에서 선택 가능함
- 고객 생애 가치(Customer Lifetime Value: CLV) 기반 유사 타깃
  - 가치 기반 유사 타깃을 만드는 데 필요한 유형의 데이터로, 고객과 관계를 유지하는 동안 고객이 기여할 것으로 기대되는 순이익을 나타냄
  - 일반적인 구매 주기 내에서의 고객의 구매 빈도, 고객이 구매당 지출하는 금액, 고객과 관계를 유지하는 동안 고객이 지출할 것으로 예상되는 금액, 고객이 관계를 유지할 잠재적 기간 등이 해당
  - 타깃 소스가 되는 모바일 앱, 픽셀, SDK, 카탈로그, 맞춤 타깃이 고객가치를 데이터 유형으로 가지고 있어야 가능
  - 생애 가치(LTV), 거래 가치, 총 주문 규모 또는 참여를 기반으로 1,000~50,000명의 우수 고객 그룹을 유사 타깃으로 사용하면 좋음
- 유사 타깃 설정
  - 유사 타깃의 규모는 1~10까지의 척도로 설정 가능하며, 소스 타깃과 가장 유사한 타깃

을 찾을 국가의 인구에 대한 백분율을 나타내는 값을 말함
- 1% 유사 타깃은 소스 타깃과 가장 비슷한 사람들로 구성됨
- 단일 소스에서 최대 500명의 유사 타깃을 만들 수 있으며, 유사 타깃을 사용하기 위해서
  단일 국가에서 100명 이상이 소스로 포함되어야 함

[그림] 유사 타깃의 설정

출처: 메타 광고 관리자.

④ 광범위 타기팅
  ㉠ 주로 메타의 광고 시스템에 의존하여 광고를 노출할 가장 적절한 사람들을 설정하는 방
     법(성별, 연령, 위치)으로 완전히 새로운 잠재고객을 찾는 데 효과적인 타기팅 방법임
  ㉡ 누구에게 도달해야 할지 알 수 없는 경우에 사용할 수 있으며, 어드밴티지+ 타깃, 어드
     밴티지 상세 타기팅, 어드밴티지 맞춤 타깃 및 어드밴티지 유사 타깃의 유형이 있음
  ㉢ 어드밴티지+ 타깃
     • 메타의 AI가 이전 전환, 픽셀 데이터, 이전 광고에 대한 반응과 같은 방대한 정보를 사용하

여 타깃을 찾고 머신러닝을 통해 자동화된 타기팅을 제시하는 것으로, 사용하기 가장 쉽고 성과가 가장 우수한 타깃 자동화 옵션 중의 하나임

• 어드밴티지+ 타깃을 사용해야 하는 경우
  – 리마케팅 캠페인을 제외한 거의 모든 캠페인 유형에 대해 어드밴티지+ 타깃을 시도해 보는 것이 바람직함
  – 특히 쇼핑 캠페인과 어드밴티지+ 앱 캠페인(이전 명칭: 자동화된 앱 광고)에서 성과가 우수한 것으로 평가되고 있음
  – 캠페인의 모든 단계를 자동화하고 싶지는 않고, 타깃을 찾기 위해서만 AI를 사용하는 방법임

👍 **용어설명**

리마케팅 캠페인
리마케팅 캠페인은 광고에 반응한 타깃에게만 광고를 게재하는 광고캠페인을 말함

• A/B 테스트를 사용하여 어드밴티지+ 타깃의 성과를 다른 타깃 선택 방법과 비교 가능함
ㄹ 어드밴티지 상세 타기팅(이전 명칭: 상세 타기팅 확장)
• 많은 사람에게 도달하도록 하여 캠페인 성과를 개선하는 데 도움
• 성과가 개선된 부분을 반영하여 상세 타기팅에서 추가로 확장하거나 타기팅 선택 사항을 제외할 수 있음
• 추가로 확장하기 위해서는 상세 타기팅(관심사, 행동 등)만 사용할 수 있으며, 위치, 연령 또는 성별 타기팅 옵션에는 적용되지 않음
  ☞ 관심사는 타깃 규모가 2백만 명 이상인 경우에만 추가하는 것이 좋음
• 타기팅에 포함되지 않게 제외하는 설정은 연령, 성별, 위치, 언어 등에서 적용 가능함
• 주택, 고용 및 신용, 그리고 사회 문제, 선거 및 정치와 같은 특별광고 카테고리를 사용하는 캠페인에는 어드밴티지 상세 타기팅을 사용할 수 없음
ㅁ 어드밴티지 맞춤 타깃(이전 명칭: 맞춤 타깃 확장)
• 메타 시스템이 성과를 개선할 가능성이 크다고 생각되는 경우, 선택한 맞춤 타깃 이외의 타깃으로 확장해 광고 게재
• 맞춤 타깃을 소스로 사용해 광고가 더 많은 사람에게 도달하도록 유도
ㅂ 어드밴티지 유사 타깃(이전 명칭: 유사 타깃 확장)
• 성과를 개선할 가능성이 있다면 지정한 1~10%의 유사 타깃 범위를 벗어난 타깃에게 광고가 게재될 수 있도록 확장한 타기팅 방식
• 주택, 고용 및 신용(HEC 광고), 사회 문제, 선거 및 정치(SIEP)와 같은 특별광고 카테고리

를 사용하는 캠페인에는 어드밴티지 유사 타깃을 사용할 수 없음

- 어드밴티지 유사 타깃을 사용할 때, 특정 타깃 제외도 가능함

Ⓐ 어드밴티지+ 타깃을 사용하는 경우, 전 세계적으로는 18세 미만, 태국은 20세 미만, 인도네시아에서는 21세 미만의 연령 선택이 불가능하며, 이 연령대를 대상으로 한 상세 타기팅, 맞춤 타깃, 유사 타깃 또는 저장된 타깃을 사용할 수 없음

⑤ 광고 노출 위치

ⓘ 광고가 게재될 메타의 플랫폼으로는 페이스북, 인스타그램, 메신저, 네트워크 오디언스가 있음

ⓛ 광고 노출 위치와 광고 소재 유형에 따라서 피드 광고, 스토리 광고, 릴스 광고, 동영상 인스트림 등으로 구분할 수 있으며, 각 플랫폼에 따라 세부 노출 위치와 노출되는 광고 소재 유형의 차이가 있음

ⓒ 피드 광고

- 페이스북, 인스타그램의 게시물 위치(피드)에 게재되는 광고

〈표〉 피드 광고의 노출 위치

구분		노출 위치
페이스북	피드	• 데스크톱, 모바일 페이스북 웹/앱 피드에 광고 노출 • 1:1의 비율
	마켓플레이스 (Marketplace)	• 페이스북 마켓플레이스는 상품을 살펴보고 구매하기 위한 공간으로, 콘텐츠 유료 광고와는 다름 • 마켓플레이스 광고에는 'Sponsored' 레이블이 표시됨 • 마켓플레이스에 노출되는 광고는 피드에도 노출됨. 현재 광고를 마켓플레이스에만 노출되게 할 수는 없음
	동영상 피드	• 페이스북 피드의 동영상 전용 환경에서 유기적 동영상 사이에 노출
	오른쪽 칼럼	• 컴퓨터 페이스북 웹 오른쪽 칼럼에 노출
	비즈니스 둘러보기	• 모바일 페이스북 피드에서 비즈니스 게시물 제목이나 댓글을 누르면 광고 노출
인스타그램	피드	• 데스크톱, 모바일 인스타그램 앱과 웹 피드에 광고 노출
	프로필 피드	• 만 19세 이상 사용자가 만든 전체 공개 인스타그램 프로필의 피드 보기 내에 노출
	탐색 탭	• 사진이나 동영상을 클릭하면 광고가 둘러보기 환경에 노출
	탐색 홈	• 탐색 그리드에서 다른 추천 콘텐츠와 함께 이미지로 노출
메신저	받은 메시지함	• 메신저의 홈 탭에 노출

- 플레이어블 광고: 모바일 앱 피드를 위한 반응형 광고 형식으로, 게임, 앱 또는 브랜드의 짧은 미리보기를 제공할 수 있는 새로운 광고 형식

㉣ 스토리 광고
- 페이스북, 인스타그램, 메신저에서 스토리 사이에 표시되는 전체화면 이미지, 동영상 또는 슬라이드 광고
- 몰입도 높은 전체화면 환경에서 타깃에게 도달할 수 있음
- 광고 관리자와 Meta Business Suite 모바일 앱, API, 인스타그램 홍보하기를 통해 광고 만들기가 가능함
- 인스타그램 스토리의 경우(9:16 비율) 광고 형식으로 슬라이드형을 사용할 수 있음
- 광고에 이미지나 동영상 형식을 선택할 수 있음
  - 이미지를 선택한 경우, 크리에이티브를 세로 방향 스토리 애니메이션으로 맞춤 설정할 수 있는 무료 디자인 도구인 스토리 템플릿을 사용할 수 있음
  - 메타의 크리에이티브 허브에서 스토리 모의 광고를 만들 수도 있음
  - 스토리 템플릿을 사용해 이미지를 페이스북, 메신저 및 인스타그램의 스토리 광고로 자동 변환이 가능함. 즉, 광고를 새로 디자인하는 데 많은 시간과 노력을 들이지 않고도 스토리에서 타깃에 도달할 수 있음
  - 스토리 템플릿은 세로 방향 화면비율을 사용하므로 광고가 전체 모바일 화면을 채울 수 있고 몰입도도 높음. 움직임도 추가할 수 있음

〈표〉 스토리 광고의 노출 위치

구분	특징
페이스북 스토리	• Meta Business Suite 모바일 앱을 사용하여 스토리 광고 제작 • 세로 방향의 전체화면 광고

인스타그램 스토리	• 인스타그램 스토리 광고는 일반 인스타그램 스토리 콘텐츠 사이에 표시됨
	• 인스타그램에서 광고를 만들고 게재하려면 인스타그램 계정이 필요함
	• 광고 형식으로 슬라이드형을 사용할 수도 있음
	• 광고 하단에 자동으로 표시되는 기본 행동 유도 링크 스티커를 지원함
	  - 링크 스티커를 가리지 않도록 크리에이티브 상단의 약 14%와 하단의 약 20%를 텍스트, 로고 또는 기타 주요 크리에이티브 요소가 없는 상태로 비워 두어야 함
	  - 광고 관리자의 광고 크리에이티브 섹션에서 9:16 비율로 광고에 사용할 링크 스티커의 기본 위치를 조정할 수도 있음
	  - 인스타그램 스토리 광고에 행동 유도 링크 스티커를 추가하는 기능은 순차적으로 적용될 것이므로, 아직 사용하지 못할 수도 있음

메신저 스토리	• 메신저 스토리 노출 위치를 사용해 인스타그램 스토리와 페이스북 스토리 캠페인의 도달률을 증대시킬 수 있음

ⓜ 릴스 광고

- 최대 60초(60초 미만의 길이도 허용되며, 3초 정도로 짧을 수도 있음)의 광고로, Apple(iOS)
  은 9:16 비율의, Google(Android)은 사용하는 기기의 화면비율의 MP4 형식의 파일로 업
  로드함
- 릴스 광고 유형
  - 릴스 광고에는 오버레이 배너 광고와 게시물 반복 재생 광고라는 2가지 유형이 있음
  - 시청자는 릴스의 광고와 크리에이터 콘텐츠에 모두 참여할 수 있으며, 오버레이 배너
    광고 또는 게시물 반복 재생 광고는 릴스당 1개의 광고만 게재 가능함
- 오버레이 배너 광고: 릴스 콘텐츠 하단에 자동으로 렌더링되어 게시되며, 단일 이미지형
  과 이미지 슬라이드형이 있음
  - 단일 이미지 광고: 릴스 하단에 이미지 배너 형식으로 렌더링되며, 릴스가 시작된 후에
    나타남
  - 이미지 슬라이드 광고: 2~10개의 이미지를 포함할 수 있는 이미지의 슬라이드이며, 릴
    스 콘텐츠 하단에 렌더링되어 나타남
- 게시물 반복 재생 광고: 릴스가 반복된 후 표시되는 4초 이상 길이의 건너뛸 수 있는 독립
  실행형 동영상 광고 형태임
  - 광고가 끝나면 파트너의 릴스가 재개되어 반복 재생됨
- 릴스 광고 게시 방법
  - 릴스에 광고를 게시하려면 메타의 광고 관리자로 가서 광고세트 수준에서 노출 위치 아
    래의 옵션으로 어드밴티지+ 노출 위치(이전 명칭: 자동 노출 위치) 또는 수동 노출 위치
    를 선택함
  - 릴스의 오버레이 및 게시물 반복 재생 광고를 선택 또는 수동 노출 위치를 선택한 다음
    스토리 및 릴스를 선택함
  - 릴스의 오버레이 및 게시물 반복 재생 광고는 릴스 동영상의 배너 형태이거나 릴스 동
    영상 사이에 게시되는 동영상 광고 형태임
  - 인벤토리 필터, 차단 리스트, 퍼블리셔 리스트, 게재 보고서 등의 브랜드 가치 보호 도
    구를 이용할 수 있음
  - 릴스 전체화면 광고는 릴스 사이에 표시되며, 메타의 일반 콘텐츠와 마찬가지로 댓글,
    좋아요, 조회, 저장, 공유 및 건너뛰기가 가능함
- 릴스 광고에 온보딩하는 방법
  - 인스트림 광고 프로그램에 참여한 경우는 이미 릴스 광고에 등록되어 있을 수도 있음

- 인스트림 광고 프로그램에 참여하고 있지 않은 경우는 Meta Business Suite에서 수익화-릴스 광고를 설정함
- 데스크톱: Meta Business Suite로 이동 → 메뉴에서 수익화 → 사용할 수 있는 도구에서 릴스 광고를 클릭 → 이용 약관을 검토한 다음 약관에 동의 → 결제 계정을 설정함
- 모바일: 프로필-메뉴-프로페셔널 대시보드-도구-수익화-릴스 광고를 설정함

〈표〉 릴스 광고의 노출 위치

구분	특징
페이스북 릴스	• 최대 60초(60초 미만의 길이도 허용되며, 3초 정도로 짧을 수도 있음) • 페이스북 릴스 광고에는 오버레이 배너 광고와 게시물 반복 재생 광고의 2가지 유형이 있음 • 페이스북 릴스의 오버레이 및 게시물 반복 재생 광고는 릴스 동영상의 배너 혹은 릴스 동영상 사이에 게시되는 동영상 광고 형태임 • 페이스북 릴스 전체화면 광고: 릴스 사이에 표시되며, 페이스북의 일반 콘텐츠와 마찬가지로 댓글, 좋아요, 조회, 저장, 공유 및 건너뛰기가 가능함
인스타그램 릴스	• 인스타그램 릴스탭에 게재 • 일반 릴스 콘텐츠 사이에 삽입되며, 일반 콘텐츠와 마찬가지로 댓글, 좋아요, 조회, 저장, 공유 및 건너뛰기가 가능함
인스타그램 프로필 릴스	• 만 19세 이상 전체 공개 프로필에 노출

ⓑ 페이스북 인스트림 동영상 광고(인스타그램 인스트림 동영상 광고는 이제 사용하지 않음)
- 동영상을 시청하는 사람들에게 5~15초 길이의 광고를 게재함
- 동영상에는 유명 퍼블리셔 및 디지털 콘텐츠 크리에이터가 페이스북 타깃에 맞춰 제작한 동영상과 승인된 특정 파트너 그룹의 라이브 방송이 포함됨(정부와 종교 파트너의 라이브 방송은 자동으로 제외)
- 광고는 해당 동영상 재생 전, 재생 중 또는 재생 후에 노출되며, 첫 번째 페이스북 인스트림 동영상 광고는 대체로 동영상 시작 1분 후에 게재됨

ⓐ 검색
- 페이스북 검색결과: 페이스북 및 마켓플레이스 검색결과 옆에 광고가 표시됨
- 인스타그램 검색결과: 사람들이 인스타그램 앱에서 검색 창에 키워드 검색어를 입력하면 검색결과에 광고가 표시됨

ⓞ 메시지
- 메신저 홍보 메시지: 메신저에서 비즈니스와 대화를 나눈 적이 있는 사람들에게 광고가 메시지 형태로 노출됨

ⓩ 앱 및 사이트

- 오디언스 네트워크 네이티브, 배너 및 전면 광고: 오디언스 네트워크의 앱에 광고가 노출됨
- 오디언스 네트워크 보상형 동영상: 앱에서 앱 내 통화나 아이템과 같이 보상을 받기 위해 시청해야 하는 동영상으로 광고가 노출됨

(5) 광고 설정하기

① 광고 설정 과정

㉠ 광고를 설명하는 광고 이름을 기입하고 대표 계정 설정, 광고 형식 설정, 크리에이티브를 업로드하고 링크 등을 추가할 수 있음

㉡ 대표 계정 설정: 비즈니스를 대표할 페이스북 페이지와 인스타그램 계정을 선택함
- 모든 광고에는 페이스북 페이지가 연결되어 있어야 함

㉢ 광고 형식 설정: 단일 이미지 또는 동영상, 슬라이드 또는 컬렉션 중에서 선택함

㉣ 미디어 선택: 미디어를 새로 업로드하거나 계정, 페이스북 페이지, 인스타그램 계정 또는 미디어 라이브러리에서 미디어를 선택할 수 있음
- 단일 이미지 또는 동영상 광고 형식: 기존 이미지나 동영상을 선택(동영상 만들기 도구를 활용해 만들 수도 있음) 혹은 업로드함
- 슬라이드 형식: 최소 2장의 슬라이드가 필요하며, 슬라이드마다 제목과 설명, 연결 URL을 추가함
- 컬렉션 형식: 카탈로그가 필요하며, 카탈로그 제품을 자동으로 표시할지, 아니면 표시할 최대 4개의 제품을 직접 선택할지 선택함(☞광고세트 단계에서 다이내믹 크리에이티브를 선택하지 않은 경우에만 활성화됨)

㉤ 선택 사항에 따라 행동 유도 버튼을 추가하거나 픽셀을 선택함

㉥ 광고가 서로 다른 노출 위치에 어떻게 표시되는지 광고 미리보기를 통해 확인하고 노출 위치 썸네일을 선택한 후 광고 게시를 선택함

② 이미지 광고

㉠ 특징
- 이미지 광고를 통해 단일 사진 또는 선택 사항인 바닥글을 사용하여 제품, 서비스, 브랜드를 소개할 수 있음
- 광고 관리자에서 이미지 광고를 만들거나, 페이지북 페이지에서 이미지가 포함된 게시물 홍보하기가 가능함

- 이미지에 포함할 수 있는 텍스트 분량은 제한이 없어지고, 텍스트 오버레이 도구는 더 이상 사용할 수 없음

ⓛ 이미지 광고의 활용

- 눈길을 끄는 사진을 사용해 브랜드의 특징을 보여 주고 관심 높이기
- 제품에 대해 더 자세히 알 수 있는 이미지를 사용해 제품에 대한 인지도 높이기
- 제품 구매하기나 웹사이트를 방문하여 서비스에 대해 자세히 알아보기와 같이 사람들의 행동을 유도할 수 있는 간결한 메시지 전달하기

ⓒ 이미지 광고 제작을 위한 팁

- 페이스북, 인스타그램, 메신저, 오디언스 네트워크 등 노출 위치별로 권장되는 화면비율을 사용해야 함. 페이스북 피드에서는 1:1 비율을, 인스타그램 스토리는 9:16 비율 등 광고 관리자의 노출 위치 자산 맞춤화 기능(소재 맞춤화)을 사용하면 같은 이미지를 여러 노출 위치에서 다양한 비율로 사용할 수 있음
- 최소 픽셀 크기 요구 사항을 확인하고 가능한 한 최고 해상도의 이미지를 사용하며, 포토샵으로 과하게 수정된 이미지는 피하는 것이 좋음
- 사람들은 자신이 잘 아는 브랜드나 신뢰성을 증명할 수 있는 브랜드를 더 많이 이용하기 때문에, 브랜드나 로고를 보여 주는 것이 좋음
- 사람들이 자신이 제품이나 서비스를 이용하는 모습을 쉽게 그려 볼 수 있기에 제품이나 서비스를 이용하는 사람들을 보여 주는 것이 좋음. 타깃과 유사한 사람들을 보여 주면 더 효과적임
- 이미지에 텍스트를 추가하려는 경우 텍스트가 시각적 요소를 가리는지 텍스트 오버레이를 고려해야 하며, 글자 크기는 크고 깔끔한 글꼴과 대비되는 색을 적용해 가독성을 높이는 것이 좋음
- 이미지에서는 사람들이 집중해야 할 하나의 대상을 강조해 중요한 부분을 명확하게 강조하는 것이 바람직함. 여러 이미지를 하나의 광고에 나타내려면 슬라이드 형식을 사용하는 것이 좋음
- 여름 할인 행사에는 밝은 색조를 사용하고, 스파 상품에는 차분한 파스텔 색을 사용하는 등 내용에 맞는 색상을 활용하는 것이 좋음
- 컴퓨터와 휴대폰에서 광고 관리자의 미리보기를 사용해 타깃의 입장에서 광고를 표시되는 모습을 미리 확인하는 것을 추천함

③ 슬라이드 광고

ⓐ 특징

- 하나의 광고에서 각각 자체 제목, 설명, 링크 및 행동 유도를 추가한 2개 이상의 이미지(최소 2개~최대 10개)와 이미지와 동영상을 함께 사용할 수 있는 광고 형식
- 슬라이드를 넘기면 소리는 기본적으로 꺼져 있는 상태로 동영상이 자동 재생되며, 30초 미만의 동영상은 약 90초 동안 반복 재생되고, 30초 이상인 동영상은 반복 재생되지 않음
- 광고 관리자와 페이스북 페이지에서 슬라이드 광고를 만들 수 있음
- 페이스북(동영상 피드, 오른쪽 칼럼, 스토리, 검색결과, 인스타그램(피드, 탐색탭, 스토리), 메신저(받은 메시지함), 오디언스 네트워크(네이티브, 배너 및 전면 광고)에 노출

ⓛ 슬라이드 광고를 사용하기 가장 좋은 경우
- 슬라이드마다 서로 다른 제품, 혹은 옵션을 나타내고 각각의 랜딩페이지로 연결되는 링크를 포함하면 클릭률을 높일 수 있음
- 제품의 기능을 슬라이드를 통해 다양한 측면으로 정보를 제공할 수 있음
- 이미지나 동영상을 연속적으로 표시해 매력적인 스토리로 전달할 수 있음
- 비즈니스 또는 상품 이용 방법을 단계별, 절차별로 안내할 수 있음
- 큰 이미지로 몰입도 높은 광고를 표현할 수도 있음
- 서비스 업종인 경우, 신규 고객에게 제공되는 혜택을 보여 주는 이미지 및/또는 동영상을 사용하는 것이 좋음

ⓒ 슬라이드 광고 디자인 사양
- 페이스북: 슬라이드 수 최소 2개~최대 10개, 화면비율 1:1 권장, 동영상 15초 권장(최대 240분), 광고 문구 텍스트 125자, 제목 40자, 링크 설명 25자
- 인스타그램: 슬라이드 수 최소 2개~최대 3개(스토리), 최대 10개(피드), 화면비율 1:1(피드), 9:16(스토리), 동영상 최대 15초(스토리), 최대 60초(피드), 광고 문구 최대 125자, 해시태그 최대 30개
- 가장 성과가 좋은 슬라이드(하이라이트 슬라이드)를 맨 앞에 표시함: 어드밴티지+ 크리에이티브에서 설정 가능

ⓔ 슬라이드 광고 제작을 위한 팁
- 슬라이드 요소를 활용해 스토리텔링 활용
- 일관성 있고 통일감 있는 크리에이티브 자산을 선택
- 각각의 슬라이드에 적합한 링크를 제공
- 동일 환경에서 촬영했거나, 분위기가 비슷하며, 일관성 있고, 시선을 사로잡을 수 있는 이미지와 동영상을 사용하는 것이 좋음(슬라이드 광고의 동영상은 기본이 1:1 비율)

④ 컬렉션
  ㉠ 특징
   - 카탈로그에 있는 제품 세트의 작은 제품 이미지와 함께 큰 커버 이미지 또는 동영상을 제공하여, 사람들이 제품을 발견하고 구매하도록 유도하는 광고 형식
   - 컬렉션 광고에 있는 커버 이미지 또는 동영상을 누르면 전체화면의 인스턴트 경험(이전 명칭: 캔버스)이 열려 모바일에서 제품 및 서비스를 발견하고, 둘러보고, 구매할 수 있음
   - 작은 제품 이미지를 누르면 웹사이트의 제품 상세페이지로 이동이 가능함
  ㉡ 컬렉션 광고의 장점
   - 제품을 관련 동영상 또는 이미지를 관련 제품과 함께 배치해 제품을 찾기 쉽게 만들고, 사람들의 참여를 유도함
   - 모바일 기기에서 전체화면 인스턴트 경험을 통해 제품 또는 서비스를 자세히 탐색하고 알아보도록 유도함
   - 관심 있는 고객들이 웹사이트나 앱에서 계속 구매하도록 유도함
   - 어드밴티지+카탈로그를 이용해 여러 제품 또는 서비스 이미지를 통해 제품을 소개하고, 구매를 유도함
  ㉢ 컬렉션 광고 만드는 법
   - 광고에 사용할 커버 이미지나 동영상이 필요함
   - 4개 이상의 제품 이미지 또는 제품이 들어 있는 카탈로그가 필요함(☞커버 이미지나 동영상, 그리고 아래에 3개의 이미지로 구성되어 있기에). 혹은 커머스 관리자의 기존 카탈로그를 사용하거나 제품을 업로드도 가능함
⑤ 동영상 광고
  ㉠ 특징
   - 광고 관리자에서 동영상 광고를 만들거나 페이스북 페이지에서 동영상이 포함된 게시물 홍보하기를 선택하면 광고하기가 가능함
   - 노출 위치가 다양하며, 위치에 따라 화면비율과 영상의 길이도 다양하게 게재 가능함
   - 페이스북 동영상 광고는 기본적으로 영상길이가 30초 이하인 경우는 약 90초간 반복 재생되지만, 30초가 넘는 동영상의 경우는 반복 재생되지 않음
  ㉡ 동영상 광고의 장점
   - 동영상을 통해 제품 소개, 제품의 브랜드 스토리를 전달할 수 있음
   - 영상을 통해 소비자의 시선을 빨리 사로잡을 수 있음
   - 간결한 메시지를 전달해 특정 제품 구매, 웹사이트 방문 등의 행동을 하도록 유도할 수 있음

☞자산 맞춤화 기능을 사용하면 하나의 광고를 여러 노출 위치에서 다양한 비율로 사용 가능함

 ⓒ 동영상 제작 템플릿 유형

  • 유동적 템플릿: 정사각형 또는 세로 방향 노출 위치에 적합(스토리, 피드, 인스트림 동영상 등)

  • 정사각형 템플릿: 정사각형 노출 위치(1:1)에 적합(피드, 인스트림 동영상 등)

  • 세로 방향 템플릿: 세로 방향 노출 위치(9:16)에 적합(스토리가 대표적)

 ⓔ 모바일 동영상 광고 제작 팁

  • 동영상 광고는 인스타그램 피드와 오디언스 네트워크 노출 위치에는 최대 120초 길이의 동영상이 허용되나, 페이스북 피드, 페이스북 마켓플레이스, 메신저 홈에서는 최대 240분 길이의 동영상까지 가능함. 그러나 동영상의 길이는 짧게 유지하는 것이 좋음

  • 사람들의 관심과 시선을 사로잡기 위해서는 가장 흥미로운 부분을 동영상 초반(첫 3초 이내)에 배치하는 것이 좋음

  • 사람들이 보고 난 후 기억할 수 있도록 제품 또는 브랜드 메시지(브랜드 정체성)를 동영상 초반에 보여 주는 것이 좋음

  • 페이스북, 인스타그램 및 오디언스 네트워크에 적합한 4:5 비율의 세로 방향 동영상 또는 정사각형(1:1 비율) 동영상 사용이 좋음

⑥ 스토리 광고

 ㉠ 특징

  • 스토리 광고는 페이스북, 인스타그램, 메신저에서 스토리 사이에 표시되는 전체화면 이미지, 동영상 또는 슬라이드 광고로 일반 스토리와 달리 24시간 후에도 사라지지 않음

  • 인스타그램 스토리 광고(슬라이드 유형): 자동으로 1~5개의 슬라이드가 표시되지만, 스토리 확장을 누르면 최대 10개의 슬라이드가 표시됨. 슬라이드 수를 확장하지 않고 슬라이드 수를 (2장 혹은 3장) 고정할 수도 있음

  • 광고 관리자, API, 인스타그램 홍보하기 또는 Business Suite 모바일 앱을 사용하여 광고 만들기가 가능하며, 광고 관리자에서는 어드밴티지+ 노출 위치를 선택하거나, 노출 위치 수정을 이용하여 스토리 노출 위치를 직접 선택할 수 있음

 ㉡ 스토리 광고의 장점

  • 몰입도가 높음

  • 인지도를 넓히고 고려 및 전환 행동을 촉진하는 효과가 있음

 ㉢ 스티커 사용 가능

  • 반응형 요소(위치 스티커, 해시태그 스티커, 누를 수 있는 텍스트, @언급 스티커)는 최대 5개까지 사용

- 카운트다운 스티커는 1개만 사용 가능
- 설문 스티커는 기존 게시물 없이 만든 광고에서만 사용 가능
- 기본 행동 유도 링크 스티커는 링크 스티커, 또는 설문 스티커와 같이 기타 반응형 요소가 없는 인스타그램 스토리 광고에만 추가 가능함

ⓔ 스토리 광고 제작 팁
- 스토리 광고는 모든 화면비율이 지원되지만 스토리 형식에 맞게 9:16 화면비율을 사용하는 것이 좋음
- 동영상 길이는 최대 60분(이미지는 기본적으로 5초간 노출) 가능하지만, 스토리 콘텐츠를 다른 매체보다 빠르게 소비하는 경향이 있으므로 첫 프레임부터 타깃의 관심을 사로잡는 광고를 만들고 빠른 속도를 관심을 유지하는 것이 좋음
- 스토리에 최적화된 방식으로 제작(기본형 스토리 템플릿과 맞춤 설정이 가능한 스토리 템플릿 중에 선택하여 사용 가능함)
- 짧고 간결한 장면으로 구성한 광고가 성과가 좋음
- 모션을 사용한 광고가 성과가 더 높을 때가 많으므로 정적 이미지에는 모션을 추가하는 것이 좋음
- 목표에 따라 휴대폰에서 촬영한 일반 모바일 샷이나 전문 스튜디오 샷 모두 사용 가능함. 모바일 샷은 광고 상기도와 구매 의도 측면에서, 스튜디오 샷은 브랜드 인지도 측면에서 성과가 높음
- 대체로 여러 광고세트가 있는 캠페인의 성과가 높으므로 스토리에 정적 이미지와 모션 동영상 등 여러 크리에이티브를 조합한 것을 사용해 볼 것
- 광고는 광고 목표에 맞게 제작하는 것이 중요함. 광고 초반에 주요 메시지(브랜드 로고나 브랜드 요소, 핵심 메시지)를 배치한 광고가, 구체적인 가격을 포함하지 않는 광고가 구매 및 브랜드 인지도 측면에서 성과가 높은 편임

ⓜ 스토리 광고의 실행 팁
- '장바구니에 담기'와 같은 텍스트를 강조할 위치에 맞추어 잘 배치하면 전환 지표를 늘리는 데 도움이 될 수 있음
- 음성 전달이나 음악이 있는 스토리가 소리가 없는 것에 비해 더 성과가 좋을 수 있음
- 스토리 광고에 스티커를 잘 활용하면 제품에 대한 관심을 유도하고 광고를 자연스럽게 만드는 좋은 방법이지만, 과하거나 불필요한 스티커, 이모티콘, GIF, 음악 스티커, 링크 스티커, 복잡한 사용은 하지 않는 것이 좋음
- 인스타그램 스토리 광고 하단에 지원되는 기본 행동 유도 스티커가 가려지지 않게 크리에

이티브 상단 약 14%와 하단의 약 20%를 텍스트, 로고 및 기타 주요 크리에이티브 요소가 없는 상태로 비워 둠
- 스토리에 텍스트 오버레이를 사용할 때는 주요 메시지를 강조하되, 한 가지에만 집중할 수 있게 하는 것이 좋음

⑦ 인스턴트 경험(이전 명칭: 캔버스)

  ㉠ 특징
  - 모바일 기기 사용자가 광고를 누르면 열리는 전체화면 형태의 광고 형식
  - 모바일 페이스북 피드, 스토리, 인스타그램 피드, 스토리, 기타 노출 위치에 표출

  ㉡ 인스턴트 경험 템플릿으로 광고에 사용할 다이내믹 양식을 제작할 수 있음
  - 인스턴트 경험 템플릿은 미리 제작된 레이아웃으로, 크리에이티브 자산을 최소한으로 사용하거나 혹은 전혀 사용하지 않고도 인스턴트 경험을 구성하는 데 활용할 수 있음
  - 광고를 만드는 과정에서 선택한 목표 및 광고 형식에 따라 사용할 수 있는 템플릿 유형은 차이가 있음
  - 인스턴트 경험 템플릿은 온라인 매장 템플릿, 룩북 템플릿, 신규 고객 확보 템플릿, 스토리텔링 템플릿, 제품 판매 템플릿, AR 경험 템플릿의 6가지 유형이 있음
  - 온라인 매장 템플릿
    - 광고 크리에이티브와 함께 카탈로그의 제품으로 모바일 쇼핑 환경을 조성(그리드 형식으로 제품 표시, 웹이나 앱으로 연결하여 구매 유도)할 수 있는 템플릿
    - 트래픽 및 판매 목표가 지원되며, 이 템플릿을 사용하기 위해서는 컬렉션 광고 형식을 사용하고, 이커머스 카탈로그를 설정해야 함
  - 룩북 템플릿
    - 라이프스타일 이미지로 제품을 선보이고 태그를 사용하여 제품 상세 정보로 연결하게 하는 템플릿
    - 트래픽 및 판매 목표가 지원되므로 이 템플릿을 사용하려면 컬렉션 광고 형식을 사용하고, 이커머스 카탈로그를 설정해야 함
  - 신규 고객 확보 템플릿
    - 신규 고객이 브랜드와 제품을 발견하도록 유도하며, 가입, 등록, 구매 페이지로 이동 등의 행동을 이끄는 인스턴트 경험을 위한 템플릿
    - 이 템플릿을 가장 효과적으로 활용하려면 이미지, 텍스트, 동영상 등의 구성 요소를 되도록 적게 사용하고, 간결한 메시지와 강력한 행동 유도를 추가하는 것이 좋음
  - 스토리텔링 템플릿

- 시선을 사로잡는 이미지나 동영상을 통해 이야기를 전달하고 사람들이 웹사이트나 앱에서 더 자세한 정보를 알아보도록 유도할 수 있는 템플릿
- 앱 홍보를 제외한 모든 인스턴트 경험 목표가 지원되며, 컬렉션을 제외한 모든 광고 형식과 함께 사용할 수 있음
- 제품 판매(카탈로그 없음) 템플릿
  - 광고 크리에이티브와 함께 제품 정보를 업로드하여 모바일 쇼핑 환경을 만들 수 있는 템플릿
  - 온라인 매장 템플릿과 동일하나 카탈로그가 없다는 점에서 차이가 있음
  - 앱 홍보를 제외한 모든 인스턴트 경험 목표가 지원됨
- AR 경험 템플릿
  - 카메라 효과를 인스턴트 경험으로 가져와 사람들이 브랜드와 상호작용하도록 유도함
  - AR 경험에는 인지도, 트래픽, 판매 목표가 지원됨
  - 이 템플릿을 사용하려면 단일 이미지나 동영상 광고 형식을 사용해야 함(☞2024년 6월 1일부터 인스턴트 경험에서 AR 경험 템플릿을 이용할 수 없으며, 7월 1일부터는 페이스북 및 인스타그램에서 AR 경험 템플릿을 사용하여 만든 광고 게재가 중단될 예정임)

⑧ 브랜디드 콘텐츠

㉠ 특징

- 브랜디드 콘텐츠는 크리에이터, 퍼블리셔가 후원을 받고 비즈니스 파트너를 소재로 하거나 비즈니스 파트너로부터 영향을 받은 내용을 담아 제작한 콘텐츠를 말함
  - 크리에이터: 브랜디드 콘텐츠를 게시하는 유명인, 인플루언서나 공인
  - 퍼블리셔: 브랜디드 콘텐츠를 게시하는 미디어 기업과 주체
  - 비즈니스 파트너: 브랜디드 콘텐츠를 후원하는 브랜드, 광고주, 마케터 및 협찬사 등
- 크리에이터나 퍼블리셔는 브랜디드 콘텐츠를 게시할 때 반드시 비즈니스 파트너의 페이지를 태그해야 함

㉡ 인스타그램 브랜디드 콘텐츠

- 인스타그램에 브랜디드 콘텐츠를 게시하기 전에 메타 브랜디드 콘텐츠 정책을 준수하고 인스타그램 파트너십 광고 및 브랜디드 콘텐츠 자격 요건을 충족해야 함
- 게시물 위에 협찬 광고(Paid Partnership)가 표시됨
- 크리에이터가 자신의 콘텐츠를 홍보하도록 허용한 경우는 메타의 광고 관리자에서 파트너십 광고를 만들 수 있으며, 이에 대한 대금은 인스타그램 앱을 통해서 지급되지 않고 외부 계약을 통해서 지급됨

ⓒ 포함할 수 없는 브랜디드 콘텐츠 유형
  • 게시된 동영상 및 이미지 콘텐츠에는 배너 광고를 포함해서는 안 됨
  • 삽입광고화면이란 비즈니스 파트너를 소재로 하여 동영상 콘텐츠 중간에 등장하는 화면을 말하는데, 동영상 콘텐츠의 처음 3초 동안에는 삽입광고화면을 노출할 수 없으며, 이후 노출 시 3초를 초과할 수 없음
  • 동영상 및 오디오 콘텐츠에는 프리롤, 미드롤, 포스트롤 등 콘텐츠 전, 중간 또는 후에 재생되는 롤 광고를 포함해서는 안 됨

(6) 자산 맞춤화 및 어드밴티지 활용

① 자산 맞춤화
  ㉠ 노출 위치의 자산(소재) 맞춤화를 통해 페이스북, 인스타그램, 메신저, 오디언스 네트워크에서 크리에이티브 소재를 노출 위치에 맞춤화할 수 있음
  ㉡ 자산 맞춤화를 통해 각 노출 위치에 맞게 광고를 맞춤 설정하고, 최대한 많은 곳에서 광고가 노출되도록 설정할 수 있음
② 어드밴티지(Advantage+, 자동화)
  ㉠ 자동화된 기능은 어드밴티지로 칭함
  ㉡ 어드밴티지는 다음과 같은 단계에서 이루어짐
    • 타깃 자동화: 어드밴티지+ 타깃, 어드밴티지 상세 타기팅, 어드밴티지 맞춤 타깃, 어드밴티지 유사 타깃
    • 크리에이티브 자동화: 어드밴티지+ 카탈로그 광고, 어드밴티지+ 크리에이티브, 카탈로그용 어드밴티지+ 크리에이티브, 어드밴티지+ 인터내셔널 카탈로그 광고
    • 노출 위치 자동화: 어드밴티지+ 노출 위치
    • 예산 자동화: 어드밴티지 캠페인 예산
  ㉢ 전체 단계에서 자동화가 이루어지는 캠페인 유형으로는 어드밴티지+ 쇼핑 캠페인, 어드밴티지+ 앱 캠페인이 있음
  ㉣ 메타 어드밴티지로 광고캠페인의 성과를 높일 수 있음
③ 어드밴티지+ 카탈로그 광고(이전 명칭: 다이내믹 광고)
  ㉠ 어드밴티지+ 카탈로그 광고를 통해 카탈로그의 이미지와 상세 정보를 자동으로 사용하는 광고 템플릿을 만들 수 있음. 즉, 각 제품에 대해 개별적으로 광고를 만들 필요가 없음

    ○ 제품을 위한 어드밴티지+ 카탈로그 광고 게재를 위해서는 표준 이벤트를 포함해야 함
- 메타 픽셀이 표준 이벤트(ViewContent, AddToCart, Purchase 등)를 포함해야 함
- 웹사이트의 콘텐츠를 카탈로그의 제품과 연결하기 위해서는 이러한 이벤트에 매개변수를 포함해야 함
- 필수 표준 이벤트와 매개변수를 웹사이트에 추가한 후 카탈로그에 픽셀을 연결해야 어드밴티지+ 카탈로그 광고를 만들 수 있음
- 호텔, 항공권/여행, 자동차, 부동산 광고의 경우는 다른 픽셀 이벤트 매개변수가 필요함
- 슬라이드, 단일 이미지 또는 컬렉션 광고 형식으로 만들 수 있으며, 오버레이와 쿠폰 등 다양한 크리에이티브 옵션 설정도 가능함
  - 호텔은 가격, 기존 판매 가격 또는 할인율 오버레이만 표시할 수 있음
  - 항공권과 여행 광고는 가격 오버레이만 지원됨
  - 쿠폰은 슬라이드 광고 형식을 사용하는 여행 광고에서만 사용 가능함

    © 어드밴티지+ 카탈로그 광고를 사용하는 이유
- 고객의 행동과 관심사에 따라 관련성이 높은 콘텐츠와 크리에이티브를 자동으로 제공됨 또한 다이내믹 미디어 옵션을 사용하면 광고를 보는 각 사람에게 적합한 항목을 기반으로 카탈로그 제품의 이미지 또는 동영상이 표시됨
- 제품에 따른 개별 광고를 구성하지 않아도 모든 제품을 지속적으로 상시 광고할 수 있는 자동화된 캠페인임
- 웹사이트나 모바일 앱 고객을 리타기팅하여 이전에 보았지만 구매하지 않았던 제품을 상기하게 해 줌
- 광범위 타기팅을 활용해 비즈니스의 제품 또는 유사 제품에 관심을 보인 새로운 사람들에게 도달할 수 있음

    ② 타 파트너사 활용하기
- Shopify, BigCommerce, WooCommerce, Adobe의 Magento 등의 사용이 가능함

④ 어드밴티지+ 크리에이티브
    ○ 광고 관리자에 광고 크리에이티브 생성형 AI 약관이 적용(2024년 5월부터)
    © 광고 크리에이티브 생성형 AI 약관은 텍스트 생성, 배경 생성, 이미지 확장 등의 기존의 기능과 향후 생성형 AI 기능에 적용됨
    © 어드밴티지+ 크리에이티브는 광고의 여러 구성 요소(이미지, 동영상, 텍스트, 행동 유도 등)를 광고 성과를 높이기 위해 자동으로 최적화하여 노출되는 것을 말함
    ② 이미지 또는 동영상 형식 개선 사항

- 이미지 템플릿, 시각적 보정, 텍스트 개선, 관련성 높은 댓글 등의 기본 개선 사항
- 이미지 밝기 및 대비
- 음악(이미지 광고만 사용 가능)
- 3D 애니메이션
- 이미지 확장

ⓜ 슬라이드 형식 개선 사항
- 프로필 종료 슬라이드
- 음악
- 하이라이트 슬라이드
- 다이내믹 설명
- 관련성 높은 댓글
- 정보 레이블
- 카탈로그가 선택된 경우는 최적화 기능을 사용하지 못할 수도 있음

ⓗ 이미지 생성
- 크리에이티브 피로도를 줄이고 성과를 개선할 수 있도록 광고 크리에이티브를 다양한 버전으로 생성함
- 이미지 생성 방법
  - 특정 개체가 포함된 이미지를 제공하면, 광고 시스템에서 개체를 강조하는 이미지 배경을 생성할 수 있음
  - 참고할 이미지를 미디어 편집 도구에서 선택해 업로드하면, 광고 시스템은 배경색 및 강조된 개체와 같은 유사한 요소를 포함하는 텍스트 오버레이의 전체 이미지 버전을 생성함

⑤ 카탈로그용 어드밴티지＋ 크리에이티브(이전 명칭: 다이내믹 형식 및 크리에이티브)
ㄱ 카탈로그를 사용할 때 사람들의 반응을 유도할 가능성이 가장 큰 요소에 기반하여 다양한 형식 및 크리에이티브를 보여 주는 데에 효과적임
ㄴ 카탈로그용 어드밴티지＋ 크리에이티브를 사용하면 더욱 관련성 높은 광고를 한번에 만들고, 광고를 보는 모든 사람에게 맞춤형 광고 버전을 게재할 수 있음
ㄷ 다음과 같은 광고 요소의 변경이 가능함
- 고객 반응이 가장 클 것으로 보이는 슬라이드 또는 컬렉션 광고 유형으로 만들어짐
- 가격이나 무료 배송과 같은 카탈로그의 상세/추가 정보는 슬라이드 광고에 표시됨
- 어드밴티지 카탈로그 동영상을 사용해 카탈로그의 제품이 포함된 동영상을 자동으로 만

들어 컬렉션 광고에 올릴 수 있음
- 인스타그램 피드/탐색의 일부 광고에 자동으로 제품 태그가 추가됨

㉣ 항공권/여행, 자동차 및 부동산 광고는 아직 어드밴티지+ 카탈로그 광고에서 어드밴티지+ 크리에이티브 도구를 사용할 수 없음

⑥ 자동규칙

㉠ 자동규칙의 설정
- 캠페인, 광고세트 또는 광고가 규칙의 조건을 충족하는 경우, 자동으로 변경하거나 알림이 전송되는 자동규칙을 설정할 수 있음
- 단일 광고 계정에 최대 250개의 자동규칙을 만들 수 있음(활성 규칙과 비활성 규칙 포함)
- 사회 문제, 선거 또는 정치 관련 광고에는 자동규칙을 실행할 수 없음
- 비용 관련 조건이 포함된 규칙: 예산, 입찰가, 지출한 총예산
  - 캠페인 수준에서 규칙을 만들 수 있으며, 광고세트 수준에서 규칙의 동작 변경이 가능함
  - 캠페인 예산 최적화를 사용하지 않는 광고세트에 대해 규칙을 만들 수 있지만, 캠페인 예산 최적화를 사용하는 광고나 광고세트에는 자동규칙을 만들 수 없음
- 자동규칙에 사용할 수 있는 조건
  - 결제 정보 추가당 평균 비용, 장바구니에 담기당 비용, 위시리스트에 추가당 비용 등
  - 웹사이트 콘텐츠 조회: 웹사이트의 픽셀에서 추적되어 광고로 인해 발생한 콘텐츠 조회 이벤트
  - 이 외에 다양한 조건 설정이 가능함
- 시간 조건이 포함된 규칙
  - 일정 예산 사용 시 특정 날짜 및 시간에 게재되도록 광고세트 일정 예약이 가능함(단, 일정은 한 시간 이상 게재되도록 예약)
  - 또한 일정 시간이 지나면 캠페인을 자동으로 해제하는 자동규칙을 설정함
- 조건 충족 시 자동화되는 작업
  - 캠페인/광고세트/광고 게재 중단
  - 캠페인/광고세트/광고 게재 재개
  - 알림만 전송
  - 광고세트의 일일 예산이나 총예산을 늘리거나 줄임
  - 광고세트의 입찰가를 늘리거나 줄임(수동 입찰 광고에만 실행 가능함)
  - 예산/입찰가의 조정

㉡ 자동규칙 설정 방법: 광고 관리자에서 '새 규칙 만들기' 설정

ⓒ 맞춤규칙을 선택하면 추천 조건 및 행동이 포함된 템플릿을 사용할 수 있음
- 타깃 세분화 줄이기 템플릿: 광고세트, 타깃 및 예산을 자동으로 결합하거나, 타깃 세분화가 감지되는 경우 알림만 전송할 수 있는 규칙을 만드는 데 사용
- 중복경매 줄이기 템플릿: 광고세트가 서로 경쟁하는 경우 중복된 광고세트를 해제하고 나머지 광고세트의 예산을 늘리거나, 알림만 전송할 수 있는 규칙을 만드는 데 사용

ⓔ 중복경매
- 타깃이 중복되는 광고세트를 만들어 페이지의 광고 여러 개가 동일한 광고 경매에 입찰하게 되는 것을 중복경매라 함
- 페이지에서 둘 이상의 광고가 동일한 광고 경매에 입찰하는 경우 경매에서 총가치가 가장 높은 광고가 선택되고 다른 광고는 경매에 입찰하지 못하게 됨
- 즉, 페이지에서 중복경매가 너무 많이 발생하면 예산이 제대로 지출되지 않아 시스템 내의 머신러닝 성과 역시 불안정해 성과 예측 가능성이 떨어질 수 있음

ⓜ 중복경매를 진단하는 법
- 검사 도구의 중복경매 모듈을 사용해 경매의 중복 여부를 진단
- '계정 개요'에서 게재 추천 사항이 표시되도록 '게재 추천' 사용

ⓗ 중복경매를 줄이는 법
- 비슷한 광고세트 및 해당 예산을 통합하면 필요한 결과를 더 빨리 얻을 수 있고 안정화할 수 있음
- '제한된 머신러닝' 상태이거나 결과수가 적은 광고세트는 게재를 중단하는 것이 좋음
- 중복되는 광고세트는 게재를 중단하고, 최적화 이벤트수를 유지하기 위해 중단한 광고세트의 예산을 진행 중인 다른 광고세트로 이전함

(7) 광고 성과 분석을 위한 도구

① 성과 관리 도구
- ㄱ 광고 관리자: 모든 캠페인, 광고세트, 광고를 조회 및 변경하고, 결과 확인이 가능함
- ㄴ Meta Business Suite: 페이스북, 인스타그램 비즈니스 계정을 관리하고 타깃, 콘텐츠 및 트렌드에 대한 인사이트를 확인 가능
- ㄷ 전환, 이벤트 등 광고로 인한 고객 반응/행동 분석

② 이벤트 관리자
- ㄱ 이벤트란 사람들이 비즈니스의 웹사이트, 모바일 앱, 오프라인 매장 위치, 비즈니스 채

　　팅 등 고객에게 표시되는 경험 내에서 하는 행동을 말함

ⓛ 웹사이트 이벤트, 앱 이벤트, 메시지 이벤트가 있으며, 오프라인 행동 데이터는 오프라인 전환으로 부름

ⓒ 이벤트/전환 추적을 위한 도구
- 메타 픽셀: 웹사이트에 설치하여 광고 성과를 측정하고 최적화하기 위한 코드
- 메타 SDK: 사람들이 앱에서 취하는 행동을 파악하고 측정할 수 있는 도구
- 오프라인 전환: CRM과 같은 오프라인 이벤트 정보를 메타에 연결하는 도구
- 전환 API: 서버, 웹사이트 플랫폼, 앱 또는 CRM의 마케팅 데이터와 메타를 연결하는 도구

ⓔ 이벤트 유형으로는 자동 이벤트와 설정을 통해 이루어지는 표준 이벤트, 맞춤 이벤트가 있음
- 자동 이벤트는 픽셀, SDK를 설치하면 웹/앱에서 수신하는 행동 중 별도로 코드를 추가할 필요가 없는 행동을 말하며, 추가로 설정을 해야 하는 행동은 표준 이벤트와 맞춤 이벤트라 함
- 표준 이벤트: 제품을 광고한 경우 일반적으로 지원되는 것으로, 미리 이름이 설정되어 있음. 이벤트 설정 도구, 파트너 통합, 픽셀 코드 또는 전환 API 코드를 사용하여 표준 이벤트를 설정하면, 표준 이벤트를 공유해 전환을 최적화할 수 있음
  - 표준 이벤트의 종류(웹/앱): 결제 정보 추가, 장바구니에 담기, 위시리스트에 추가, 등록 완료, 결제 시작, 잠재고객, 구매, 검색, 체험판 시작, 구독, 콘텐츠 보기(콘텐츠 조회) 등
- 맞춤 이벤트: 표준 이벤트에 포함되지 않는 행동으로, 고유한 이름을 설정할 수 있음. 픽셀 코드나 전환 API 코드로 맞춤 이벤트를 설정하고 이를 공유해 전환을 최적화할 수 있음. 이벤트 관리자에서 맞춤 이벤트로 인증을 받으면 광고캠페인, 맞춤 전환, 맞춤 타깃 및 성과 증대 연구와 같은 목적으로도 사용이 가능함

ⓜ 이벤트 데이터 유형
- 이벤트 관리자는 웹사이트, 앱 또는 오프라인 매장의 데이터에 연결해 고객의 행동을 파악할 수 있는 이벤트 데이터 관리 도구로, 최대 28일 동안을 검토할 수 있음
- 전환 API, 메타 픽셀, iOS 및 Android용 메타 SDK 등 통합에 관한 문제를 설정 및 모니터링하고 문제를 해결할 수 있음
- 메타 픽셀(＝페이스북 픽셀)
  - 웹사이트에 설치해 사람들이 웹사이트에서 취한 행동(예를 들어, 장바구니에 제품 담기, 구매 등)을 파악하여 광고 성과를 측정할 수 있는 추적 코드 조각임
  - 메타 픽셀을 통해 제품 구매 등 비즈니스에 중요한 행동을 할 가능성이 큰 사람에게 도

달할 수 있으며, 신규 고객, 웹사이트의 특정 페이지를 방문한 사람, 원하는 행동을 취한 사람 등 비즈니스에 적절한 타깃을 찾을 수 있음

- 사람들이 광고를 보고 난 후의 결과를 측정해 광고의 성과를 파악할 수 있음
- 메타 픽셀과 전환 API를 함께 사용하면 광고캠페인의 성과 및 측정을 개선하는 데 도움이 됨
- 메타 SDK(＝페이스북 SDK)
  - 고객이 모바일 앱에서 취하는 행동을 파악해 광고 성과를 측정할 수 있는 도구
  - 메타 픽셀과 기능은 같지만 앱에 사용하는 키트(Kit)임
- 오프라인 전환
  - 오프라인 전환을 사용하여 광고가 매장 구매, 전화 주문, 예약 등 얼마나 많은 실질적인 성과를 유도했는지 측정할 수 있음
  - 오프라인 활동을 추적해 해당 활동에 대한 광고의 기여도 확인, 오프라인 광고 지출 대비 수익 측정, 오프라인에서 사람들에게 도달하고 사람들이 오프라인에서 취한 행동을 기반으로 광고 노출 및 오프라인 고객과 비슷한 특성을 가진 사람을 유사 타깃으로 만들어 광고를 노출할 수 있음
  - 오프라인 이벤트 데이터를 업로드하는 방법으로는 수동으로 하거나, 파트너 시스템을 통합해 사용하는 방법, 전환 API를 사용하는 방법이 있음
- 전환 API
  - 비즈니스의 서버, 웹사이트 플랫폼 또는 CRM의 마케팅 데이터와 메타 시스템을 직접 연결하여 광고 맞춤화, 최적화 및 측정에 도움(픽셀/SDK와 함께 사용하여 성과 및 측정을 개선할 수 있음)이 됨
  - 유사 타깃을 만들어 관련성이 높은 사람들에게 광고가 노출되도록 할 수 있음
  - 전환 API를 사용해 웹사이트, 모바일 앱, 오프라인 매장, 비즈니스 채팅 등 다양한 데이터 소스에서 앱 이벤트 API, 오프라인 전환 API 대신 전환 API를 설정해 이벤트 연결이 가능함. 즉, 전환 API로 이벤트 데이터에 대해 단일 관리가 가능함
  - 메타에서 전환 API를 사용하여 오프라인 이벤트를 전송하는 기능은 중단될 예정임 (2025년 3월)
ⓗ 이벤트 관리자의 구성
- 이벤트 관리자는 개요, 데이터/데이터 세트 소스, 맞춤 전환, 파트너 통합으로 구성되어 있음
- 개요: 이벤트 데이터의 요약 사항, 광고 성과와 이벤트 측정 개선에 도움이 되는 사항을 제시

- 데이터/데이터 세트 소스: 개요, 이벤트 테스트, 진단, 설정으로 구성
- 데이터 소스 유형: 카탈로그, 픽셀, 오프라인 이벤트 세트, 이벤트 데이터 세트, 맞춤 전환, 자산, 이벤트 소스 그룹, 공유 타깃, 페이지 구조, 비즈니스 크리에이티브 폴더가 포함됨
  - 개요: 웹사이트, 앱, 오프라인 및 메시지 이벤트를 전부 한 화면에서 볼 수 있도록 활성 이벤트를 이름별로, 전체 이벤트를 표로 나타내고, 이벤트별 분석 데이터를 그래프로 제시
  - 이벤트 테스트: 이벤트가 잘 설정되고 실행되는지를 확인하며, 비정상적인 활동이 확인되는 경우 이벤트를 디버깅함
  - 진단: 통합과 관련된 문제를 발견하고 문제를 해결함
  - 설정: 통합의 상세 정보(데이터 ID의 소유자, 공유 관리 기능과 권한, 쿠키 설정, 고급 매칭 관리, 전환 API 설정, 트래픽 권한 관리 등)
- 맞춤 전환: 구체적인 고객의 행동을 측정할 수 있는 맞춤 전환을 이벤트 관리자에서 수정, 삭제 등의 관리가 가능하며, 비즈니스 파트너와 공유할 수 있음
  - 현재 웹 이벤트와 오프라인 이벤트에서 맞춤 전환이 가능하고, 앱 및 메시지 이벤트에서는 맞춤 전환을 사용할 수 없음
  - 파트너 통합: 웹/앱 이벤트의 모바일측정파트너(MMP) 또는 고객데이터플랫폼(CDP), 오프라인의 POS 데이터, 고객관계관리(CRM), 기타 고객시스템 등 파트너를 통합 설정함
  - 웹용, 앱용, 오프라인 전환용, 메시지 이벤트용 파트너 통합을 위해 파트너의 계정을 연결함

③ 데이터 연결과 데이터 세트
  ㉠ 데이터 연결: 메타 픽셀, 메타 SDK, 전환 API를 통해 웹사이트, 앱, 메시지 데이터 업로드가 자동으로 이루어짐
  ㉡ 오프라인 이벤트 데이터의 업로드 방법으로 수동, 파트너 통합 사용, 전환 API를 사용하는 방법이 있음
    - 수동 업로드: 오프라인 이벤트 데이터를 업로드한 후에는 삭제하거나 업데이트할 수 없으므로, 업로드하기 전에 중복 제거 등 데이터 검토가 필요함
    - 파트너 통합 사용: POS, CRM 또는 기타 고객시스템 회사를 파트너로 통합할 수 있으며, 파트너사를 통해 자동으로 오프라인 이벤트 데이터를 업로드할 수 있음
    - 전환 API 사용: 전송하려는 이벤트의 소스를 결정하고, 데이터 세트를 만들고, 전환 API를 설정함

ⓒ 데이터 세트는 메타 픽셀, 전환 API, iOS 또는 Android용 메타 SDK 등을 통해 취합한 비즈니스의 웹사이트, 모바일 앱, 오프라인 매장, 비즈니스 채팅 등의 통합된 이벤트 데이터를 말하며, 통합된 데이터에는 어느 소스의 데이터인지 나타내는 ID가 있어 구별 가능함

ⓔ 이전에는 웹사이트 데이터 연결에는 전환 API가 사용되고, 모바일 앱에는 앱 이벤트 API가, 오프라인 이벤트에는 오프라인 전환 API, 메시지 데이터에는 메시지 이벤트 API가 사용되었으나, 이제는 데이터 세트에서는 전환 API로 웹사이트, 앱, 오프라인 및 메시지 이벤트 연결을 통해 자동 업로드가 가능함

ⓜ 데이터 세트에 전환 API를 설정하는 방법
  • Shopify, WooCommerce, Wix 또는 BigCommerce와 같은 커머스 플랫폼을 이용하는 경우 통합 설정
  • 이벤트 관리자에서 제공되는 코드프리, 셀프서비스 방식의 설정 옵션인 '전환 API 게이트웨이'를 설정
  • 코드로 전환 API와 직접 통합하면 더 구체적으로 관리 가능

④ 광고 관련성 진단(이전 명칭: 광고 관련성 점수)

ⓐ 광고 관련성은 품질 순위, 참여율 순위, 전환율 순위를 통해 진단이 이루어짐
  • 품질 순위만 평균 이하일 경우, 크리에이티브 자산의 품질 향상을 위해 노력해야 함. 크리에이티브의 품질이 낮은 예로는 의도적으로 정보를 제한하거나, 자극적인 표현을 사용하거나, 참여 유도를 위해 낚시성/스팸 콘텐츠를 광고에 사용한 경우, 랜딩페이지와의 관련성이 떨어지는 경우 등이 있음
  • 참여율 순위만 평균 이하일 경우, 광고에 흥미롭고 시선을 끄는 요소를 더해 타깃과의 관련성을 높이고 광고에 반응할 가능성이 더 큰 사람들로 타깃을 변경함
  • 전환율 순위만 평균 이하일 경우, 광고의 CTA를 클릭하거나 클릭 후의 구매 의향이 더 높을 것으로 여겨지는 사람들로 타깃을 변경함

ⓑ 이미 광고 목표를 달성한 광고의 경우에는 광고 관련성 진단을 검토할 필요가 없음. 광고 관련성 진단 순위가 광고 성과 순위와 반드시 일치하는 것은 아님

ⓒ 광고 목표에 광고를 최적화하는 것이 중요함

(8) 분석 및 보고서 활용

① 광고 보고서

㉠ 광고 성과는 일차적으로 광고 관리자의 대시보드상에서 확인 가능하며, 다양한 지표별 정렬 및 내보내기 기능을 하고 있음

㉡ 광고 보고서를 통해 선택한 매개변수에 따라 광고 성과에 관한 보고서를 만들고, 맞춤 설정을 하고, 보고서를 내보내고, 공유하고, 보고서가 이메일로 전송되도록 예약할 수 있음

㉢ 광고 보고서의 분석 데이터
- 수준: 캠페인, 광고세트 이름, 광고 이름
- 시간: 일간, 1주간, 2주간, 월간 데이터 표시
- 게재(광고가 어떤 사람들에게 게재되었는지에 대한 정보): 연령, 성별, 국가, 지역, 플랫폼, 시간(광고 계정 시간대), 시간(시청자의 시간대)/미디어 유형별, 국가별, 종교별, Designated Market Area(DMA)에 따른 위치별 분석
  - Designated Market Area(DMA)를 선택하면 미국 닐슨(Nielsen) 마케팅 지역을 기반으로 지역을 구분해 분석
  - 오프라인 전환 도구를 사용한 경우에는 연령, 성별, 국가, 노출 기기, 플랫폼 및 노출 위치만 분석 데이터로 사용할 수 있고, 시간 또는 다이내믹 크리에이티브 자산의 분석 데이터와 결합할 수 있음
- 행동: 광고로 유도된 행동에 대한 데이터 표시(광고를 통한 직접 행동, 기여도 등)
  - 광고를 통한 직접 행동: 동영상 조회, 게시물 공감과 게시물 공유, 동영상 시청이나 링크 클릭 등 광고를 본 결과로 바로 나타난 행동
  - 광고의 기여도: 기여도(Attribution)는 광고 노출 이후 웹사이트 방문이나 Shop에서 제품을 구매하는 것과 같이 이용자가 광고를 클릭하거나 본 후 어떤 행동을 취하는지를 파악하는 것을 말함. 사용자의 클릭이나 조회를 구매, 앱 다운로드, 페이지 뷰 등의 원하는 결과와 연결하는 전환 추적과 함께 사용하며, 직접적으로 광고가 비즈니스의 결과로 연결되는지를 이해하려고 하는 것임

㉣ 보고서 지표의 카테고리
- 성과: 클릭률, 도달수, 도달 빈도, 노출수, 소셜 도달, 전체 광고비 등
- 참여: 페이지 게시물, 메시지, 미디어, 클릭수, 인지도 등
- 전환: 웹사이트 전환, 웹사이트 구매, 웹사이트 전환당 비용, 모바일 앱 설치, 모바일 앱 구매, 장바구니에 담기, 결제 정보 추가 등
- 설정: 시작 날짜, 종료 날짜, 광고세트 이름, 광고 ID, 게재, 입찰, 목표, 광고세트 예산, 캠페인 예산 등의 지표 설정이 가능함

ⓜ 필터링
- 기본적으로 광고 성과에는 광고 게재 1회 이상 노출된 광고의 성과가 모두 표시되어 있음
- 이러한 광고 성과를 필터링하여 맞춤 설정을 할 수 있음

ⓑ 분석 데이터
- 타깃의 연령, 노출 위치, 플랫폼 및 기기 등의 많은 정보를 확인할 수 있으며, 정보를 활용해 최적의 타깃을 파악하고 향후 타기팅을 개선할 수 있음
  - 플랫폼: 광고가 게재된 플랫폼별(Facebook, Instagram 등)로 데이터 조회
  - 플랫폼 및 기기: 광고가 게재된 플랫폼 및 사람들이 광고를 볼 때 사용한 기기별(iPhone, iPad, Android 스마트폰 등)로 데이터 조회
  - 노출 위치: 광고가 게재된 노출 위치별 데이터 조회
  - 노출 위치 및 기기: 광고가 게재된 위치 및 사람들이 광고를 볼 때 사용한 기기별로 데이터 조회
- 분석 데이터를 클릭하고 게재별, 행동별, 시간별 등 3가지 카테고리 중에서 선택해 분석(같은 카테고리 내에서 분석 항목을 결합해 분석할 수는 없음)
  - 시간별: 광고 계정 시간대, 조회한 사람의 시간대 중 선택
  - 게재별: 연령, 성별, 위치 등
  - 행동별: 전환 기기, 슬라이드, 동영상 조회 등
- 데이터 분석 결과를 활용해 최적화 및 크리에이티브 전략을 결정하는 데 활용할 수 있음

ⓢ 보고서 실행하기
- 보고서 실행 예약하기가 가능함
- 예약된 보고서를 본인이나 다른 사람에게 이메일로 받을 수 있음

ⓞ 교차 계정 보고서
- 광고 성과를 비교하기 위해 여러 광고 계정을 선택하는 경우, 여러 광고 계정에서 집계된 지표를 분석할 수 있음
  - 교차 계정 보고서에서는 일부 기능이 지원되지 않음
  - 결과, 광고 진단/순위 지표 등과 같은 일부 지표가 지원되지 않음
  - 제품 ID, 전환 기기, 슬라이드 등과 같은 일부 분석 데이터는 지원되지 않음
- 서로 시간대가 다른 보고서는 비교 불가능하고, 여러 광고 계정이 포함된 교차 계정 보고서의 경우 기본적으로 비즈니스 포트폴리오 시간대가 설정됨
- 이메일 보고서 예약은 교차 계정 보고서에서 지원되지 않음
- 단일 계정의 광고 보고서는 최대 37개월의 데이터를 지원하지만, 교차 계정의 보고서는

　　　　최대 24개월의 데이터만 지원됨

② 실험

　㉠ 실험 도구를 통해 쉽게 테스트를 만들어 결과를 확인하고, 새로운 광고 전략으로 활용할 수 있음

　㉡ 실험 도구는 기존의 광고캠페인을 세부 조정하고 싶거나, 기존의 광고캠페인을 테스트에 사용하려는 경우에 유용함

　㉢ 광고 전략별 성과 비교(A/B 테스트), 브랜드 성과 증대 테스트, 전환 성과 증대 테스트를 진행할 수 있음

　㉣ A/B 테스트

　　• 광고 변경 사항의 효과를 측정할 때, 혹은 광고 이미지, 광고 문구, 타깃, 노출 위치 등 옵션(변수)이 다른 최대 5가지 버전의 광고 성과를 빠르게 비교해 보기 위한 실험 방법임

　　• A/B 테스트는 광고 관리자 또는 실험 도구에서 만들 수 있으며, 세트 또는 캠페인을 수동으로 설정하거나 해제하여 비공식적으로 테스트하는 것은 신뢰할 수 없는 결과가 나올 수도 있기에 바람직하지 않음

　　• 정확성을 위해 타깃은 무작위로 분류되고 버전별로 다른 노출로 광고 전략을 비교하기 때문에, 공정한 비교를 위해서 두 버전에 동일한 예산을 사용하는 것이 좋음

　　• 공정한 비교가 이루어졌다면 '결과당 비용' 또는 '전환 성과 증대당 비용'을 기준으로 각 전략의 성과를 측정함

　　• A/B 테스트 만드는 방법

　　　– 광고 관리자의 광고 계정에서 A/B 테스트를 사용하려는 캠페인 또는 광고세트를 선택한 후, 도구 모음에서 A/B 테스트를 선택함. 기존의 캠페인, 광고세트나 광고를 복제해 하나 이상의 변수를 변경하는 것과 같이 기존의 광고를 빠르게 수정해서 결과를 비교해 성과가 좋은 전략을 결정할 수 있음

　　　– Meta Business Suite의 분석 및 보고 탭에서 실험 도구를 선택함. 새로운 광고캠페인을 만들어서 변수를 테스트할 때 유용한 방법임

　㉤ 광고의 브랜드 성과 테스트: 광고가 브랜드 인지도, 인식, 상기도 또는 구매 의향에 미치는 효과를 측정함. 유사한 2개의 그룹을 실험/대조 그룹으로 설정해 실험그룹에만 광고를 노출하고, 이후 메타의 앱을 통해 브랜드 광고 효과 서베이(Brand Lift Survey)를 실시하고, 브랜드에 대한 자료를 수집해 분석 결과를 제공함

　㉥ 광고의 전환 성과 테스트: 실험/대조 그룹으로 구분해 실험그룹에만 광고를 노출하고, 광고를 통한 전환 성과를 두 그룹 간에 비교함

〈표〉 3가지 유형의 테스트 비교

	A/B 테스트	브랜드 성과 테스트	전환 성과 테스트
기능	어떤 캠페인 전략이 효과적인지 파악하여 전략적 최적화가 가능함	광고가 브랜드 성과 증대에 미치는 영향력 파악	광고가 전환 증대에 미치는 영향력 파악
측정 내용	선택한 주요 지표를 기반으로 한 결과당 비용	브랜드, 인지도, 고려 또는 구매 의향	구매 또는 구독과 같은 전환율
테스트 방법	무작위로 분류된 타깃에게 서로 다른 버전의 광고가 표시되도록 함	무작위로 실험/대조 그룹을 분류하며, 대조군에 광고가 노출되지 않음	무작위로 실험/대조 그룹을 분류하며, 대조군에 광고가 노출되지 않음
비교수	최대 5개 버전 비교	메타 담당 직원과 함께 클라이언트를 위한 다중 버전 테스트 지원	메타 담당 직원과 함께 클라이언트를 위한 다중 버전 테스트 지원
요구 사항	모든 광고주가 사용 가능	최소 90일 동안 최소 2만 달러 광고비 지출(우리나라) ☞미국은 광고비를 최소 3만 달러 지출해야 함	고품질의 전환 데이터가 최소 하나는 있어야 함

③ 인사이트
- 메타 포어사이트(Meta Foresight)[이전 명칭: Facebook IQ]
  - Foresight는 아티클과 보고서를 통해 타깃을 보다 잘 이해하고, 업계를 탐색하며, 광고 계획 및 구매를 개선하는 방법을 얻을 수 있는 많은 자료를 제공하고 있음
  - 다양한 인터액티브 보고서를 제공하고 있는데, 연령, 성별 등의 특성을 바탕으로 한 고객 인사이트, 광고 인사이트, 업계 인사이트는 물론 데이터로 간단하게 제시하고 있는 인사이트 카드 등을 제공하고 있음. 이를 통해 광고 전략을 수립하고 비즈니스 과제를 해결하는 리소스로 활용할 수 있음
- 메타 광고 라이브러리
  - 현재 모든 메타의 플랫폼에 게재된 광고를 전부 검색할 수 있는 포괄적인 컬렉션임
  - 광고업계 트렌드 파악이 가능함

(9) 광고 정책

① 광고 정책과 가이드라인
  ㉠ 메타는 광고 정책과 규정을 통해 허용되거나 금지되는 광고 유형에 대해 상세한 정보와 가이드라인을 제공하고 있음

- 다음과 같은 광고는 메타에서 허용되지 않음
  - 광고에 사용된 랜딩페이지를 평가하기 위해 액세스하지 못하도록(클로킹과 같은 방법을 통해) 제한하는 광고
  - 단어 또는 구문을 혼란스럽게 하려는 의도로 광고 문구에 유니코드 글자 또는 기호를 사용한 광고
  - 메타의 검토 절차를 회피하기 위해 광고의 이미지를 가린 광고 등
- 메타의 커뮤니티 규정은 콘텐츠 생성 방식과 무관하게(AI를 통한 생성 여부와 상관없이) 플랫폼 내 모든 콘텐츠에 동일하게 적용

용어설명

클로킹(Cloaking)

웹사이트 또는 웹페이지 등의 정체를 숨기는 기술로 관리자가 클릭할 때는 정상적인 웹사이트로 보이지만 일반 사용자에게는 미승인 의약품이나 음란물 등의 사이트로 연결하는 것과 같이 악성 콘텐츠를 일반 게시물로 위장하는 것을 말함

ⓛ 메타에 광고 게재를 요청하면 메타의 정책에 따라 모든 광고와 비즈니스 계정, 그리고 그 자산(광고 계정, 페이지 또는 사용자 계정)도 함께 검토함
- 메타에 광고를 게재하기 위해서 광고주는 실제 비즈니스 자산, 즉 실제 신원으로 만든 계정을 사용해야 함
- 허위 사용자 계정이나 페이지 또는 비즈니스 계정을 사용해 광고를 게재한 사실이 확인되면 광고 제한이 적용됨

ⓒ 광고 검토 절차는 광고 및 비즈니스 자산이 메타 정책을 위반하는지 광고가 게재되기 전에 검토하는 과정으로, 일반적으로 24시간 안에 완료됨

ⓔ 검토 절차가 진행되는 동안 광고의 상태는 '검토 중'으로 표시되며, 이미 게재된 후에도 다시 검토가 이루어질 수도 있음

ⓜ 검토 절차는 주로 자동화된 도구를 사용해 광고나 비즈니스 자산이 우리의 커뮤니티 정책을 준수하는지 확인하며, 실제 콘텐츠를 사람들에게 노출되는 콘텐츠와 다르게 표시하거나 랜딩페이지를 위장하는 것과 같이 웹사이트 또는 웹페이지의 정체를 숨기는 클로킹(Cloaking) 행위 등 정책을 위반하는 계정에 대해서는 법적 조치를 취하고 있음

ⓗ 메타는 광고주에게 광고 정책은 물론 메타의 플랫폼 규정, 커뮤니티 가이드라인 등을 모두 준수할 것을 요구하고 있음

ⓢ 다음과 같은 사회 문제, 선거 또는 정치 관련 광고는 특별광고 카테고리로 특별한 광고

진행 절차를 요청하고 있음
- 사회 문제, 선거 또는 정치 관련 광고는 랜딩페이지 등의 광고 요소를 포함해 광고 콘텐츠에 대한 사전 검토 및 사전 승인 필요함
- 광고에 광고주가 누구인지를 명확하게 나타내야 하고, 광고 게재 시점에 타깃으로 한 사람들이 거주하는 국가에 광고주 역시 거주하고, 이 사실을 지역 또는 국가가 발급한 서류 제출을 통해 증빙해야 함
◎ 불법적인 차별로부터 보호하기 위해 주택(Housing Ads), 고용(Employment Ads) 또는 신용(Credit Ads) 기회 관련 광고(＝HEC 광고)를 특별광고 카테고리로 운영하고, 이들을 대상으로 한 광고는 타기팅에 제한을 둠
- 주택, 고용, 신용 기회 관련 광고에서는 연령, 성별 또는 특정 인구통계학적 특성, 행동이나 관심사와 같은 정보를 활용해 타기팅할 수 없음(미국/캐나다를 주소지로 둔 광고주에 해당함)
- HEC 광고 관련 사항은 유튜브, 틱톡 모두 동일함
ⓩ 다이어트, 체중감량 또는 기타 건강 관련 제품 등 개인의 건강 및 외모 관련 광고에서 부정적인 자아 인식을 암시하거나 유발하는 광고는 게재가 불가함
ⓩ 광고주가 암호화폐 상품 및 서비스를 광고하기 위해서는 자격 요건 충족 여부를 서면을 통해 확인받고 사전 허가를 받아야 함
㉠ 온라인 도박 및 게임 광고는 만 19세 미만 타기팅이 불가능함
- 온라인 도박은 베팅, 복권, 래플, 카지노 게임, 판타지 스포츠, 빙고, 포커, 스킬 게임 토너먼트, 승자 독식 게임 등은 물론 참가를 위해 금전적 가치가 요구되거나 금전적 가치가 상품의 일부인 제품 또는 서비스 전체를 의미함
- 온라인 도박 또는 게임 사이트의 광고주는 광고주 계정이 속한 국가에서 적법한 허가를 받았음을 증명하고, 그 나라 사람들만 타기팅할 수 있음
② 브랜드 가치 보호 차원의 정책
㉠ 메타는 Meta Business Suite에서 브랜드 가치 보호 설정을 통해 인콘텐츠 광고 설정, 노출 차단 리스트, 인벤토리 필터(확장, 보통, 제한)를 설정할 수 있음
㉡ 12개의 카테고리 구분과 브랜드 적합성 항목을 3단계 위험 정도로 나누어 제시했던 GARM(Global Alliance for Responsible Media) 프레임워크와 APB의 브랜드 안정성 자기평가표를 기반으로 하여 메타의 콘텐츠 등급을 규정하였음

👍 **용어설명**

GRAM(Global Alliance for Responsible Media)

세계광고주협회(World Federation of Advertisers: WFA)가 설립한 기구로 마케터, 매체 대행사, 플랫폼, 업계 협의체, 관련 기업체 등이 모여, 온라인의 유해 콘텐츠 유통과 그를 통한 수익화 가능성을 줄이고자 노골적인 성적 콘텐츠, 불법 범죄 관련 콘텐츠, 논란 있는 민감한 사회문제 관련 콘텐츠 등 12개의 카테고리로 구분하였으며, 여기에 나누어 총 36개로 제시함으로써 브랜드 안전성에 대한 통제를 고도화함

광고주보호협회(Advertisers Protection Bureau: APB)

미국의 광고회사 협회인 4A's의 소속기구로 광고업계 종사자들이 스스로 브랜드 안전성에 대해 측정해 볼 수 있도록 브랜드 안전성 자기평가표(APB Brand Safety Self-Assessment)를 고안함

ⓒ 메타는 여러 콘텐츠를 6개의 민감한 카테고리로 나누고, 그 심각성의 정도에 따라서 수익화 금지(Do Not Monetize: DNM), 심각, 보통, 약함/일반으로 콘텐츠 등급을 규정함

- 민감한 콘텐츠 카테고리: 비극 및 갈등, 논쟁적인 사회 문제, 성적이고 선정적인 콘텐츠, 불쾌한 행위, 노골적인 콘텐츠, 거친 언어
  - 참사 또는 분쟁 콘텐츠
  - 논란의 여지가 있는 사회 문제 관련 콘텐츠
  - 성인, 성적인 콘텐츠
  - 약물 사용이나 범죄 콘텐츠
  - 비속어 또는 저속한 성적 언어 사용이 많은 콘텐츠
  - 노골적이거나 잔인한 콘텐츠
- 심각성 수준: 수익화 금지(DNM), 심각, 보통, 약함/일반으로 등급화
  - DNM: 해당 콘텐츠의 수익화는 완전히 금지되며, 콘텐츠 옆에 광고가 표시되지 않음
  - 심각: 인벤토리 필터 설정으로 확장된 인벤토리를 선택한 광고주의 광고만 게재됨
  - 보통: 인벤토리 필터 설정으로 확장된 인벤토리 또는 보통 인벤토리를 선택한 광고주의 광고만 게재됨
  - 약함/일반: 모든 관련 광고가 게재됨

ⓓ 인콘텐츠 광고
  - 브랜드에 보다 적합한 동영상과 앱을 선택해(혹은 적합하지 않다고 생각되는 동영상과 앱을 제외해) 광고 게재가 가능함
  - 전신 나체 이미지, 과도한 폭력성, 테러 행위, 제3자 팩트체크 기관에서 잘못된 것으로 평가한 정보 등 과도하게 논란의 여지가 있거나 불쾌한 콘텐츠는 기본적으로 제외됨

ⓔ 노출 차단 리스트
  - 브랜드 또는 캠페인에 적합하지 않다고 여겨지는 노출 위치에 광고가 게재되지 않도록 퍼

블리셔의 리스트를 등록하는 것을 말함

- 비즈니스 차원이나 자산 차원에서 선택 가능하며, 여기에 앱, 도메인 또는 카테고리를 추가할 수 있음

ⓗ 인벤토리 필터

- 인벤토리 필터를 사용해 피드 광고(페이스북 피드, 인스타그램 모바일 피드, 페이스북 릴스, 인스타그램 릴스) 또는 인콘텐츠 광고(페이스북 인스트림 동영상, 페이스북 릴스 광고, 인스타그램 및 메타 오디언스 네트워크의 광고) 옆에 표시되는 일반 콘텐츠의 민감도 수준을 관리함
- 페이스북 인스트림 동영상, 페이스북 릴스 광고, 인스타그램 릴스 광고에서 브랜드와 적합하지 않다고 여겨지는 콘텐츠 카테고리를 선택해 제한으로 설정하면 광고 게재를 차단할 수 있음
- 전신 나체 이미지, 과도한 폭력성, 테러 행위, 제3자 팩트체크 기관에서 잘못된 것으로 평가한 정보 등 과도하게 논란의 여지가 있거나 불쾌한 콘텐츠는 기본적으로 제외되어 있음
  - 확장된 인벤토리: 콘텐츠 수익화 정책을 준수하는 콘텐츠로 확장되어 광고가 표시되므로 도달범위가 극대화됨
  - 보통 인벤토리: 보통 수준의 민감한 내용이 포함된 콘텐츠는 제외됨
  - 제한된 인벤토리: 민감한 내용이 포함된 추가적인 콘텐츠 및 라이브 방송이 제외되고, 도달범위가 감소함

〈표〉 메타의 민감한 콘텐츠 유형과 사용 가능한 인벤토리 필터 유형

콘텐츠 카테고리 유형	인벤토리 필터 유형		
	확장	보통	제한
• 참사 또는 분쟁 • 죽음, 부상, 학대, 질병, 상당한 피해를 유발하는 사건 등 신체적 또는 감정적 고통	○	○	○
• 논란의 여지가 있는 사회 문제 • 논란을 야기하는 사회 문제(예: 개인의 인권이나 시민권 또는 정치적 권리)	○	○	○
• 불쾌한 활동 • 약물 사용이나 학대 또는 범죄	○	○	○
• 성적인 콘텐츠 • 성적이거나 선정적인 주제	○	○	○
• 거친 언어 • 비속어, 경멸적인 단어 또는 저속한 성적 언어	○	○	○
• 노골적인 콘텐츠 • 부상이나 잔인함 또는 생리 작용/상태	○	○	○

    ⓧ 페이스북 인스트림 동영상 주제 제외
- 페이스북 인스트림 동영상 주제 제외를 사용하면 광고 계정 수준에서 특정 주제의 일반 콘텐츠를 제외하는 것이 가능함
- 콘텐츠 수준에서 주제(게임, 뉴스, 정치, 종교 및 영적 영역) 제외를 선택할 수 있음

    ⓞ 라이브 방송 제외
- 페이스북 인스트림 동영상 광고가 일반 라이브 방송이나 파트너가 아닌 사람이 게시한 동영상에 표시될 수도 있으므로, 광고 노출 위치-옵션 더보기 설정-브랜드 가치 보호 및 적합성 설정으로 가서 콘텐츠 유형으로 라이브 방송을 제외함

! 이해쏙쏙 핵심요약

- 2004년 개설된 페이스북은 2012년 인스타그램(Instagram), 2014년 왓츠앱(WhatsApp) 및 VR 관련 기기 개발·제조기업인 오큘러스(Oculus)를 인수하였으며, 2021년 메타버스를 인터넷의 미래로 설정하고 사명을 메타(Meta)로 변경함
- 비즈니스, 브랜드, 유명인, 사회 운동 및 조직은 페이스북 페이지를 만들어 게시물을 올려 그들의 타깃에게 무료로 도달할 수 있으며, 페이스북, 인스타그램, 및 페이스북 메신저 사용자와 소통 가능하며 페이지로 광고를 할 수 있음
- 페이스북 페이지를 만들려면 개인 프로필이 필요함. 개인 프로필을 만들고, 개인 프로필에 프로페셔널 모드(크리에이터/비즈니스)에서 비즈니스를 설정함
- 페이스북 프로필은 개인용이므로 공개 혹은 비공개 설정이 가능하지만, 페이스북 페이지는 비즈니스용으로 전체 공개 설정만 가능함
- 페이지 성격에 따라 다양한 템플릿(일반, 서비스, 쇼핑, 비즈니스, 장소, 비영리단체, 정치인, 음식점 및 카페 템플릿 등)을 활용해 페이지를 만들 수 있음
- 페이스북 페이지 내에 콘텐츠는 스토리, 동영상, 라이브 방송 등의 형태로 게시할 수 있지만, 콘텐츠 및 커뮤니티 규정을 준수해야만 함
- 인스타그램 비즈니스 계정 역시 개인 프로필을 프로페셔널 계정으로 전환하여 사용하며, 피드에 콘텐츠 게시, 스토리 사용, 라이브 방송은 물론, 게시물로 광고를 할 수 있음
- 오디언스 네트워크(Audience Network)는 페이스북뿐만 아니라 다른 앱과 모바일 웹사이트까지 확장할 수 있는 메타의 네트워크를 말하며, 더 많은 사람에게 도달하도록 캠페인 확장이 가능함
- Meta Business Suite는 데스크톱이나 모바일 앱에서 이용할 수 있는 무료 도구로, 비즈니스용 페이스북 페이지만 있으면 사용 가능하며, 페이스북, 인스타그램에 걸쳐 게시물을 올리고 인사이트를 확인해야 하는 비즈니스에 효과적인 도구임
- Meta Business Suite 사용을 위한 준비
  - 페이스북 페이지 계정 만들기(개인 프로필 필요), 인스타그램 비즈니스 계정 전환(개인 계정에서 전환)
  - 비즈니스 계정 설정: 사용자(사람/파트너/시스템 사용자), 계정(페이지, 광고 계정, 비즈니스자산그룹, 앱, 커머스 계정, Instagram 계정, 비즈니스 라인, WhatsApp 계정, Shop)
  - 비즈니스 포트폴리오 권한 설정
- Meta Business Suite의 기능
  - 콘텐츠 관리(콘텐츠 업로드, 삭제, 게재 일정 설정 관리 등)

- 광고 관리(광고 관리자/이벤트 관리자 등)
- 제품/서비스 판매(Shop) 관리(커머스 관리자, 수익화 설정 등)
- 계정 관리(비즈니스 관리자, 파일 관리자 등)
- 분석 및 보고(광고보고서, 실험, 인사이트, 트래픽 분석보고서)
- 메타 콘텐츠를 통한 수익 창출
  - 페이스북과 인스타그램에서 인스트림 광고 게재. 팬 구독, 유료 멤버십, 브랜디드 콘텐츠 게재를 통해 수익 창출 가능
  - 페이스북 페이지, 프로페셔널 모드 프로필, 이벤트 그룹의 공개 콘텐츠에만 사용 가능(페이스북 프로필=개인 프로필로는 수익 창출 불가능)
- 인스트림 광고를 통한 수익 창출 자격 요건
  - 공통 조건 : 페이스북의 파트너 수익화 정책을 지속적으로 준수해야 하며, 만 19세 이상으로 인스트림 광고를 사용할 수 있는 국가에 거주하고 있어야만 함(우리나라는 인스트림 광고로 수익화가 가능한 국가임)
  - 동영상 인스트림 광고: 팔로워 수 5천 명 이상, 최근 60일간 시청 시간의 합계가 6만 분 이상, 페이지에서 5개 이상의 동영상 게시해야 함
  - 라이브 방송 인스트림 광고: 팔로워 수 1만 명 이상, 최근 60일간 시청 시간의 합계가 60만 분 이상이고, 라이브 방송을 시청한 시간이 6만 분 이상, 활성 상태의 동영상 5개 이상을 페이지에 게시해야 함
- 커머스 관리자는 페이스북과 인스타그램에서 홍보하려는 모든 상품이 포함된 카탈로그를 관리하는 도구이며, Shop을 만들어 실제 제품을 판매하는 도구로 Shop 및 대표 컬렉션을 관리하고 맞춤 설정, 고객 인사이트와 인기 제품에 대한 인사이트를 확인할 수 있음
- 카탈로그는 페이스북과 인스타그램에서 광고하거나 판매하려는 모든 상품이 담긴 공간으로 Shop에는 카탈로그를 하나만 연결할 수 있으며, 카탈로그를 사용하여 전체 상품을 관리할 수 있음
- 페이스북, 인스타그램, 오디언스 네트워크 등에 광고를 게재하기 위해서는 메타의 광고 관리자(Ad Manager)에서 시작해야 함
- 광고 관리자는 광고 만들기, 게재 기간과 노출 위치 관리, 마케팅 목표 대비 캠페인 성과 추적 등을 모두 한곳에서 할 수 있는 광고 관리 도구임
- 메터 광고를 운영을 위한 필수요건
  - 메타 광고 운영을 위해 가장 먼저 필요한 것은 페이스북 페이지임
  - 인스타그램 광고를 하기 위해서 반드시 인스타그램 프로페셔널 계정을 만들 필요가 없으며, 페이스북 페이지를 인스타그램에서 광고를 게재하는 데에 사용할 수 있음
  - 인스타그램을 위한 콘텐츠를 별도로 만들기보다는 광고 관리자에서 페이스북과 인스타그램 피드에 동일한 콘텐츠를 업로드할 수 있음
- 메타의 광고 만들기는 캠페인-광고세트-광고 단계로 구성되는데, 캠페인 단계에서는 광고 목표를, 광고세트 단계에서는 도달하려는 타깃을 정의하고 광고 노출 위치를 선택하며 예산 및 일정을 설정함. 마지막으로 광고 단계: 광고를 디자인하며, 이미지와 동영상을 업로드해 텍스트, 링크 등을 추가함
- 메타의 광고 예산 설정 방법
  - 캠페인 단위에 어드밴티지 캠페인 예산 설정: 최저 비용으로 최상의 결과를 얻을 수 있도록 도움을 주며 광고세트 전반의 예산을 지출하는 방식이 유연할 때 가장 효과적임
  - 광고세트 단위에 개별 예산 설정: 광고세트 간의 잠재고객 규모 차이가 클 때, 최적화 목표와 입찰 전략이 혼합되어 있을 때 사용함

- 메타 광고의 구매 방법은 예약(이전 명칭: 도달 및 빈도)과 경매의 2가지 유형이 있음
  - 예약 캠페인: CPM 기준 구매, 총예산 기준, 타깃 빈도와 빈도 한도 설정 가능, 광고 순서 지정 가능(순차 게재), 페이스북/인스타그램 광고만 가능
  - 경매: 입찰가 이외에 추산 행동률, 광고 품질이 영향을 미침. 페이스북/인스타그램/메신저/오디언스 네트워크 광고 가능
- 메타의 입찰 전략은 예산을 총지출 금액을 기준으로 한 총지출 기준 입찰 전략, 광고를 통해 달성하고자 하는 목표 기준 입찰, 그리고 수동 입찰의 3가지 유형이 있음
- 어드밴티지+ 노출 위치(이전 명칭: 자동 노출 위치)는 광고 시스템이 자동으로 예산을 최대한 활용해 페이스북, 인스타그램, 오디언스 네트워크, 메신저 등 사용 가능한 모든 노출 위치에 광고를 자동으로 노출하는 것을 말함
- 메타의 잠재고객 타기팅 설정하는 방법으로는 구체적으로 지정하는 방법(특정 타기팅)과 광범위하게 지정하는 방법(광범위 타기팅)의 2가지가 있음
  - 특정 타기팅: 상세, 맞춤, 유사 타깃 등 매개변수에 의해 타깃을 지정하는 방법
  - 광범위 타기팅: 주로 메타의 광고 시스템에 의존하여 광고를 노출할 가장 적절한 사람들을 설정하는 방법
- 맞춤 타기팅을 위한 소스 유형
  - 비즈니스 보유 소스: 웹사이트, 앱 활동, CRM, 참여 맞춤 타깃
  - 메타 제공 소스(참여 맞춤 유형): 동영상 시청, 잠재고객 양식 참여, 인스턴트 경험, AR 경험, 쇼핑, 인스타그램 계정
- 맞춤 타깃보다 더 많은 사람에게 도달하고 싶다면 유사 타깃 추가가 가능하며, 유사 타깃 소스로 맞춤 타깃, 모바일 앱 데이터 또는 페이지 팬 중에서 선택할 수 있음. 또한 생애 가치(LTV), 거래 가치, 총주문 규모 또는 참여를 기반으로 1,000~50,000명의 우수 고객 그룹을 유사 타깃으로 사용하면 좋음
- 메타의 광고가 게재될 매체로는 페이스북, 인스타그램, 메신저, 네트워크 오디언스가 있으며, 광고 노출 위치와 광고 소재 유형에 따라서 피드 광고, 스토리 광고, 릴스 광고, 동영상 인스트림, 컬렉션 광고 등이 있음
- 스토리 광고는 페이스북, 인스타그램, 메신저에서 스토리 사이에 표시되는 전체화면 이미지, 동영상 또는 슬라이드 광고로 일반 스토리와 달리 24시간 후에도 사라지지 않음. 스토리 광고에서의 반응형 요소(위치 스티커, 해시태그 스티커, 누를 수 있는 텍스트, @언급 스티커)는 최대 5개까지, 카운트다운 스티커는 1개만 사용 가능함
- 릴스 광고는 최대 60초(3초 미만의 짧은 광고도 허용)로 페이스북 릴스와 인스타그램 릴스, 인스타그램 프로필 릴스로 노출되며, 오버레이 배너 광고와 게시물 반복 재생 광고라는 2가지 유형이 있음(릴스당 1개의 광고만 게재)
  - 릴스 전체화면 광고는 릴스 사이에 표시되며, 페이스북의 일반 콘텐츠와 마찬가지로 댓글, 좋아요, 조회, 저장, 공유 및 건너뛰기가 가능함
  - 릴스 광고는 온보딩해야 광고 수익 창출이 가능함
- 컬렉션 광고는 카탈로그에 있는 제품 세트의 작은 제품 이미지와 함께 큰 커버 이미지 또는 동영상을 제공하여, 사람들이 제품을 발견하고 구매하도록 유도하는 광고 형식으로 제작을 위해 4개 이상의 제품 이미지 또는 제품이 들어 있는 카탈로그가 필요함
- 메타는 모바일 기기 사용자가 광고를 누르면 열리는 전체화면 형태의 광고인 인스턴트 경험을 쉽게 제작할 수 있도록 6가지 유형의 템플릿(온라인 매장, 룩북, 신규 고객 확보, 스토리텔링, 제품 판매, AR 경험 템플릿)을 제공하고 있음
- 어드밴티지+ 카탈로그 광고를 통해 이미지와 상세 정보를 자동으로 사용하는 광고 템플릿을 만들 수 있음. 또한 어드밴티지+ 크리에이티브를 사용하면 더욱 관련성 높은 광고를 한번에 만들고, 광고를 보는 모든 사람에게 맞춤형 광고 버전을 게재할 수 있음. 단, 항공권/여행, 자동차 및 부동산 광고는 아직 카탈로그용 어드밴티지+ 크리에이티

브를 사용할 수 없음
- 전환 추적코드, 전환 API 사용 시 장점
  - 고객 행동 측정
  - 광고캠페인을 최적화해 주는 도구
  - 전환 API와 픽셀을 함께 사용하면 더욱 안정적 · 효과적으로 사용 가능
  - 전환 API를 사용한 오프라인 이벤트 전송 기능과 오프라인 전환 API는 2025년 3월과 5월에 각각 중단될 예정임
- 픽셀과 전환 API 비교

구분	픽셀	전환 API
특징	• 비즈니스의 웹사이트에서 전환을 기록하는 데 사용되는 코드 조각	• 비즈니스 서버에 연결되므로 브라우저가 충돌하거나 연결이 끊기는 것과 같은 일이 덜 일어난다는 측면에서 안정적 • CRM, 다중 사이트 전환 경로, 하위 퍼널 이벤트와 같은 데이터 이용에도 사용할 수 있음 • 데이터 품질 보존과 개인정보 보존에도 도움이 됨
설치 방법	• 수동 또는 파트너 통합을 통해 웹사이트에 추가할 수 있음	• 파트너 통합이나 비즈니스 파트너를 통해 직접 설정할 수 있음

- 데이터 세트 사용의 이점
  - 통합된 이벤트 데이터로 이를 통해 비즈니스 목표에 따른 (소스별 차이를 제외하고 통합된) 광고 전략 수립이 가능함
  - 데이터 세트에서는 전환 API 하나로 웹사이트, 앱, 오프라인 및 메시지 이벤트 연결을 통해 자동 업로드가 가능하고. 이벤트 데이터 관리가 가능함
- 표준 이벤트의 종류(웹/앱)
  - 결제 정보 추가(AddPaymentInfo), 장바구니에 담기(AddToCart), 위시리스트에 추가(AddToWishlist), 등록 완료(CompleteRegistration), 결제 시작(InitiateCheckout), 잠재고객(Lead), 구매(Purchase), 검색(Search), 체험판 시작(StartTrial), 구독(Subscribe), 콘텐츠 보기(ViewContent) 등
- 이벤트 데이터 사용의 특징
  - 웹 이벤트와 오프라인 이벤트에서 맞춤 전환이 가능하지만, 앱 및 메시지 이벤트에서는 맞춤 전환을 사용할 수 없음
  - 웹사이트 이벤트, 앱 이벤트, 메시지 이벤트 데이터를 통해서는 광고 최적화를 할 수 있지만, 현재 오프라인 전환 데이터는 광고 최적화에 사용할 수 없음
- 메타 광고 집행을 지원하는 도구
  - 메타 포어사이트(Meta Foresight)[이전 명칭: Facebook IQ]: 아티클과 보고서 제공. 고객 인사이트, 광고 인사이트, 업계 인사이트, 인사이트 카드 등 광고 전략을 수립에 활용할 수 있는 리소스 제공
  - 블루프린트(Blueprint): 디지털 마케팅에 대한 이해를 돕기 위한 이러닝 플랫폼
  - 크리에이티브 허브(Creative Hub): 페이스북과 인스타그램 마케터와 광고주를 대상으로 한 모바일용 온라인 광고 제작 플랫폼
  - 메타 광고 라이브러리: 메타에 게재된 모든 광고를 검색할 수 있는 포괄적인 컬렉션
  - 캠페인 플래너: 미디어 플래너가 메타 전반에서 미디어 플랜의 임시 저장 버전을 작성하고 비교하고 공유하고 구매할 수 있는 도구
- 광고 관련성 진단(이전 명칭: 광고 관련성 점수)은 품질 순위, 참여율 순위, 전환율 순위를 통해 진단이 이루어짐
- 수익화를 위해서 퍼블리셔, 크리에이터, 광고주, 타사 제공업체 등은 메타의 파트너 수익화 정책과 콘텐츠 수익화

정책을 검토하고 이를 준수하기 위해 노력해야 하며, 커뮤니티 규정을 준수해야 함
- 메타 플랫폼의 모든 콘텐츠는 메타의 서비스 약관, 커뮤니티 규정 및 커뮤니티 가이드라인을 준수해야 함
- 페이스북, 인스타그램에 적합한 콘텐츠라 해도 모두 수익화에 적합한 것은 아니므로, 메타 콘텐츠(페이스북, 인스타그램 페이지, 이벤트, 그룹의 콘텐츠에 적용)에 대한 수익화 도구를 사용하여 수익을 창출하려는 퍼블리셔, 크리에이터 및 타사 제공업체는 파트너 수익화 정책(결제 약관, 페이지 및 그룹 공유에 관한 가이드라인이 포함됨)도 준수해야 함
- 특별광고 카테고리: 사회 문제, 선거 또는 정치 관련, 주택(Housing Ads), 고용(Employment Ads) 또는 신용(Credit Ads) 기회 관련 광고(=HEC 광고)
- 메타는 Meta Business Suite에서 브랜드 가치 보호 설정을 통해 인콘텐츠 광고, 노출 차단 리스트, 인벤토리 필터(확장, 보통, 제한)를 설정할 수 있음

실력쑥쑥 OX퀴즈

01. 메타의 전신인 페이스북은 인스타그램, 왓츠앱뿐만 아니라 VR 관련 기기 개발·제조 기업인 오큘러스를 인수했다. (○/X)　　정답: ○

02. 페이스북에서 페이지 템플릿으로 일반 템플릿만 제공하고 있다. (○/X)　　정답: ×

03. 인스타그램에서는 개인 프로필을 비즈니스 계정으로 전환한 후에 다시 비공개로 전환할 수 있다. (○/X)　　정답: ×

04. 인스타그램 스토리에 올린 게시물은 24시간 후에 자동으로 삭제된다. (○/X)　　정답: ○

05. 인스타그램에서 기존의 게시물을 가지고도 파트너십 광고를 만들 수 있다. (○/X)　　정답: ○

06. 메타의 오디언스 네트워크(Audience Network)는 페이스북 플랫폼뿐만 아니라 다른 앱과 모바일 웹사이트까지 확장할 수 있는 광고 네트워크이다. (○/X)　　정답: ○

07. 메타를 이용해 마케팅하기 위해 인스타그램을 사용하고 있다면, 비즈니스용 페이스북 페이지는 만들 필요가 없다. (○/X)　　정답: ×

08. 인스타그램과 페이스북에 동영상을 교차 게시하여 시청 시간을 늘리기 위해 애쓴다면, 수익 조건에 부족한 자격조건을 금방 채울 수 있다. (○/X)　　정답: ×

09. 페이스북 Shop과 인스타그램 Shop은 하나의 카탈로그로 통일해서 관리하는 것이 좋다. (○/X)　　정답: ○

10. 수익을 창출하지 않는 콘텐츠는 메타의 서비스 약관과 커뮤니티 규정을 준수할 필요가 없다. (○/X)　　정답: ×

11. 메타에서는 어드밴티지+ 크리에이티브를 사용하여 타깃별 크리에이티브 성과를 비교할 수 있다. (○/X)　　정답: ○

12. 메타의 광고 만들기는 캠페인 – 광고세트 – 광고 단계로 구성되는데, 캠페인 단계에서는 광고 목표를 설정한다. (○/X)　　정답: ○

13. 광고 게재 순서를 지정하는 순차 게재는 예약과 경매의 광고 구매 과정에서 모두 가능하다. (○/X)　　정답: ×

14. 메타의 입찰 전략은 예산을 총지출 금액을 기준으로 한 총지출 기준 입찰 전략, 광고를 통해 달성하고자 하는 목표에 중점을 목표 기준 입찰, 그리고 수동 입찰의 3가지 유형이 있다.　　정답: ○

15. 다국어 광고, 정치 관련 콘텐츠를 포함하는 광고에는 다이내믹 크리에이티브를 사용할 수 없다. (○/X)

정답: ○

16. 유사 타깃의 규모는 1~10까지의 척도로 설정할 수 있는데, 이 척도는 10에 가까울수록 소스 타깃과 유사하다. (○/X)

정답: ×

17. 메타는 스토리 광고 제작을 위한 스토리 템플릿을 제공하고 있는데, 크리에이티브를 세로 방향 스토리 애니메이션으로 맞춤 설정할 수 있다. (○/X)

정답: ○

18. 페이스북의 전체화면에 노출되는 릴스 광고는 릴스 사이에 표시되는데, 페이스북의 일반 콘텐츠와는 달리 댓글, 좋아요, 조회, 저장, 공유 및 건너뛰기가 가능하지는 않다. (○/X)

정답: ×

19. 페이스북의 슬라이드 광고에는 하나의 광고에 최대 20개의 이미지 또는 동영상을 나타낼 수 있다. (○/X)

정답: ×

20. 메타의 컬렉션 광고를 만드는 데에는 2개 이상의 제품 이미지만 있으면 된다. (○/X)

정답: ×

21. 인스타그램 피드와 오디언스 네트워크 노출 위치에는 최대 120초 길이의 동영상이 허용되기에 최대한 동영상 길이를 길게 유지하는 것이 고객 참여를 이끄는 데에 효과적이다. (○/X)

정답: ×

22. 인스타그램의 스토리 광고는 일반 스토리와 마찬가지로 노출 후 24시간이 지나면 사라진다. (○/X) 정답: ×

23. 제품 이외에 메타의 어드밴티지+ 카탈로그 광고가 가능한 업종은 호텔, 항공권/여행, 자동차, 부동산이다. (○/X)

정답: ○

24. AddToCart는 메타 픽셀/SDK의 필수 이벤트값이다. (○/X)

정답: ○

25. 메타의 브랜드 성과 테스트를 통해서 광고가 브랜드 인지도, 인식, 상기도 또는 구매 의향은 물론 전환 성과까지 분석할 수 있다. (○/X)

정답: ×

출제예상문제

01 페이스북 앱 광고캠페인의 구조로 옳은 것은?

① 광고세트, 광고
② 광고세트, 광고, 캠페인
③ 캠페인, 광고세트
④ 캠페인, 광고세트, 광고

02 메타에서 카탈로그 사용과 관련해 옳지 않은 것은?

① 상거래 관리자를 통해서 카탈로그를 제작할 수 있다.
② 하나의 카탈로그를 사용하면 픽셀로 타깃을 보다 효과적으로 설정할 수 있다.
③ 카탈로그 작업은 권한을 받은 한 사람만이 작업할 수 있다.
④ 모든 품목을 한곳에서 관리하는 것이 더 효과적이다.

03 A씨는 매주 3개의 새로운 동영상을 게시하는 피트니스센터의 페이지를 관리하고 있다. 제시된 동영상의 약 75%는 길이가 3분 이상이며, 각 동영상은 보통 3~5만의 조회수를 올리고 있어서 어느 정도 자신감이 생겼고, 이 페이지에서 수익을 낼 수 있지 않을까 고민하고 있다. 이 페이지에 알맞은 수익화 도구가 아닌 것은?

① 브랜디드 콘텐츠   ② 인스트림 광고
③ 팬 구독   ④ 개인 프로필

04 A씨는 매달 여러 동영상을 게시하는 페이지를 관리하며, 인스트림 광고를 통해 3개월 동안 수익을 창출하고 있다. 그런데 페이지에 대한 수익화 상태가 녹색에서 노란색으로 변경되었다면 가장 먼저 해야 할 일은 무엇인가?

① 직접 재고 요청을 제출한다.

② 최근에 업로드한 동영상을 페이스북의 수익화 정책과 비교하여 위반 사항이 없는지 검토한다.

③ 최근에 업로드한 동영상을 삭제한다.

④ 수익화 자격 요건을 충족하는 다른 페이지로 동영상을 옮긴다.

05 다음 중 메타에서 활용할 수 있는 성과 측정 도구가 아닌 것은?

① 메타 픽셀   ② 오프라인 전환

③ 전환 API   ④ DLO

06 웹사이트나 앱에서 매출을 창출하기 위한 메타의 캠페인 목표는?

① 잠재고객 확보   ② 트래픽

③ 도달   ④ 판매

07 인스타그램에서 비즈니스 입지를 구축하는 데 있어서 가장 먼저 필요한 행동은 무엇인가?

① 관련 비즈니스 정보 추가

② 유사한 비즈니스 계좌 팔로우 시작

③ 연관성 있는 해시태그를 사용한 콘텐츠 게시

④ 개인 프로필을 비즈니스 프로필로 전환

08 한 브랜드가 페이스북 앱에서 30초 분량의 TV 광고와 동영상 광고가 포함된 차기 캠페인을 계획하고 있다. 이 브랜드가 페이스북 캠페인에서 TV 광고와 동일한 비디오 자산을 진행하고자 한다면, 다음 중 어느 전략을 사용해야 하는가?

① 페이스북 광고를 위해 다른 시각적 정체성과 메시지를 담은 긴 동영상을 새로 만든다.
② 사람들이 브랜드 메시지를 인식할 수 있도록 페이스북과 동일한 TV 동영상을 사용한다.
③ 형식을 세로형으로 조정하되 동영상의 전체 길이는 그대로 유지한다.
④ 모바일에서 더 나은 경험을 보장하기 위해 동영상 형식과 길이를 조정한다.

09 메타에서는 크리에이터와 퍼블리셔가 콘텐츠를 통해 수익을 창출할 수 있다. 다음 중 수익화할 수 없는 콘텐츠는 무엇인가?

① 지역 차단 관리 설정이 되어 있는 페이스북 인스트림 광고
② 여러 언어로 제공되는 페이스북 인스트림 광고
③ 라이브 방송의 인스트림 광고
④ 프리롤 광고가 삽입된 인스트림 광고

10 업체가 자사 사이트에서 과거에 구매한 적이 있는 고객을 리타기팅 하고자 할 때 사용하는 타깃 유형은?

① 맞춤 타깃   ② 핵심 타깃   ③ 유사 타깃   ④ 상세 타깃

11 다음 중 전환 이벤트를 메타 픽셀로 검토함으로써 업체가 얻는 이점은 무엇인가?

① 고객이 구매하는 위치를 확인할 수 있다.
② 구체적 고객과 그들의 구매를 연결할 수 있다.
③ 최적화된 광고 전략을 결정할 수 있다.
④ 지출을 줄일 부분을 파악할 수 있다.

12 페이스북 앱에서 성공적인 브랜드 캠페인을 계획할 때 첫 단계는 무엇인가?

① 가장 최근의 게시물을 토대로 확대 홍보 게시물을 제작한다.

② 노출 위치, 타기팅, 예산을 선택한다.

③ 광고 크리에이티브 형식을 선택한다.

④ 비즈니스 목표에 맞추어 캠페인 목표를 설정한다.

13 A 브랜드가 한 캠페인에서 15초 동영상을 사용 중이며, 캠페인 종료 시점까지 동영상 재생수를 최대화하려는 목표를 가지고 있다면 캠페인 성과 여부 평가에 사용해야 할 측정 지표는?

① 트루플레이   ② 도달

③ 전환율   ④ 동영상 평균 시청 시간

14 메타에서 유사 타깃을 생성할 때 권장되는 소스 타깃의 최소 규모는?

① 50~100명   ② 1,000~50,000명

③ 50,000~100,000명   ④ 100,000~150,000명

15 한 업체가 온라인에서 제품을 판매하고자 할 때 동영상과 제품을 모두 표시하는 광고 형태는?

① 동영상   ② 컬렉션

③ 스토리   ④ 슬라이드쇼

16 캠페인의 노출 위치별로 광고 소재를 개인화하는 데 사용할 수 있는 도구는?

① 자산 맞춤화   ② 다이내믹 타기팅

③ 다이내믹 광고   ④ 자동 노출 위치

17 다음 중 Meta Business Suite에 대한 설명으로 옳지 않은 것은?

① Meta Business App Family 광고 운영 및 추적을 할 수 있다.

② 상거래 관리자를 통한 주문 배송 추적 관리는 제공하지 않는다.

③ 비즈니스 관리 지원을 위해 대행사나 마케팅 파트너를 추가할 수 있다.

④ 페이스북 페이지, 광고 계정 등의 자산 관리가 가능하다.

18 다음 중 페이스북 비즈니스 설정 탭 메뉴 중 데이터 소스에 포함된 메뉴 항목이 아닌 것은?

① 픽셀　　　　　　　　　　② 도메인

③ 카탈로그　　　　　　　　④ 맞춤 전환

19 다음 중 인스트림 동영상, 인스턴트 아티클, Audience Network에서 광고주가 차단할 수 있는 콘텐츠 카테고리가 아닌 것은?

① 도박 콘텐츠　　　　　　② 성인용 콘텐츠

③ 주류 및 정치 콘텐츠　　④ 참사 및 분쟁 콘텐츠

20 다음 중 메타에서 다양한 디지털 인사이트와 마케팅 리서치 자료를 제공하는 도구는 무엇인가?

① 이벤트 관리자　　　　　② Foresight

③ 비즈니스 관리자　　　　④ Meta Developers

01 **정답** ④

해설 페이스북의 광고캠페인은 캠페인–광고세트–광고의 3가지 수준으로 구성되어 있다.

02 **정답** ③

해설 카탈로그 작업은 권한을 할당받은 다른 사람이나 파트너 비즈니스가 작업할 수도 있다.

03 **정답** ④

해설 페이스북 페이지를 통해서 크리에이터와 퍼블리셔가 수익을 창출하는 방법으로는 광고 게재, (팬)구독, 유료 멤버십, 브랜디드 콘텐츠 게재 등이 있다.

04 **정답** ②

해설 업로드한 동영상을 페이스북의 수익화 정책과 비교하여 위반 사항이 없는지 검토한다.

05 **정답** ④

해설 메타에서 제공하는 성과 측정 도구는 메타 픽셀, 메타 SDK, 오프라인 전환, 전환 API이다. DLO(Dynamic Language Optimization)는 자동 번역 솔루션으로, 해외 캠페인일 경우 자동으로 언어를 변환해 노출해 준다.

06 **정답** ④

해설 매출을 창출하기 위한 캠페인 목표는 판매이다.

07 **정답** ④

해설 인스타그램에서는 개인 프로필을 비즈니스 계정으로 전환하여 비즈니스에 필요한 기능을 활용할 수 있다. 비즈니스 계정으로 전환하려면 프로필 설정에서 프로페셔널 계정으로 전환을 선택하고, 비즈니스 카테고리를 선택한다.

08 **정답** ④

해설 매체에 적합하게 동영상 형식과 길이를 조정해 사용하는 것이 효과적이다.

09 **정답** ④

해설 수익화할 수 있는 콘텐츠는 인스트림 광고, 팬 구독, 브랜디드 콘텐츠가 있다. 프리롤과 미드롤, 이미지 광고의 광고가 삽입된 인스트림 광고로는 수익화할 수 없다.

10 **정답** ①

해설 메타의 잠재고객 타깃을 설정하는 방법으로는 구체적으로 지정하는 방법(특정 타기팅)과 광범위하게 지정하는 방법(광범위 타기팅)의 2가지가 있고, 특정 타기팅 방식으로는 상세 타기팅, 맞춤 타기팅, 유사 타기팅 방식이 있다. 이 중 과거 구매 고객을 리타기팅할 때 사용하는 타깃 유형은 맞춤 타깃이다.

11 **정답** ③

해설 메타 픽셀은 광고캠페인을 통해 유입된 사람들이 어떤 행동을 취했는지 파악할 수 있다. 이를 통해 업체는 광고 노출에 적합한 타깃을 생성하고, 광고 전환 최적화를 통해 성과 증대를 꾀할 수 있으므로 최적화된 광고 전략을 결정할 수 있다.

12 **정답** ④

해설 캠페인을 계획할 때 무엇보다 먼저 해야 할 일은 비즈니스 목표에 맞게 캠페인 목표를 설정하는 것이다.

13 **정답** ①

해설 트루플레이(ThruPlay)는 동영상을 끝까지 시청하거나 최소 15초 이상 재생된 횟수를 말한다. 트루플레이는 동영상 조회를 목표로 설정한 동영상 광고에 사용할 수 있는 최적화 및 청구 옵션이며, 성과 지표로 삼을 수 있다.

14 **정답** ②

해설 맞춤 타기팅을 사용할 때 더 많은 사람에게 도달하고자 할 경우, 유사 타깃을 추가할 수 있다. 유사 타깃을 사용할 때 소스 타깃의 규모는 1,000~50,000명 정도가 적당하다.

15 **정답** ②

해설 카탈로그에 있는 제품 세트의 작은 제품 이미지와 함께 큰 커버 이미지 또는 동영상을 제공하여 사람들이 제품을 발견하고 구매하도록 유도하는 광고 형식이다. 컬렉션 광고는 커버 이미지나 동영상, 그리고 아래에 3개의 이미지로 구성되어 4개 이상의 제품 이미지 또는 카탈로그의 제품이 필요하다.

16 **정답** ①

해설 노출 위치의 자산(소재) 맞춤화를 통해 페이스북, 인스타그램, 메신저, 오디언스 네트워크에서 크리에이티브 소재를 노출 위치에 맞춤, 개인화할 수 있다.

17 정답 ②

해설   Meta Business Suite는 광고 관리를 위한 플랫폼으로, 페이스북, 인스타그램에 걸쳐 연결된 모든 계정을 한곳에서 관리할 수 있다. 또한 광고 운영 및 추적, 광고 계정의 자산관리, 비즈니스 관리를 위한 대행사나 마케팅 파트너 추가 등 전반적인 광고 관리가 이루어진다.

18 정답 ②

해설   데이터 소스에는 카탈로그, 픽셀, 오프라인 이벤트 세트, 이벤트 데이터 세트, 맞춤 전환, 자산, 이벤트 소스 그룹, 공유 타깃, 페이지 구조, 비즈니스 크리에이티브 폴더가 포함된다.

19 정답 ③

해설   메타에서는 브랜드 가치 보호 설정 기능을 통해 광고주가 인벤토리 필터를 사용해서 광고가 게재될 민감한 콘텐츠 유형과 콘텐츠의 민감도 수준을 관리할 수 있다. 6가지의 콘텐츠 카테고리는 참사 또는 분쟁 콘텐츠, 논란의 여지가 있는 사회 문제 관련 콘텐츠, 성인·성적인 콘텐츠, 약물 사용이나 범죄 관련 콘텐츠, 비속어 또는 저속한 성적 언어 사용이 많은 콘텐츠, 노골적이거나 잔인한 콘텐츠이다. 브랜드 상황에 따라 인벤토리 설정에서 제한된 인벤토리를 설정하면 콘텐츠에 따라 광고 노출이 제한된다.

20 정답 ②

해설   Foresight(이전 명칭: Facebook IQ)은 다양한 주제에 대한 아티클과 보고서를 제공하고 있으며, 인터액티브 보고서를 사용하면 연령, 성별 등의 특성을 바탕으로 고객 인사이트, 광고 인사이트, 업계 인사이트는 물론 데이터로 간단하게 제시하고 있는 인사이트 카드를 제공하고 있어 이를 통해 광고 전략을 수립하고 이를 통해 비즈니스 과제를 해결할 수 있는 리소스로 활용할 수 있다.

Chapter 02 | 유튜브(YouTube)

- ○ 구글이 서비스하는 동영상 플랫폼
- ○ 전 세계 이용자가 매일 유튜브를 방문하고, 10억 시간 이상 시청
- ○ 2006년 구글에 인수되어 독점 콘텐츠와 같은 유료 콘텐츠와 광고 없이 시청할 수 있는 유료 구독 옵션인 유튜브 프리미엄을 제공하고 있음
- ○ 2016년에 등장했던 틱톡에 대응하고, 숏폼의 사회적 부각에 부응하기 위해 2021년 유튜브 숏폼 콘텐츠 플랫폼인 유튜브 Shorts를 출시. Shorts는 강력한 개인 맞춤화 알고리즘으로 댓글과 반응 수가 좋은 편임
- ○ 영상을 통한 콘텐츠 마케팅의 한 유형
- ○ 내가 시청한 동영상과 구독 정보를 바탕으로 맞춤 설정된 동영상을 추천
- ○ 잠재고객에게 제품이나 서비스를 홍보하기 위한 마케팅 ROI(투자 대비 수익률)가 효과적

1. 유튜브 채널 운영

(1) 채널 개설

① 구글 계정으로 동영상 시청, 좋아요 표시, 채널 구독 신청 등의 활동을 할 수는 있으나, 동영상 업로드, 재생목록 만들기 등의 공식적인 활동을 하기 위해서는 유튜브 채널을 만들어야 함

② 채널을 만들지 않으면, 모든 활동이 비공개로 진행됨

③ 이전에는 브랜드 계정에서 다양한 구글 서비스를 이용할 수 있었으나, 2021년부터 브랜드 계정은 유튜브 채널에만 연결할 수 있게 변경됨

④ 모든 채널에 고유한 핸들이 할당됨. 핸들은 채널의 새로운 유튜브 URL의 역할을 하며, 핸들을 통해 서로 다른 채널의 운영자를 찾아 소통할 수 있음

(2) 채널 기본정보 관리

① 채널명: 유튜브 채널 이름은 14일 이내에 2회 변경할 수 있음. 채널명을 변경하면 기존의 채널명으로 받은 '인증배지'는 삭제되는 것이 원칙임

② 인증배지: 채널 이름 옆에 ☑ 또는 ✔ 표시. 구독자수 10만 명 이상, 커뮤니티 가이드를 준수한 채널로 인증신청 자격을 충족해 유튜브가 인증한 채널임을 의미함(채널이 크리에이터, 브랜드 또는 법인을 실제로 대표하며, 공개 상태의 활동 중인 채널임을 인증). 채널명을 변경하면 인증배지는 삭제되지만, 채널의 핸들을 변경해도 인증배지는 삭제되지 않음

③ 핸들: 채널 이름과 구분되는 고유하고 짧은 채널 식별자로, '@' 기호로 시작됨(대소문자 구분하지 않음). 크리에이터를 찾아 소통할 수 있는 수단으로 14일 이내에 2회 변경 가능함

④ 채널 URL: 고유 채널 ID

⑤ 설명: 채널에 대한 소개글

⑥ 호칭 추가 및 변경: 채널에 호칭을 추가하면 채널 페이지에 호칭이 표시됨. 호칭을 모든 사용자에게 표시할지, 구독자에게만 표시할지를 선택할 수 있음

⑦ 채널 프로필 링크: 채널 홈 탭에 최대 14개의 링크 표시가 가능함. 단, 외부 링크 정책을 준수해야 함

(3) 채널 관리

① 동영상 업로드

　㉠ 유튜브 채널의 동영상은 유튜브 스튜디오에서 업로드함

　㉡ 유튜브 동영상의 가로, 세로 비율은 16:9임

- 표준 디지털 동영상보다 대비 및 색상 표현력이 우수한 HDR(High Dynamic Range) 동영상을 업로드할 수 있음
- 유튜브에는 동영상을 녹화하는 웹캠 기능이 없으므로, 동영상을 녹화하고 저장하려면 컴퓨터에 있는 소프트웨어를 사용해 녹화 후 동영상을 업로드해야 함
- 180도 또는 360도 동영상 업로드 및 재생 지원

　㉢ 동영상을 업로드할 때의 기본 설정은 브라우저를 통해 업로드한 동영상에만 적용되며, 동영상의 공개범위 설정, 카테고리, 제목, 태그, 댓글, 언어 등을 기본값으로 선택할 수 있음. 그러나 모바일 동영상 편집기를 통해 업로드한 동영상은 기본 설정이 적용되지 않음

　㉣ 기본적으로 최대 15분 길이의 동영상을 업로드할 수 있으며, 인증된 계정에만 15분 이상의 동영상을 업로드할 수 있음

　㉤ 한 번에 최대 15개의 동영상을 업로드할 수 있으며, 채널 기록 또는 신분증으로 인증하면 제한된 수를 늘릴 수 있음

　㉥ 동영상을 업로드할 때 동영상에서 구독자에게 알림을 보낼지 선택할 수 있음(구독자는 하루 최대 3회 알림 제공)

　㉦ 업로드한 동영상은 비공개할지, 아니면 동영상 게시일시를 예약할 것인지를 먼저 선택하게 되어 있음

　㉧ 만 13~17세 크리에이터의 경우 동영상 공개범위의 기본 설정이 '비공개'로 설정되며, 만 18세 이상의 경우에는 '공개'로 설정됨. 동영상을 공개, 비공개 또는 일부공개로 설정을 변경할 수 있음

　㉨ 일부공개로 선택하면

- 검색, 관련 동영상, 맞춤 동영상에 표시할 수 없으며, 채널에 게시하거나 구독자 피드에 표시할 수 없음
- URL 공유, 채널 섹션에 추가, 댓글 작성, 공개 재생목록에 표시는 가능(일부공개 동영상과 재생목록은 동영상 링크를 받은 사람이 시청하고 공유할 수 있음)

〈표〉 공개 설정별 기능

기능	공개	일부공개	비공개
URL 공유 가능	○	○	×
채널 섹션에 추가 가능	○	○	×
검색, 관련 동영상, 맞춤 동영상에 표시	○	×	×
채널에 게시	○	×	×
구독자 피드에 표시	○	×	×
댓글 작성 가능	○	○	×

ⓩ 사용자가 콘텐츠를 검색하는 데 도움이 되도록 동영상에 추가하는 설명 키워드인 태그를 동영상에 추가하는 것이 바람직함(☞태그는 동영상 추천 알고리즘 등에는 영향을 미치지 않고, 일반적으로 철자 오류 수정에 사용되므로 검색을 위해서는 제목과 미리보기 이미지의 최적화가 더 중요함)

ⓚ 유튜브와 유튜브 뮤직에서 해시태그를 사용하면, 같은 해시태그를 공유하는 다른 동영상이나 재생목록과 쉽게 연결 가능함

• 유튜브의 해시태그 사용 정책

- 공백 미포함

- 재생목록에 해시태그가 60개 이상일 경우, 해시태그를 무시하므로 과도한 사용 금지

- 동영상 또는 재생목록과 직접 관련 없는 해시태그 추가 금지

ⓣ 채널 소유자에게 알리거나 허락을 받지 않고 업로드 및 게시되었을 수도 있는 동영상으로 감지되면, 해당 동영상이 '비공개'로 자동 설정될 수 있음(2024년 3월부터 유튜브가 취한 조치)

② 동영상 재생 환경 설정

㉠ 인라인 재생 기능: 동영상 위로 마우스를 가져가면 비디오가 재생되는 기능으로 탐색하면서 동영상 시청이 가능하며, 일정 시간 이상 시청하면 시청기록으로도 남을 수 있음

㉡ 소형 플레이어 실행 기능: 사이트를 탐색하는 동안 동영상이 소형 플레이어에서 계속 재생되며, 소형 플레이어를 조정해 일시중지, 탐색, 이전 또는 다음 동영상 재생 등을 할 수 있음. 단, 시청 중인 콘텐츠가 아동용으로 설정되어 있으면 소형 플레이어를 사용할 수 없음

③ 동영상 세부 설정

㉠ 제목: 영문 기준으로 100자 이내

㉡ 설명: 영문 기준으로 5,000자 이내

ⓒ 썸네일: 시청자가 동영상을 클릭하기 전에 시청자에게 동영상의 장면을 미리 보여 주는 이미지

- 유튜브에서 자동 생성되는 썸네일 중 하나를 선택하거나, 계정 인증 후 직접 만든 썸네일을 업로드하여 사용할 수 있음
- 동영상 썸네일은 해상도 1280×720px(최소 너비 640px), 16:9 비율의 JPG, GIF, BMP 또는 PNG 이미지 형식으로 제작하며, 용량은 2MB 미만이어야 함
- 썸네일 이미지는 커뮤니티 가이드를 준수해야 하며, 커뮤니티 가이드 위반 경고를 받으면 30일 동안 맞춤 썸네일을 사용할 수 없음

ⓔ 재생목록: 동영상을 기존 재생목록에 추가하거나 새로운 재생목록 만들기

ⓜ 시청자층: 아동용 콘텐츠 여부 설정

ⓗ 연령제한 설정

ⓢ 관련 동영상: Shorts 동영상에서 채널 내의 다른 유튜브 콘텐츠로 링크 연결

ⓞ 세부 정보: 유료 프로모션 여부, 자동 챕터, 추천 장소, 태그 추가, 언어 및 자막 면제 인증서 선택, 라이센스 및 배포 범위, 카테고리 선택, 댓글 가능 여부 등을 설정

④ 채널 숨기기

ⓐ 유튜브 스튜디오에 로그인 후 채널 고급설정에서 '콘텐츠 삭제'를 선택한 후 '콘텐츠 숨기기'를 선택함

ⓑ 채널을 숨기면 채널 이름, 동영상, 좋아요수, 구독, 구독자수가 비공개로 설정됨

ⓒ 콘텐츠를 숨긴 후 나중에 다시 사용 설정도 가능함

ⓓ 채널을 숨기거나 삭제하면 내 커뮤니티 게시물, 댓글, 답글이 영구적으로 삭제됨

⑤ 채널 삭제

ⓐ 유튜브 스튜디오에 로그인 후 채널 고급설정에서 '콘텐츠 삭제'를 선택한 후 '콘텐츠 완전히 삭제'를 선택함

ⓑ 채널을 폐쇄하면 동영상, 댓글, 메시지, 재생목록, 기록 등의 콘텐츠가 영구적으로 삭제됨

ⓒ 현재 휴대기기에서는 채널 삭제가 불가능함

⑥ 채널 권한 설정으로 액세스 관리

ⓐ 크리에이터는 구글 계정에 대한 액세스 권한을 부여하지 않고도 다른 사용자를 초대해 채널의 관리를 맡길 수 있음

ⓑ 소유자, 관리자, 편집자, 자막편집자, 뷰어의 권한으로 설정 가능함

ⓒ 채널 권한 역할 유형

구분	역할
소유자	• 모든 플랫폼에서 채널 삭제, 라이브 스트리밍 및 실시간 채팅 관리, 권한 관리 가능, 구글 애즈 계정 연결 가능 • 다른 사람에게 소유권을 이전할 수 없음
관리자	• 모든 채널 데이터 조회, 유튜브 스튜디오에서 권한 관리, 채널 세부정보 수정 가능, 라이브 스트리밍 관리, 콘텐츠(초안 포함) 제작 · 업로드 · 게시 · 삭제, 라이브 스트리밍 관제실에서 채팅 및 채팅 검토, 게시물 작성, 댓글 작성, 구글애즈 계정 연결 가능 • 채널 삭제 권한 없음
편집자	• 모든 채널 데이터 조회, 모든 항목 수정 가능, 콘텐츠 제작 · 업로드 · 게시, 라이브 스트리밍 관리, 라이브 스트리밍 관리, 콘텐츠(초안 포함) 삭제, 라이브 스트리밍 관제실에서 채팅 및 채팅 검토, 게시물 작성, 댓글 작성, 구글애즈 계정 연결 가능 • 채널 또는 게시된 콘텐츠를 삭제, 권한 관리, 계약 체결, 예약된/라이브/완료된 스트리밍 삭제, 스트리밍 키의 삭제 혹은 재설정 권한이 없음
자막 편집자	• 자격 요건을 충족하는 동영상의 자막을 추가, 수정, 게시 및 삭제 가능 • 자막 이외에 편집자 역할로서의 다른 권한은 없음
뷰어	• 모든 채널 데이터 조회는 가능하나 수정은 불가함 • 여러 동영상을 그룹으로 설정해 한 번에 분석할 수 있도록 분석그룹을 설정하고 이를 수정할 수 있음 • 수익 데이터 조회, 만들어진 라이브 스트리밍을 라이브 전에 조회/모니터링 가능, 스트리밍 키를 제외하고 모든 스트리밍 설정 가능 • 라이브 스트리밍을 관리 및 예약된/라이브/완료된 스트리밍을 삭제할 수 없으며, 라이브 관제실에서 채팅하거나 채팅을 검토할 수 없음

ⓔ 유튜브 뮤직, 유튜브 키즈 앱, 유튜브 API에서는 채널 권한 설정 기능을 사용할 수 없음

ⓜ 유튜브 채널의 대리인으로 활동하더라도 유튜브 프리미엄으로 휴대기기에 다른 채널의 동영상을 오프라인에 저장하거나 다른 채널의 게시물에 좋아요 또는 싫어요 표시 등의 커뮤니티 활동, 콘텐츠 검색 및 시청기록, 채널의 사용자 차단, 구독 확인, 영화 및 TV 프로그램 등과 같은 콘텐츠 구매 명세는 비공개 활동으로 처리되어 개인 계정으로만 연결됨

(4) 유튜브 영상 목록 유형

① 인기 급상승 동영상

ㄱ 시청자가 관심을 가질 만한 다양한 동영상과 Shorts 동영상이 주로 표시됨

ㄴ 다음과 같은 유형을 인기 급상승 동영상 목록으로 제시됨

• 다양한 시청자의 관심을 끄는 동영상

- 현혹적이거나, 클릭을 유도하거나, 선정적이지 않은 동영상
- 유튜브와 전 세계에서 일어나고 있는 일들을 다루는 동영상
- 크리에이터의 다양성을 보여 주는 동영상
- 흥미와 새로움을 느낄 만한 동영상

ⓒ 구독자 1,000명 이상의 채널을 기준으로 동영상 조회수 증가 속도, 조회수 증가율, 구독자 증가율, 동영상 업로드 기간, 해당 동영상을 같은 채널에 최근 업로드한 다른 동영상과 비교한 결과 등을 고려함

ⓔ 인기 급상승 동영상 목록은 약 15분마다 업데이트되며, 업데이트될 때마다 목록의 동영상 순위가 오르거나 내려가거나 그대로 유지됨

ⓜ 공개범위를 '공개'로 설정한 동영상만 인기 급상승 동영상 목록으로 제시됨

ⓑ 인기 급상승 동영상 게재 위치는 금전적인 거래의 대상이 아니며, 특정 크리에이터를 우대하지 않음(☞유튜브 광고 조회수는 고려 대상에 포함되지 않음)

② 맞춤 동영상 추천

ㄱ 맞춤 동영상 추천은 현재 시청자가 보고 있는 유사한 주제의 영상 목록이나 각 시청자의 과거 시청 이력을 바탕으로 한 유사한 주제의 영상 목록이 제시됨

ㄴ 유튜브 시청기록 및 검색기록 사용을 중지하면 맞춤 동영상 추천은 제공되지 않음

ㄷ 유튜브는 검색결과, 맞춤 동영상 추천을 제공하기 위해 구글 계정의 활동 데이터를 활용함

ㄹ 유튜브 맞춤 동영상 추천에 영향을 주는 요소는 구독 중인 채널의 영상, 과거 시청기록이 있는 영상, 시청 중인 영상 그리고 이와 관련되거나 유사한 영상 등이 복합적으로 반영됨

ㅁ 동영상 추천의 노출에 그치지 않고 클릭을 유도해 시청이 이루어지도록 썸네일과 제목 등을 잘 만드는 것이 중요함

ㅂ 영상 내용의 하이라이트 부분을 썸네일로 만들고 정확한 정보와 흥미를 유발할 수 있는 제목을 표현하여 클릭을 유도하며, 영상 초반 시청자가 재미를 느끼며 집중할 수 있도록 구성 및 편집하는 것이 좋음

③ 다음 볼만한 동영상

ㄱ 채널을 구독한 시청자에게 '다음 볼만한 동영상' 모듈을 표시해 내 채널의 동영상을 계속 시청하도록 유도함

ㄴ 항상 시청자가 아직 시청하지 않은 콘텐츠가 표시되기에 순환적 콘텐츠의 소비가 가능함

ⓒ 다음 볼만한 동영상 모듈이 표시되는 방식
- 현재 라이브 스트리밍 이벤트가 있는 경우에는 '다음 볼만한 동영상'에 표시
- 시청자가 트루뷰 검색광고를 통해 내 채널을 방문하였으면 프로모션 동영상이 '다음 볼만한 동영상'에 표시
- 시청자가 최근에 내 채널 동영상을 시청했다면, 그 동영상과 가장 연관된 동영상이 표시되고, 동영상 재생이 끝나면 동영상 플레이어 왼쪽 위에 '관련 동영상'에서 썸네일로 표시
- 라이브 스트리밍 이벤트나 검색광고를 통해 방문하거나 시청자가 최근 내 채널 동영상을 시청하지도 않았다면, 채널에서 가장 최근에 업로드한 동영상이 표시

(5) 유튜브 알고리즘

① 유튜브 알고리즘은 불투명하기로 유명하지만, 2016년 구글의 직원이 유튜브 추천 동영상을 결정하는 심층 신경망 관련 문서를 공개해 일정 부분 밝혀지기도 함
② 유튜브에서의 검색 내역, 거주지역, 성별, 기기 종류 등이 포함된 사용자의 유튜브에서의 활동 내역, 그리고 시청 지속 시간과 시청자의 시그널(좋아요, 댓글, 구독, 알림 설정 등)이 콘텐츠 노출에 영향을 미치는 것으로 나타났으며, 꾸준히 업로드된 채널의 콘텐츠가 노출되는 것으로 알려져 있음
③ 조회수
  ㉠ 동영상 캠페인에서 가장 중요한 성과 지표인 조회수 집계 방식은 비공개 상태임(영상의 조회수를 의도적으로 조작하는 어뷰징을 막기 위해서라고 함)
  ㉡ 영상 조회수가 실시간으로 반영되는 것처럼 보이지만, 경우에 따라 최대 24시간까지 걸릴 수도 있다고 함
  ㉢ 유튜브 측에서 조회수가 실제인지 확인하기 위해 일시적으로 조회수를 집계하는 속도를 줄이거나 정지 혹은 변경하여 품질 낮은 재생 횟수는 조회수에 반영하지 않고 삭제하기도 하며, 공유된 영상의 경우는 자동, 수동 재생 여부에 따라 집계의 차이가 있음
④ 검색결과
  ㉠ 구글 검색과 마찬가지로 검색어와 관련성이 높은 결과를 상단에 노출함
  ㉡ 특정 검색어에 대해 조회수만이 아니라 시청자의 참여도, 시청시간, 영상 품질 등에 의해 노출되므로 검색엔진에 적용되는 SEO가 유튜브에도 필요함

(6) 인플루언서 마케팅 활용

① 인플루언서(Influencer)

    ㉠ 영향력 있는 개인이라는 의미

    ㉡ 소셜미디어, 1인 미디어, 온라인 커뮤니티 등 다양한 사용자 간의 관계를 중심으로 타인에게 영향력을 미치며, 플랫폼을 통해 그들에게 잘 소비되는 콘텐츠와 그 안의 메시지를 전달하는 사람을 의미

② 인플루언서 마케팅: 소셜미디어에서 영향력을 행사하는 인플루언서의 입을 빌려 브랜드나 상품을 소비자에게 소개하고 공유하는 마케팅 방식

③ 유튜브 크리에이터를 활용한 콘텐츠 유형

    ㉠ 제품 언박싱 콘텐츠: 새롭게 출시된 제품 또는 일반적으로 흔히 접할 수 없는 고가의 브랜드 상품의 포장을 개봉해 외형, 새로운 기능 등 제품 안내를 제공하는 콘텐츠

    ㉡ PPL(Product in PLacement): 크리에이터의 영상에 브랜드의 제품, 서비스 혹은 로고를 넣어 노출하는 콘텐츠를 말하며, 크리에이터의 일상에 자연스럽게 노출하는 콘텐츠

    ㉢ 유용한 활용법이나 팁 소개(How to) 콘텐츠: 신규 고객 유치는 물론 기존 구매자에게도 더 나은 제품 사용 방법 및 경험을 제공하여 재구매 및 충성고객으로의 전환을 가져오게끔 할 수 있는 콘텐츠

    ㉣ 브이로그(Vlog) 콘텐츠: 다양한 직업의 유튜버들이 자신의 일상생활을 영상화하는 콘텐츠

    ㉤ 실험 콘텐츠: 다양한 기업의 제품을 크리에이티브한 아이디어와 실험적 콘셉트를 통해 구독자의 궁금증을 풀어 주는 콘텐츠 유형

용어설명

브이로그(Vlog)

동영상(Video)과 기록(Log)을 뜻하는 단어의 합성어로 일상을 기록하는 동영상을 말함. 1993년 영국의 BBC에서 방송되었던 〈비디오네이션(Video Nation)〉이라는 시리즈물에서 시청자로부터 비디오로 된 투고물을 받아 그들의 일상을 찍은 영상물로 프로그램을 구성해 방송한 것이 그 시초임

(7) 유튜브를 통한 수익화

① 유튜브 파트너 프로그램(YPP) 개요 및 자격 요건

    ㉠ 크리에이터에게 유튜브 리소스와 수익 창출 기능을 더 폭넓게 사용하는 기회 제공을 목적으로 함

　　ⓛ 유튜브 파트너 프로그램(YPP) 가입 요건
　　　• 유튜브 채널 수익 창출 정책을 준수해야 함
　　　• 유튜브 파트너 프로그램이 제공되는 국가, 지역에 거주해야 함
　　　• 채널에 활성 상태의 커뮤니티 가이드 위반 경고가 없어야 함
　　　• 구글 계정에 2단계 인증을 사용하여 설정해 두어야 함
　　　• 활성 상태의 유튜브용 애드센스 계정 1개가 채널에 연결되어 있거나, 애드센스 계정이 없
　　　　을 때는 유튜브 스튜디오에서 유튜브용 애드센스 계정을 만들어야 함
　　ⓒ 유튜브 스튜디오의 수익 창출 섹션에서 자격 요건을 충족하면 알림 받기를 클릭해 두
　　　면, 자격 요건을 충족하는 시점에 유튜브에서 알림을 받을 수 있음
　　ⓔ 자격요건이 갖춰졌다고 자동으로 YPP에 가입되는 것이 아니라, 신청을 통해서 표준검
　　　토 절차를 통해 확인 후 가입이 승인됨. 가입 이후에도 계속 유튜브 정책 및 가이드라인
　　　을 준수해야만 함
　　ⓜ 6개월 이상 동영상을 업로드하지 않았거나, 커뮤니티 탭에 게시하지 않은 비활성 채널
　　　에 대해서는 유튜브 측에서 수익 창출 사용을 금지할 수 있음
　　ⓗ 유튜브 채널 수익 창출 정책을 위반한 채널은 시청 시간 및 구독자수와 관계없이 수익
　　　창출 자격이 박탈됨
　　ⓢ 유튜브는 플랫폼에 게시된 모든 콘텐츠에 광고를 게재할 수 있기에, YPP 회원이 아니
　　　거나 YPP에 가입한 적이 없을지라도 내 콘텐츠에 광고가 게재될 수도 있음. 그러나 이
　　　러한 경우에 수익 공유분은 지급되지 않음
　② 유튜브 파트너 프로그램(YPP)에서 수익을 창출하는 방법
　　㉠ 광고 수익: 유튜브 보기 페이지 광고(동영상 전후, 중간, 그리고 동영상 주변에 표시되는 광
　　　고)와 Shorts 피드 광고를 통해 수익 창출
　　　• 미드롤 광고(중간광고)가 게재되기 위해서는 유튜브 내 영상 콘텐츠의 길이가 8분 이상이
　　　　어야 함
　　　• 유튜브의 보기 페이지는 유튜브, 유튜브 뮤직, 유튜브 키즈에서 긴 형식이나 라이브 스트
　　　　리밍 동영상의 설명 및 재생을 주요 목적으로 하는 페이지를 의미하며, 광고에서 발생한
　　　　순수익의 55%를 크리에이터에게 지급함
　　　• Shorts 피드 광고의 경우, 수익의 45%를 조회수 비율에 따라 크리에이터에게 지급함
　　㉡ 유튜브 쇼핑: 팬들이 내 스토어의 제품이나 유튜브 쇼핑 제휴 프로그램을 통해 내가 태그한
　　　다른 브랜드 제품을 둘러보고 구매하게 하여 수익 창출

- 자격 요건을 충족하는 크리에이터는 내 스토어를 유튜브에 연결해 콘텐츠에서 내 제품을 추천하거나(자체 제품 판매) 콘텐츠에서 다른 브랜드의 제품을 태그하여 판매할 수 있음
- 유튜브 분석에서 쇼핑 분석을 통해 태그된 제품의 실적 확인이 가능함

ⓒ 채널 멤버십: 채널 회원이 매월 이용료를 내고 크리에이터가 제공하는 특별한 회원 혜택을 사용하도록 하여 수익 창출

ⓔ 슈퍼챗(Super Chat) 및 슈퍼스티커(Super Sticker): 실시간 채팅 중에 메시지를 눈에 띄게 표시하거나 강조하기 위해 구매하여 사용하도록 하여 수익 창출

ⓜ 슈퍼땡스(Super Thanks): 동영상에 대해 감사를 표하고자 하는 시청자를 통해 수익을 창출하는 기능. 일회성 애니메이션을 구매해 눈에 띄는 색상의 댓글을 게시할 수 있음

- 유튜브는 채널 멤버십, Super Chat, Super Sticker, Super Thanks의 순수익의 70%를 크리에이터에게 지급함

ⓗ 유튜브 프리미엄 수익

- 유튜브 프리미엄은 유튜브, 유튜브 뮤직, 유튜브 키즈에서 향상된 동영상 및 음악 감상 환경을 제공하는 유료 멤버십 프로그램
- 구독자가 크리에이터의 콘텐츠를 시청하면 시청자가 지급한 유튜브 프리미엄 구독료를 일부 지급함

ⓢ 각 수익 창출 방법을 사용하기 위해서는 구독자수와 조회수 외에 별도의 자격 요건이 필요함

구분	채널 자격 요건 기준	최소 요건
채널 멤버십	• 구독자수 500명 • 지난 90일간 공개 동영상 업로드 3회 • 지난 365일간 공개 동영상 시청 시간 3,000시간 또는 지난 90일간 공개 Shorts 동영상 조회수 300만 회 이상	• 만 18세 이상 • 채널 멤버십이 제공되는 국가에 거주 • 상거래 제품 부속 약관 또는 이전에 제공된 상거래 제품 관련 추가 조항에 동의함 • 채널이 아동용으로 설정되어 있지 않으며 동영상 상당수가 아동용으로 설정되어 있지 않거나 자격 요건을 불충족하지 않음 • 일부 음악 채널은 사용할 수 없음
Super Chat / Super Sticker		• 만 18세 이상 • Super Chat 및 Super Sticker가 제공되는 국가/지역에 거주(대한민국 가능) • 상거래 제품 부속 약관 또는 이전에 제공된 상거래 제품 관련 추가 조항에 동의함

Super Thanks		• 만 18세 이상 • Super Thanks가 제공되는 국가/지역에 거주(대한민국 가능) • 상거래 제품 부속 약관 또는 이전에 제공된 상거래 제품 관련 추가 조항에 동의함 • 일부 음악 채널은 사용할 수 없음
유튜브 쇼핑 (자체 제품)		• 구독자수 기준을 충족하거나 공식 아티스트 채널임 • 채널이 아동용으로 설정되어 있지 않으며, 동영상 상당수가 아동용으로 설정되어 있지 않음 • 채널에 유튜브 채널 수익 창출 정책을 위반하는 동영상이 많지 않음 • 채널이 증오심 표현에 대한 커뮤니티 가이드 위반 경고를 받지 않았음
유튜브 쇼핑 제휴 (다른 브랜드의 제품)	• 구독자수 10,000명 • 지난 365일간 공개 동영상의 시청 시간 4,000시간 혹은 지난 90일간 공개 Shorts 동영상의 조회수 1,000만 회 이상	• 구독자수 기준 충족 • 대한민국 또는 미국에 거주 • 채널이 음악 채널 또는 공식 아티스트 채널이 아니며, 음악 파트너와 연결되어 있지 않음(음악 파트너에는 음반사, 배급사, 제작사, VEVO 포함) • 채널이 아동용으로 설정되어 있지 않으며, 동영상의 상당수가 아동용으로 설정되어 있지 않아야 함
광고 수익	• 구독자수 1,000명 • 지난 365일간 공개 동영상 시청 시간 4,000시간 또는 지난 90일간 공개 Shorts 동영상 조회수 1,000만 회 이상	• 18세 이상이거나, 유튜브 애드센스를 통해 지급액을 처리할 수 있는 18세 이상의 법적 보호자가 있어야 함 • YPP가 제공되는 국가/지역에 거주 • 관련 계약 부속 약관에 동의함 • 광고주 친화적인 콘텐츠 가이드라인을 준수하는 콘텐츠 제작
유튜브 프리미엄 수익		• 관련 세부 약관에 동의함 • 유튜브 프리미엄 구독자용 콘텐츠 제작

◎ 브랜드 협찬 진행(YouTube Brand Connect, 현재 베타 버전)
  • 브랜디드 콘텐츠 캠페인 확보 기회를 크리에이터에게 제공하는 셀프 서비스 플랫폼으로, 크리에이터는 캠페인을 효과적으로 관리하고, 창작물의 관리 권한을 유지하며, 협업할 대상을 선택하고 관리할 수 있음
  • 브랜드 역시 유튜브 독점의 인플루언서 대시보드를 사용하여 브랜디드 콘텐츠 캠페인을 실행하고, 작업할 크리에이터를 찾아 함께 실행해 나갈 수 있음
  • 최소 자격 요건
    – 만 18세 이상
    – YPP에 가입, 광고 및 유튜브 프리미엄 수익 창출 자격 충족
    – 이용 가능한 국가/지역에 거주 중

　　　　－ 현재 활성 상태의 커뮤니티 가이드 위반 경고 없음

　　　　－ 유튜브 서비스 약관, 커뮤니티 가이드, 플랫폼 정책, 유튜브 수익 창출 정책, 유튜브 Brand Connect 부속 약관 및 관련 약관을 준수해야 함

　• 유튜브 Brand Connect 사용 설정

　　유튜브 스튜디오－수익 창출 탭에서 Brand Connect 시작하기를 선택함

　• 협찬 관리는 유튜브 스튜디오 또는 유튜브 스튜디오 모바일 앱에서 > 세부 정보 보기 > 협찬 관리 > 캠페인(제안－캠페인 동영상－캠페인 실적)으로 구성되어 있음

　• 제안: 브랜드가 크리에이터에 제안하면 크리에이터가 제안에 응답('관심 있음' 또는 '거절') → 지급 조건, 가격, 계약 언어가 포함된 거래 진행 → 브랜드와 직접 계약을 체결하며, 수익금도 브랜드에서 지급함

　• 캠페인 동영상: 콘텐츠를 '일부공개'로 업로드하고 검토 및 승인을 받기 위해 하나 이상의 동영상을 브랜드에 제출 → 브랜드와 의견 조율 → 구글애즈 정책 및 커뮤니티 가이드 준수 검토 및 승인 → 유튜브 스튜디오에서 콘텐츠를 즉시 게시하거나 게시 일정을 브랜드와 합의한 일정에 따라 예약 혹은 게시함

　• 캠페인 실적: 남은 캠페인 기간(일), 내 콘텐츠 조회수, 좋아요 등의 콘텐츠 실적을 파악할 수 있음

ⓩ YPP 신청 거부 및 수익 창출 거부에 대한 이의신청

　• YPP 신청 거부에 대한 이의신청은 신청 횟수에 상관없이 21일 이내에 이의신청 가능함

　• 채널의 동영상 수익 창출 거부에 대한 이의신청은 동영상으로 제작해 유튜브 스튜디오에서 일부공개로 채널에 업로드 후 URL을 복사, 이의신청에서 복사한 URL을 입력해 제출하거나 크리에이티브 지원팀에 문의함

　• 이의신청이 받아들여지면 채널의 YPP 참여가 (재)승인되거나 30일 이내에 수익 창출 기능이 복원됨

　• 이의신청이 최초 거부라면 거부 이메일을 받은 날로부터 30일 후에 YPP 가입을 다시 신청할 수 있으며, YPP에 두 번 이상 정지되거나 거부된 채널이 YPP를 재신청하려면 30일이 아니라, 90일 후에야 재신청할 수 있음(2023년 6월부터)

(8) 유튜브에서 판매하기

① 자격 요건을 충족하는 크리에이터는 내 스토어를 유튜브에 연결해 콘텐츠에서 내 제품을 추천하거나 콘텐츠에서 다른 브랜드의 제품을 태그하여 판매할 수 있음

　• 자체 제품 홍보: 내 스토어를 유튜브 채널과 연결해 채널에서 판매를 통한 수익 창출

- 다른 브랜드의 제품 홍보: 내 콘텐츠에 다른 브랜드의 제품을 태그하여 판매, 수수료를 통한 수익 창출

② 유튜브에서 판매를 위해서는 자격 요건 충족이 필요
- 동일 조건
  - YPP 가입, 대한민국 또는 미국에 거주해야 함
  - 채널의 시청자층이 아동용으로 설정되어 있지 않으며, 채널에 아동용으로 설정된 동영상이 많지 않아야 함
  - 채널에 활성 상태의 커뮤니티 가이드 위반 경고가 없어야 함
- 자체 제품 홍보
  - 구독자 기준 수 충족(500명 이상, 1년간 동영상 시청 시간 3,000시간 이상 혹은 지난 90일간 Shorts 300회 이상) 혹은 공식 아티스트 채널
- 다른 브랜드의 제품 홍보(= 쇼핑 제휴 프로그램 참여)
  - 채널 구독자수 10,000명 이상, 1년간 동영상 시청 시간 4,000시간 이상 혹은 지난 90일간 Shorts 1,000회 이상
  - 채널이 음악 채널 또는 공식 아티스트 채널이 아니며, 음악 파트너와 연결되어 있지 않음 (음반사, 배급사, 제작사, VEVO가 포함)

③ 스토어 연결
- 지원되는 플랫폼(카페24, Shopify) 또는 쇼핑 제휴사를 이용하는 경우는 공식 스토어와 유튜브를 연결함

④ 내 스토어 제품 관리
- 유튜브 스튜디오 또는 유튜브 스튜디오 모바일 앱을 사용해 동영상, Shorts 동영상, 라이브 스트리밍에서 동영상의 설명 부분, 동영상 아래 혹은 옆에 있는 제품 세션 부분, 또한 쇼핑 버튼 부분에 표시되도록 제품을 구성할 수 있고, 제품 배열 순서 등을 설정할 수 있음
- 채널 스토어로 연결되는 링크를 걸거나 시청자가 원하는 컬렉션을 만들어 공유할 수도 있음
- 채널 및 개별 동영상, 개별 Shorts에서 쇼핑 기능을 일시적으로 삭제, 완전 해제가 언제든지 가능함

⑤ 콘텐츠에 제품을 태그하기 위해서는 태그 가이드라인을 준수해야 함
- 태그 가이드라인
  - 콘텐츠에서 제품이 쉽게 식별 가능하며, 비중 있게 나와야 함
  - 제품이 콘텐츠와 유의미한 관련성이 있어야 함
  - 콘텐츠에 표현된 제품을 보고 시청자가 제품에 대해 자세히 알아보거나 구매하려는 마음

이 들 수 있어야 함
  - 제품을 용도에 맞게 사용해야 함. 즉, 제조업체의 의도와 일치하고 안전한 사용을 장려하는 방식으로 제품을 사용하는 것이어야 함
  - 유튜브는 제품 태그를 검토하며 가이드라인을 준수하지 않는 태그를 삭제하고, 미준수 태그가 반복 사용되면 채널은 제휴 프로그램을 이용하지 못하도록 조치함
- 다음과 같은 경우에는 콘텐츠에 제품 태그가 표시되지 않음
  - 콘텐츠의 시청자층이 아동용으로 설정되어 있음
  - 콘텐츠에 이미 '티켓 판매' 또는 '기부'가 표시되고 있음
  - 콘텐츠가 저작권을 침해한 것으로 신고되어 있음
  - 콘텐츠가 수익 창출이 제한되거나 요건을 미충족하는 것으로 간주됨
  - 콘텐츠에 Creator Music의 수익 공유 트랙이 포함되어 있음
  - 시청자의 위치가 지원되는 국가/지역이 아님
  - 시청자가 콘텐츠를 모바일 브라우저, 스마트 TV 또는 게임 콘솔에서 시청 중임
  - 승인된 상품의 재고가 없음
⑥ 태그된 제품을 통한 활동
- 프로모션 및 가격 인하
- 제품 출시
- 실시간 Q&A
- 컬렉션
⑦ 컬렉션 사용
- 컬렉션을 통해 시청자가 테마에 맞는 추천 제품을 쉽게 쇼핑하도록 제시할 수 있음
- 채널 스토어에 가장 최근 컬렉션이 표시되고 제품 목록 및 동영상 설명에 각 시청자와 가장 관련성이 높은 컬렉션이 표시됨
- 컬렉션을 만들려면 제품을 3개 이상 선택해야 하며, 최대 30개의 제품을 컬렉션에 추가할 수 있음
- 커버 이미지, 제목, 설명, 제품 등 컬렉션의 세부 정보를 입력함
⑧ 다른 브랜드의 제품 홍보를 위해서는 유튜브 스튜디오 수익 창출 메뉴에서 제휴 프로그램 서비스 약관에 동의하고 프로그램에 가입 및 참여해야 함
- 판매자 목록에서 태그 지정, 수수료 비율 확인, 프로모션 또는 샘플 요청 등이 가능함
- 브랜드와 제휴사가 각 제품의 수수료율과 기여 산정 기간을 설정해 제시하고 있음
- 시청자가 태그된 제품을 클릭하고 구매하면 수수료가 지급되는데, 고객 반품을 고려해 구매

후 60~120일 이내에 유튜브용 애드센스를 통해 지급됨(고객이 제품을 반품하면 수수료는 취소됨)

⑨ 유튜브 쇼핑 분석을 통해 태그된 제품의 실적을 확인할 수 있음

(9) 광고 게재 설정과 광고 노출

① 콘텐츠에 광고 게재 설정
  ㉠ 프리미엄 서비스를 이용하지 않는 시청자에게 광고가 노출됨
  ㉡ 크리에이터가 콘텐츠에 광고 게재 시점, 광고 개수, 미드롤 사용 여부를 직접 설정할 수 있음
  ㉢ 광고 시점 설정
    • 크리에이터가 광고 시점을 자동으로 설정하면, 유튜브에서 자동으로 장면 변화, 대화가 끝나는 시점, 주제 전환 등 적합한 광고 게재 시점을 찾아 광고를 매치함
    • 또는 크리에이터가 직접 콘텐츠에 광고 게재 시점을 설정할 수 있음
  ㉣ 광고 개수 설정
    • 크리에이터가 광고 개수를 자동으로 설정하면, 광고의 수는 영상 길이가 아니라 적합한 시점이 몇 개인지에 따라 다르게 적용됨
    • 크리에이터가 직접 콘텐츠에 광고 개수를 설정할 수도 있음
  ㉤ 광고 형식 설정
    • 이전에는 크리에이터가 광고 형식을 개별 선택할 수 있었던 것과 다르게, 모든 광고 형식(미드롤 제외) 사용이 기본 설정임
    • 즉, 미드롤을 제외한 프리롤, 포스트롤, 건너뛸 수 있는 광고, 건너뛸 수 없는 광고 형식 사용 혹은 중지를 개별적으로 선택할 수 없고, 모든 광고 형식을 사용하는 것이 기본 설정임
    • 단, 미드롤(중간광고)의 사용 선택은 8분 이상의 영상에서 사용 여부를 설정할 수 있음
② 민감한 광고 게재 설정
  ㉠ 유튜브 채널 및 동영상에 민감한 광고 게재 허용 설정이 가능함(유튜브 애드센스 계정 → 채널 페이지에서 민감한 카테고리 관리 → 차단/허용 선택)
  ㉡ 제한된 민감 카테고리: 도박과 배팅, 주류 판매와 주류 브랜드 광고. 만 18세 미만의 청소년이 주로 방문하는 사이트(청소년 게임 사이트, 고등학생 대상 교육 사이트 등)의 경우 도박 관련 광고를 차단, 만 18세 미만의 청소년이 주로 방문하는 사이트 또는 주류 관련 내용이 부적절할 수 있는 콘텐츠가 포함된 사이트(알코올 중독 치료 사이트 또는 임산부용

웹사이트 글)의 경우 주류 관련 광고를 차단하도록 설정함

ⓒ 일반적인 민감 카테고리: 피임, 점성술, 성형수술 및 체형교정, 대출, 데이트, 의약품, 보조식품, 정치, 종교, 성에 대한 언급, 선정성, 성생활 및 임신 건강, 상당한 피부 노출, 소셜 카지노 게임, 비디오 게임, 체중감량 광고

ⓔ 유료 PPL, 스폰서십, 직접 광고 또는 기타 상업적 이해관계가 있는 경우에는 동영상 콘텐츠에서 '유료 프로모션이 포함되어 있음' 옆에 있는 체크박스를 선택함

ⓜ 개인 맞춤 광고 사용 중지: 유튜브 스튜디오에서 채널 → 고급 설정 → 관심 기반 광고 사용 중지를 선택함

ⓗ 퍼 간 동영상의 수익 공유: 삽입된 동영상에서 광고로 창출된 수익은 유튜브와 동영상 소유자에게만 제공되며, 동영상을 삽입한 사이트 소유자에게는 수익이 공유되지 않음

③ 광고주 친화적인 콘텐츠 가이드라인

ⓐ 다음과 같은 주제는 경우에 따라 '광고 제한' 또는 '광고 배제' 상태가 될 수 있음

- 부적절한 언어
- 폭력
- 성인용 콘텐츠
- 충격적인 콘텐츠
- 유해한 행위 및 신뢰할 수 없는 콘텐츠
- 증오성 콘텐츠 및 경멸적인 콘텐츠
- 기분 전환용 약물 및 마약 관련 콘텐츠
- 총기 관련 콘텐츠
- 논란의 소지가 있는 문제
- 민감한 사건
- 부정 행위 조장
- 아동과 가족에게 부적절한 콘텐츠
- 도발, 비하
- 담배 관련 콘텐츠

ⓑ 뮤직비디오와 같은 예술적 콘텐츠는 앞과 같은 요소를 포함하더라도 맥락에 따라서 광고가 게재되기에 적합할 수도 있음

④ 유튜브 동영상 또는 Shorts 광고 게재 결정 요소

ⓐ 동영상에서 재생되는 광고는 관심 분야에 맞춰 게재되며, 사용자의 구글 광고 설정, 시

청한 콘텐츠, 로그인 여부를 바탕으로 선정됨

     ⓛ 로그인했을 때: 조회한 동영상의 유형, 기기에 있는 앱 및 앱 사용 현황, 방문한 웹사이트, 휴대기기와 연결된 익명 식별자, 구글 광고 또는 광고 서비스와의 이전 상호작용, 지리적 위치, 연령대, 성별, 유튜브 동영상 상호작용에 따라 광고가 게재됨

     ⓒ 로그인하지 않았을 때: 사용자의 연령대, 성별 등 구글 계정 정보, 구글애즈 등 구글 서비스에서의 기타 활동, 방문한 웹사이트 및 모바일 기기에서의 앱 활동(시청한 콘텐츠 등)을 바탕으로 결정됨

     ⓔ 동영상에 게재되는 광고 관리를 위해 유튜브 시청기록을 조회, 삭제, 일시중지 할 수 있음

     ⓜ 동영상을 시청하는 동안 좋아요, 또는 싫어요로 광고를 평가해 달라는 요청을 받을 수 있는데, 이에 따라 피드백도 가능함

(10) 유튜브 커뮤니티 가이드라인

① 스팸 및 기만 행위

     ㉠ 스팸 및 기만 행위, 사기 관련

- 동영상 스팸, 혼동을 일으키는 메타데이터 또는 썸네일, 사기에 관한 콘텐츠
- 인센티브 스팸: 조회수, 좋아요수, 댓글수와 같은 참여도 측정 항목이나 그 외 다른 유튜브 측정 항목을 판매하는 콘텐츠. 구독자수, 조회수 또는 기타 측정 항목을 늘리는 것이 유일한 목적인 콘텐츠
- 댓글 스팸: 이용자의 개인정보를 수집하거나 잘못된 정보로 이용자를 유튜브 외부 사이트로 유인하거나 앞에 설명된 금지 행동을 하는 것을 유일한 목적으로 작성된 댓글
- 반복되는 댓글: 내용이 같거나 뚜렷한 대상이 없거나 반복적인 대량의 댓글
- 서드파티(3rd Party) 콘텐츠: 승인되지 않은 서드파티 콘텐츠를 포함하며, 악용 가능성에 대한 반복된 경고에도 수정되지 않은 라이브 스트리밍 등

     ㉡ 명의 도용 관련

- 채널 명의 도용: 타인의 채널과 비슷하게 보이도록 다른 채널의 프로필, 배경 또는 전반적인 디자인 및 분위기를 모방한 채널
- 개인 명의 도용: 타인이 게시한 것처럼 보이도록 의도한 경우

     ㉢ 외부 링크 관련

- 음란물로 연결되는 링크
- 멀웨어(악성 소프트웨어)를 설치하는 웹사이트나 앱으로 연결되는 링크

- 사용자의 로그인 사용자 인증 정보, 금융 정보 등을 피싱하는 웹사이트 또는 앱으로 연결되는 링크
- 일반적으로 요금 결제가 필요한 오디오 콘텐츠, 시청각 콘텐츠, 정식 버전의 비디오 게임, 소프트웨어 또는 스트리밍 서비스에 무료로 무단 액세스할 수 있는 웹사이트, 앱 또는 기타 정보 기술로 연결되는 링크
- 테러 조직을 위해 모금 또는 조직원 모집 활동을 하는 웹사이트로 연결되는 링크
- 아동 성적 학대 이미지가 포함된 사이트로 연결되는 링크
- 유튜브 규제 상품 가이드에 명시된 상품의 판매 사이트로 연결되는 링크
- 유튜브에 업로드되면 증오심 표현 또는 괴롭힘 방지 정책을 위반할 콘텐츠로 연결되는 링크
- 다른 사람의 폭력적인 행동을 조장하는 콘텐츠로 연결되는 링크
- 현지 보건 당국 또는 세계보건기구(WHO)의 코로나19 관련 의료 정보와 상충하는 잘못된 의료 정보를 퍼뜨리는 콘텐츠로 연결되는 링크
- 민주적 절차에 지장을 주는 등 심각한 위험을 초래할 수 있는 혼동을 일으키거나 기만적인 콘텐츠를 퍼뜨리는 웹사이트 또는 앱으로 연결되는 링크
- 폭행 가해자의 선언이 포함된 외부 사이트로 연결되는 링크

② 허위 참여 관련
- 자동화 시스템을 사용하거나 시청자가 의도하지 않은 동영상을 보게 하는 등의 방법으로 조회수, 좋아요수, 댓글수 또는 기타 측정 항목을 인위적으로 늘리는 행위 금지
- 시청자의 참여(조회수, 좋아요, 댓글 등)를 유도하기 위한 목적으로만 존재하는 콘텐츠 금지

⑩ 재생목록 관련
- 음란하거나 충격 또는 혐오감을 주려는 의도의 이미지로 구성되어 있는 등 커뮤니티 가이드를 위반하는 미리보기 이미지, 제목, 설명이 있는 재생목록 금지
- 재생목록에 실제로는 없는 동영상을 보게 될 것이라고 시청자의 오해를 일으키는 제목이나 설명이 있는 재생목록은 금지
- 가이드라인을 위반해 삭제된 동영상은 재생목록 내에서도 삭제하고, 재생목록 공개 시 유튜브 가이드라인을 준수해야 함

② 민감한 콘텐츠
㉠ 과도한 노출 및 성적인 콘텐츠
- 성행위 장면, 비디오 게임, 음악 등 실제 상황을 담은 콘텐츠, 각색된 콘텐츠, 삽화, 애니메

이선 콘텐츠에 적용됨
- 성적인 콘텐츠가 포함되어 있지만 그 수준에 따라 삭제 혹은 콘텐츠에 연령제한을 적용할 수 있음
- 교육, 다큐멘터리, 과학 또는 예술을 주목적으로 하고 내용상 꼭 필요한 경우 성적인 콘텐츠가 허용될 수 있음

ⓛ 썸네일 관련
- 썸네일에도 유튜브의 커뮤니티 가이드라인이 적용됨
- 일부는 커뮤니티 가이드를 위반하지는 않았지만, 일부 시청자에게 적합하지 않아 연령제한이나 썸네일 삭제 조치가 적용될 수도 있음

ⓒ 아동 보호 관련
- 미성년자의 성적 대상화 금지
- 미성년자와 관련된 유해 내용 및 위험 행위 금지
- 미성년자와 가족을 대상으로 하지만 어린이 시청자에게 적합하지 않은 외설적이거나 음란한 내용을 다루고 있는 가족 콘텐츠 금지
- 미성년자가 연루된 사이버 폭력 및 괴롭힘 금지
- 성인 또는 미성년자가 모방할 수 있는 유해하거나 위험한 행위를 내용으로 하거나, 성인용 주제가 담긴 가족 콘텐츠(성인을 주시청자층으로 하는 경우), 저속한 언어를 사용하는 경우 등은 콘텐츠에 연령제한이 적용되어야 함

ⓔ 자살, 자해 및 섭식 장애 관련
- 자살과 자해를 조장하거나, 충격 또는 혐오감을 불러일으키려는 목적으로 제작되었거나, 시청자에게 상당한 위험을 초래할 수 있는 콘텐츠는 유튜브에서 허용되지 않음
- 자살, 자해 또는 섭식 장애 관련 주제를 포함하는 콘텐츠를 만들 때는 이러한 콘텐츠가 미성년자 등에게 미칠 수 있는 부정적인 영향을 고려해야 함

ⓜ 저속한 언어 관련
- 저속한 언어(만 18세 미만의 시청자에게 적합하지 않은 언어 표현 사용) 콘텐츠에는 연령제한 조치, 혹은 콘텐츠 삭제, 경고 조치를 받을 수 있음

③ 폭력적이거나 위험한 콘텐츠
ⓐ 유해하거나 위험한 콘텐츠
- 매우 위험한 챌린지, 즉각적인 신체적 상해의 위험이 있는 챌린지, 위험하거나 위협적이며 짓궂은 장난, 피해자가 즉각적이고 심각한 신체적 위험을 우려하게 하거나 미성년자에게 심각한 정신적 고통을 초래하는 짓궂은 장난, 심각한 상해나 사망의 위험이 있는 성인

의 행위, 미성년자의 정서나 신체적 건강을 위협하는 콘텐츠 등
- 사람을 죽이거나 해치는 방법, 폭발물, 총기류 등 무기 관련 콘텐츠
- 절도 방법 안내, 본래 결제가 필요한 콘텐츠, 소프트웨어, 서비스에 무단 액세스하는 방법을 시청자에게 알려 주는 콘텐츠, 해킹이나 피싱 방법을 알려 주는 콘텐츠 등

ⓛ 폭력적이거나 노골적인 콘텐츠
- 특정 개인 또는 집단을 상대로 폭력적인 행위를 가하도록 다른 사람을 선동하는 내용, 미성년자가 관여된 싸움, 교통사고, 자연재해, 전쟁 또는 테러 공격 여파, 길거리 싸움, 신체적 공격, 분신, 고문, 시체, 시위 또는 폭동, 강도 행위, 의료 시술을 비롯해 시청자에게 충격 또는 혐오감을 주려는 의도의 기타 사건이 담긴 영상, 오디오 또는 이미지, 시청자에게 충격 또는 혐오감을 주려는 의도로 피나 구토물과 같은 체액을 보여 주는 영상 또는 이미지, 사지 절단 등 부상 정도가 심각한 시체를 보여 주는 영상 등
- 동물 학대 콘텐츠
- 영상이 각색되었거나 가상으로 연출된 사실임을 알 수 있는 정보를 시청자에게 충분히 제공하지 않은 상태에서 가이드라인에서 금지한 내용으로 각색하거나 가상으로 연출한 영상
- 교육, 다큐멘터리, 과학 또는 예술적 맥락을 제공했더라도 폭력적이고 신체적인 성폭력(동영상, 정지 이미지 또는 오디오)이 담긴 콘텐츠, 무기, 폭력 또는 부상 당한 피해자가 보이거나 그러한 소리가 들리는 치명적이거나 중대한 폭력 사건을 가해자가 촬영한 영상과 같은 콘텐츠는 허용되지 않음

ⓒ 폭력적인 극단주의 또는 범죄 조직 관련
- 폭력적인 범죄 조직을 찬양, 홍보 또는 지원하려는 의도로 제작된 콘텐츠는 유튜브에서 허용되지 않음

ⓔ 증오심 표현 관련
- 연령, 계급, 장애, 민족, 성 정체성 및 성 표현, 국적, 인종, 이민 신분, 종교, 성별, 성적 지향, 큰 폭력 사건의 피해자와 그 친인척, 군필 여부 등과 같은 특성을 문제 삼아 개인이나 집단에 대한 폭력 또는 혐오감을 조장하는 콘텐츠는 삭제됨

ⓜ 괴롭힘 및 사이버폭력 관련
- 개인의 타고난 특성을 이유로 지속적이거나 악의적으로 모욕하는 콘텐츠는 허용되지 않음
- 미성년자에게 수치심을 주거나, 사기성 정보를 제공 혹은 모욕감을 주기 위한 의도로 업로드된 콘텐츠는 허용되지 않음

④ 규제 상품

○ 불법 또는 규제 상품과 서비스 판매 관련

　• 콘텐츠 게시 목적이 다음과 같은 상품의 직접 판매나 접근성을 높이기 위한 링크를 걸기
　　위한 것이면 콘텐츠 게시가 허용되지 않음
　　　– 주류
　　　– 은행 계좌 비밀번호, 훔친 신용카드 또는 기타 금융 정보
　　　– 위조문서 또는 통화
　　　– 통제 대상 마약 및 기타 약물
　　　– 폭발물
　　　– 장기
　　　– 멸종위기의 동식물 또는 멸종위기 동식물의 일부 부위
　　　– 총기 및 특정 총기 액세서리
　　　– 전자담배를 포함한 니코틴 제품
　　　– 아직 구글 또는 유튜브의 검토를 받지 않은 온라인 도박 사이트
　　　– 처방전 없는 약품
　　　– 성매매 또는 에스코트 서비스
　　　– 무면허 의료 시술
　　　– 인신매매

　• 중독성 마약이나 처방전 없이 의약품을 구입할 수 있는 링크나 연락처(전화번호, 이메일,
　　기타 연락 수단 등)를 콘텐츠에 제공하는 경우 채널이 폐쇄될 수 있음

　• 대마초 판매점을 홍보하는 콘텐츠, 전자담배 액상 니코틴의 브랜드를 리뷰하는 콘텐츠는
　　연령제한 콘텐츠에 해당됨

○ 총기류 관련

　• 총기를 판매하려는 의도로 제작된 콘텐츠나 시청자에게 총기와 탄약, 특정 액세서리의 제
　　조 방법을 안내하거나 액세서리의 장착 방법을 안내하는 콘텐츠는 유튜브에서 허용되지
　　않음

　• 3D 프린팅 총기를 발사하는 모습, 완전 자동소총을 영화 같은 예술 콘텐츠에서 사용하는
　　모습 등은 연령제한 콘텐츠에 해당할 수 있으며, 뉴스 영상, 교전 지역 영상과 같은 공익
　　콘텐츠의 경우는 예외로 인정될 수도 있음

⑤ 잘못된 정보

○ 잘못된 정보 관련

　• 혼동이나 사용자를 기만하는 정보로 큰 피해를 가져올 위험이 있는 특정 유형의 콘텐츠는

유튜브에서 허용되지 않는데, 실제적인 위험을 초래할 수 있는 특정 유형의 잘못된 정보, 기술적으로 조작된 특정 유형의 콘텐츠 또는 민주적 절차를 방해하는 콘텐츠가 포함됨

- 인구 조사 참여를 방해할 잘못된 정보가 담긴 콘텐츠
  - 인구 조사 시간, 장소, 수단, 자격 요건과 관련하여 참여자에게 거짓 정보를 제공하는 콘텐츠
  - 인구 조사 참여를 포기하도록 조장하는 허위 주장이 담긴 콘텐츠(예를 들어, 응답자의 이민 신분이 사법 당국에 보고된다는 허위 주장으로 인구조사에 참여하지 않게 하는 콘텐츠)
- 조작된 콘텐츠
  - 사용자에게 큰 피해를 줄 만큼 기술적으로 조작된 콘텐츠
  - 부정확한 번역으로 인해 큰 피해를 야기할 수 있을 만한 콘텐츠
- 출처가 잘못된 콘텐츠
  - 과거에 발생한 사건을 최신 사건의 영상인 것처럼 보여 주는 콘텐츠
  - 실제로는 다른 장소나 사건에 관한 콘텐츠인데 특정 장소를 기록한 것처럼 잘못 제시된 콘텐츠

ⓛ 잘못된 선거 정보 관련
- 유권자의 투표를 방해할 수 있는 허위 주장
  - 투표 시간, 장소, 수단, 자격 요건과 관련하여 유권자에게 거짓 정보를 제공하는 콘텐츠 또는 투표 포기를 심각하게 조장할 수 있는 허위 주장
- 현 정치권 후보자 및 재임 중인 선출 정부 공무원의 특정한 자격 요건(연령, 시민권, 생사 여부 등)과 관련된 허위 사실을 유포하는 콘텐츠
- 민주적 (투표) 절차에 지장을 주도록 타인을 선동하는 콘텐츠
- 국가 원수를 결정하는 과거 특정 선거에서 대대적인 사기, 오류 또는 결함이 발생했다는 허위 사실을 유포하는 콘텐츠. 또는 해당 선거의 인증된 결과가 거짓이라고 주장하는 등 선거의 공정성을 부정하는 콘텐츠

ⓒ 잘못된 의료 정보 관련
- 특정 질병 및 물질에 대한 지침과 상반되는 잘못된 의료 정보를 퍼뜨려서 큰 피해를 야기할 심각한 위험이 있는 콘텐츠는 허용하지 않음
- 잘못된 예방 정보
  - 특정 질병의 예방이나 전염 또는 현재 승인 및 접종 중인 백신의 안전성, 효능, 성분과 관련하여 보건 당국의 지침에 상반되는 정보를 홍보하는 콘텐츠는 허용하지 않음
- 잘못된 치료 정보

- 현지 보건 당국 또는 세계보건기구로부터 승인받지 않았거나 보건 당국의 지침에 상반되는 정보를 홍보하는 콘텐츠는 허용되지 않음
  - • 질병을 부인하는 잘못된 정보
    - 특정 질병의 존재를 부인하는 콘텐츠는 허용하지 않음
- ⑥ 유튜브 가이드라인 위반 시 조치
  - ㉠ 최초 위반일 경우: 일반적으로 '주의' 부여
    - • 크리에이터가 위반한 특정 커뮤니티 가이드 정책에 따라 제공되는 짧은 교육인 정책교육을 수료하면 주의는 90일 후에 소멸
    - • 90일 안에 동일 정책을 위반하면 채널에 '1차 경고' 부여
  - ㉡ 1차 경고 부여 시
    - • 동영상 또는 라이브 스트리밍 업로드, 라이브 스트리밍, 동영상 공개 일정 예약(예약된 공개 콘텐츠는 제재 기간 동안 비공개로 설정), 프리미어 동영상 만들기, 맞춤 썸네일 또는 커뮤니티 게시물 만들기, 재생목록에 공동작업자 만들기, 수정 또는 추가, 보기 페이지에서 저장 버튼을 사용하여 재생목록 추가 또는 삭제할 수 없음
  - ㉢ 2차 경고: 1차 경고로부터 90일 이내에 2차 경고를 받으면 2주 동안 콘텐츠를 게시할 수 없음
  - ㉣ 90일 이내에 3차 경고를 받으면 채널이 영구 삭제됨

(11) 유튜브 크리에이터 어워즈

- ① 자격 기준
  - ㉠ 구독자수 충족
    - • 실버: 구독자수 10만 명 이상
    - • 골드: 구독자수 1백만 명 이상
    - • 다이아몬드: 구독자수 1천만 명 이상
    - • 레드 다이아몬드: 구독자수 1억 명 이상
  - ㉡ 채널 활성 상태(지난 6개월 이내에 업로드한 동영상이 있어야 함)
- ② 자격 조건
  - ㉠ 현재 커뮤니티 가이드를 위반한 사항이 없고, 지난 365일 동안 위반에 대한 고지를 받은 적이 없어야 함
  - ㉡ 유튜브 서비스 약관을 준수해야 함

ⓒ 유튜브 파트너 프로그램(YPP) 참여가 정지되지 않았어야 함(단, YPP 회원이 아니어도 수상자가 될 수 있음)

ⓔ 채널이 해지되었거나 해지된 계정에 연결되어 있으면 안 됨

ⓜ 현혹적이거나 스팸성 또는 사기성 콘텐츠가 없어야 함

ⓗ 콘텐츠 대부분이 오리지널 콘텐츠여야 함

ⓢ 유튜브 크리에이터 어워즈 수상자는 각 채널의 충족 여부에 대한 심사와 더불어 유튜브 재량에 따라 결정됨

(12) 유튜브 스튜디오를 통한 관리

① 유튜브 스튜디오

　ⓐ 크리에이터를 위한 공간으로 채널의 인지도 관리, 채널 성장, 시청자와의 소통, 수익 창출 등 모든 활동을 한곳에서 관리 가능한 도구

　ⓑ 채널 대시보드에서 채널의 새로운 활동과 소식을 대략 파악 가능

　ⓒ 유튜브 스튜디오 대시보드 탐색

- 채널 위반 사항: 커뮤니티 가이드에 따른 주의, 경고 또는 이의신청 결과 표시
- 최신 콘텐츠 실적: 최신 동영상 또는 라이브 스트리밍 실적 개요 표시
- 게시 동영상: 최근에 게시한 동영상에 대한 개요 표시
- 최신 게시물: 최신 게시물을 이용한 시청자의 참여도에 대한 개요 표시
- 중요 알림: 채널과 동영상에 관한 중요한 메시지(수익 창출을 위한 승인 여부, 저작권 위반 경고 및 신고 여부) 표시
- 개요: 시청 시간, 구독자수, 조회수 기록에 대한 개요 표시
- 채널 분석: 최근 28일간의 채널 시청 시간, 조회수, 구독자수 표시
- 최신 댓글: 응답하지 않은 최신 댓글들에 대한 개요 표시
- 최근 활동: 채널의 새로운 구독자 및 회원 목록 표시
- 뉴스: 유튜브 전반의 최신 업데이트 표시
- Creator Insider: Creator Insider 채널의 최신 동영상 표시
- 스튜디오의 새로운 기능: 크리에이터 도구 및 기능의 최신 업데이트 정보 표시
- 나만을 위한 아이디어: 내 채널을 위한 맞춤 추천과 권장 사항 표시
- 최근 구독자수: 채널의 최근 구독자가 목록으로 표시
- 알려진 문제: 여러 채널이나 사용자에게 영향을 주며 지속되고 있는 유튜브의 문제 표시

② 애널리틱스(Analytics)를 통한 채널/동영상 실적 분석

   ㉠ 애널리틱스 탭에서는 채널과 동영상의 실적을 볼 수 있음

   ㉡ 개요

- 최신 콘텐츠: 최신 동영상의 조회수, 클릭률과 평균 시청 시간 표시
- 인기 리믹스: 콘텐츠가 Shorts 동영상 제작에 사용된 횟수와 리믹스 조회수 표시
- 인기 콘텐츠: 조회수를 기준으로 인기 동영상 표시
- 실시간(realtime): 실시간 보고서는 최근 게시한 동영상 중 인기 동영상, 구독자수와 같은 실적을 제공함. 확장보고서를 통해서 60분 단위, 그리고 48시간 단위로 비교 가능
- 구독자수가 1,234명일 경우는 1.23K로 표기, 1,234,567명일 경우는 1.23M으로 표기되며, 크리에이터가 폐쇄하거나 정책 위반으로 유튜브에서 해지된 계정 또는 스팸 구독자(제3자 서비스를 통해 구독자를 매수하는 등 인위적인 수단으로 얻은 구독자)수는 총 구독자수에 포함되지 않으며, 조회수나 시청 시간에 반영되지 않음
- 분석에 사용될 만큼 충분하지 않은 인구통계학적 데이터, 키즈용 콘텐츠를 시청하거나 커뮤니티 가이드를 위반한 콘텐츠를 시청한 오디언스 데이터, 국가와 관련된 지리적 데이터, 그리고 외부 URL을 통해 얻는 데이터와 같은 일부 데이터는 유튜브 애널리틱스에서 제한적 사용

   ㉢ 콘텐츠(채널 수준)

- 전체, 조회수(views), Shorts, 라이브, Posts, Playlist로 구분하여 표시
- 조회수(views): Shorts, 동영상, 라이브 스트리밍의 조회수
- 노출수(impressions) 및 노출수가 시청 시간에 미치는 영향: 시청자에게 썸네일이 보인 횟수(노출수), 썸네일 클릭을 통해 조회가 발생한 빈도(CTR, 클릭률). 이를 통한 최종 시청 시간을 나타냄
  - 썸네일은 유튜브 시청, 유튜브 검색, 유튜브 홈페이지, 유튜브 피드, 다음 볼만한 동영상 목록 등에서 1초 이상 표시되고 화면에 썸네일의 50% 이상이 표시되어야 노출수로 집계
  - 외부 웹사이트 및 앱(예: 유튜브 웹사이트 외부의 링크 및 삽입), 유튜브 키즈 앱, 유튜브 뮤직 앱, 동영상 플레이어 내 콘텐츠(예: 카드 또는 최종화면), 이메일 또는 알림, 배경 탭에서 재생되는 동영상(표시되는 노출 없음)은 노출수로 집계되지 않음
- 게시된 콘텐츠: 유튜브에 게시한 동영상, Shorts 동영상, 라이브 스트리밍, 그리고 게시물의 수 표시
- 유형별 시청자수: 유형별(동영상, Shorts, 라이브 스트리밍)로 콘텐츠를 소비하는 시청자가

어떻게 나뉘고 중복되는지를 나타냄
- 시청자가 내 콘텐츠를 발견한 방법: 탐색 기능, Shorts 피드, 추천 동영상, 유튜브 검색, 채널 페이지 등에서 어떻게 콘텐츠를 발견했는지 나타냄
- 구독자수: 동영상, Shorts 동영상, 라이브 스트리밍, 포스트, 기타(유튜브 검색 및 채널 페이지)의 콘텐츠 유형별로 유입된 구독자수를 나타냄. 이는 구독자로 전환을 이끄는 데 가장 효과적인 콘텐츠 유형이 무엇인지를 파악하는 데 도움이 됨
- 동영상: 주요 측정 항목(조회수, 평균 시청 시간, 노출수, 클릭률), 시청 지속 시간의 주요한 순간 비교(최신 동영상 10개씩 비교 가능), 동영상으로의 유입 경로, 인기 동영상
- Shorts: 주요 측정 항목(조회수, 좋아요수, 구독자수), Shorts 동영상으로의 유입 경로, 피드에 표시된 횟수, 조회수 대비 이탈률, 인기 Shorts 동영상, 인기 리믹스(리믹스 조회수, 총 리믹스수, 인기 리믹스 콘텐츠)
- 라이브: 주요 측정 항목(조회수, 평균 시청 시간, 노출수, 클릭률), 내 라이브 스트리밍의 유입 경로, 인기 라이브 스트리밍
- 게시물: 노출수, 좋아요수, 구독자수, 인기 게시물
- 재생목록: 지난 28일간의 인기 재생목록 5개가 표시됨. 재생목록별로 개요, 콘텐츠, 시청자층, 수익 등의 실적 확인 가능

ㄹ 도달범위(동영상 수준)
- 트래픽 소스 유형: 콘텐츠 유입 경로(유튜브 보기 페이지, 내 유튜브 채널, 다른 유튜브 채널, 유튜브 홈, 유튜브 검색, 유튜브 광고, 게시물, 구독 피드, 구독 채널 목록, 폐쇄된 계정, 외부, 공식 아티스트 채널, 기타)
- 외부: 콘텐츠 유입 외부 경로(유튜브 동영상을 퍼 가거나 동영상으로 연결되는 링크를 추가한 웹사이트 및 웹에서 발생한 트래픽), 직접 입력 또는 알 수 없는 소스(외부 웹사이트, 앱 등)
- 추천 동영상: 추천 동영상에서 발생한 트래픽과 동영상 설명 링크에서 발생한 트래픽
- 노출수 및 노출수가 시청 시간에 미치는 영향
- 재생목록: 재생목록 중 트래픽 유도 결과
- 유튜브 검색: 어떤 검색어를 사용해 트래픽을 유도했는지를 표시

ㅁ 참여도(동영상 수준)
- 참여도 측정 항목(조회수, 좋아요, 싫어요, 구독)은 유튜브 동영상이나 채널에 상호작용 활동이 발생한 횟수
- 인기 동영상: 가장 인기 있는 동영상이 표시
- 상위 재생목록: 내 재생목록 중 시청 시간이 가장 긴 재생목록이 표시

- 인기 게시물: 휴대기기에서 발생한 좋아요수 또는 투표 수를 기준으로 가장 인기 있는 게시물이 표시
- 상위 카드: 채널의 모든 동영상에서 시청자가 가장 많이 클릭한 카드가 표시
- 최종 화면 기준 상위 동영상: 시청자가 전체 채널에서 가장 많이 클릭한 최종화면이 표시
- 상위 최종화면 요소 유형: 전체 채널에서 시청자가 가장 많이 클릭한 요소 유형이 표시
- 시청 지속 시간의 주요 순간: 동영상의 재생 시간별로 시청자의 관심이 높았던 영상이 어떤 부분이었는지 검토 가능하며, 길이가 비슷한 최신 동영상 10개까지 비교할 수 있음
- 좋아요 및 싫어요 수(동영상 수준)
- 최종 화면 요소 클릭률(동영상 수준)
- 인기 리믹스: Shorts 동영상 제작에 리믹스된 콘텐츠가 표시

ⓑ 시청자
- 주요 측정 항목: 재방문자수, 신규 시청자수, 순시청자수, 구독자수(지역, 트래픽 소스, 성별과 같은 일부 데이터는 유튜브 분석에서 제한될 수도 있음)
- 지난 90일 동안 시청자 증가를 유도한 동영상
- 지난 28일간 시청자의 유튜브 이용 시간대
- 내 채널에서 종 모양의 아이콘 알림을 받는 구독자 비율 확인 가능
- 구독자 시청 시간: 구독자/비구독자의 시청 시간 비율
- 내 시청자가 시청하는 콘텐츠 유형: 지난 7일 동안 시청자가 내 채널 외부에서 시청한 다른 동영상, Shorts 동영상, 라이브 스트리밍, 팟캐스트가 무엇인지를 나타냄. 이를 통해 새로운 동영상의 주제와 제목 개발에 활용할 수도 있음
- 내 시청자가 시청하는 채널: 지난 28일 동안 내 채널 외에 지속해서 시청한 채널명
- 채널 형식별 신규 사용자 및 재방문자 수
- 지역: 내 채널의 시청 시간이 가장 많은 지역 표시
- 연령 및 성별: 시청 시간에 가장 많이 기여하는 시청자층의 연령대와 성별 분포 표시
- 인기 자막 언어: 내 채널 시청자의 자막 언어별 분포 표시

ⓢ 수익
- 지난 6개월 동안 채널에서 발생한 수익을 월별로 분류해 표시
- 무효 트래픽 발생, Content ID 소유권 주장 및 이의제기, 일일 비용 캠페인과 같은 특정 광고캠페인 유형일 경우에는 수익이 조정될 수 있음
- 유튜브에서 수익은 분석에 표시된 이후 두 번의 조정(1주일 후, 다음 달 중순)이 이루어질 수 있음

- 동영상, Shorts, 라이브 스트리밍에서 발생한 수익 표시. RPM(1,000회 조회당 수익)과 CPM이 주요 지표
- RPM과 CPM의 차이점

RPM	CPM
• 동영상 조회수 1,000회당 발생한 수익	• 광고 노출수 1,000회당 발생한 비용
• 크리에이터 중심의 측정 항목	• 광고주 중심의 측정 항목
• 광고, 채널 멤버십, 유튜브 프리미엄 수익, Super Chat, Super Sticker 등 분석에서 보고된 총수익 포함	• 광고 및 유튜브 프리미엄 수익만 포함
• 수익이 창출되지 않은 조회수를 포함한 동영상의 총 조회수 포함	• 수익이 발생한(예: 광고 게재) 동영상의 조회수만 포함
• 수익 공유 이후 창출된 실제 수익	• 수익 공유 전의 수입

- 최종수입 보기: 유튜브용 애드센스 계정에서 확인 가능
- 유튜브용 애드센스에서 확인한 최종수입은 유튜브 분석의 예상 수입과 다를 수도 있음
- 전월의 최종수입은 매월 7~12일에 계정 잔액에 추가됨

◎ 리서치
- 리서치 탭의 통계는 시청자들이 원하는 동영상 아이디어를 파악하는 데 도움
- 인기 검색어: 내 시청자층 및 최근 28일 동안의 저장 항목을 토대로 한 인기 검색어가 표시
- 관련 최신 동영상: 시청자가 지난 28일 동안 시청한 주제와 저장된 검색어와 관련된 동영상이 표시
- Shorts 콘텐츠 갭: 시청자가 더 관련성이 높거나 품질이 높은 Shorts 동영상을 찾고 있는 경우 콘텐츠 갭이 표시

👍 용어설명

콘텐츠 갭

시청자가 유튜브에서 특정 검색어에 맞는 양질의 검색결과를 찾을 수 없을 때 발생하는 격차를 말함. 콘텐츠 갭은 다음과 같은 경우에 발생함
- 시청자가 검색어에 대한 어떠한 검색결과도 찾을 수 없음
- 시청자가 검색어와 정확히 일치하는 검색결과를 찾을 수 없음
- 시청자가 검색어 관련 동영상을 찾을 수 없음(예: 콘텐츠가 오래되었거나 품질이 낮음)

2. 유튜브에서 광고하기

(1) 유튜브 광고

① 구글애즈(Google Ads)

    ㉠ 유튜브 광고를 하기 위해서는 먼저 구글애즈(Google Ads) 계정을 만들어야 함

    ㉡ 구글애즈(이전 명칭: 구글 애즈워드)는 구글 광고캠페인 관리 및 최적화 도구임

    ㉢ 구글애즈 계정으로 캠페인을 설정하여 잠재고객에게 도달하는 시간을 최적화하는 것이 가능함

    ㉣ 구글애즈에서는 조회수, 비용, 예산 세부 정보를 추적하여 적합한 잠재고객에게 도달하는지 확인 가능함. 또한 애널리틱스 탭으로 이동하면 고객이 어떤 동영상을 얼마나 보는지 자세한 정보를 얻을 수 있음

    ㉤ 유튜브 채널 콘텐츠를 사용해 광고를 게재하려면, 채널 또는 특정 동영상이 구글애즈 계정에 반드시 연결되어 있어야 함

    ㉥ 유튜브 채널을 구글애즈 계정에 연결하면 연결된 구글애즈 계정에서 채널 동영상과의 상호작용을 기반으로 광고 게재가 가능함

        • 동영상 광고에 대한 자연 조회(무료) 측정 항목 확인 가능함

        • 연결된 채널에서 발생한 시청자의 이전 상호작용에 따라 데이터 세그먼트(이전 명칭: '리마케팅 목록')가 가능함

        • 연결된 채널에서 동영상 광고의 전체 측정 항목을 조회하고 채널에서 발생한 구독과 같은 사용자 참여를 구글애즈의 전환 액션으로 사용함

        • 구글애즈 계정 하나에 최대 10,000개의 유튜브 채널을 연결할 수 있고, 하나의 유튜브 채널에 최대 300개의 구글애즈 계정 연결이 가능함

    ㉦ 유튜브 채널에 있는 동영상을 구글애즈 계정에 연결하면 조회수를 구글애즈에서 확인할 수 있으며, 광고 콘텐츠로 사용 가능함(☞ 광고에 사용되기 위해서는 유튜브 채널에 업로드된 동영상은 공개 또는 일부공개로 설정해야만 함)

② 구글애즈 계정과 구글 계정 연결

    ㉠ 구글 계정이 있는 경우, 관련 구글애즈 계정을 구글 계정 이메일 주소와 연결하면 매번 로그인/로그아웃을 반복하지 않아도 같은 구글 계정에서 여러 구글애즈 계정에 액세스할 수 있음

ⓛ 구글애즈 계정의 액세스 권한을 다른 사람에게 부여하여 같은 구글애즈 계정으로 광고 관리가 가능함

ⓒ 관리자 계정으로 연결되는 초대를 수락한 경우, 알림 이메일을 받고 캠페인을 관리할 수 있음

ⓔ 관리자 계정에 소유권이 있는 경우에는 계정 내 사용자 액세스, 관리자, 제품 링크의 수정도 가능함

ⓜ 관리자 또는 결제 액세스 수준을 보유한 경우에는 계정의 결제 프로필 정보 업데이트 및 수정 가능함

ⓗ 결제 프로필 사용자가 결제 프로필을 변경하면 결제 관리자에게 이메일 알림이 전송됨

ⓢ 결제 프로필 사용자가 결제 프로필에서 사용자를 추가 또는 삭제하거나 기존 사용자의 권한을 변경할 수는 없음

③ 유튜브 광고의 효과

ㄱ 동영상 액세스, 공유, 커뮤니티의 고유한 조합을 통해 탁월한 기회를 제공함

ㄴ 영상, 음향 등의 콘텐츠로 사용자의 감성을 소통하여 잠재고객을 끌어낼 수 있음

ㄷ 광고의 검색 및 참여(공유, 댓글, 좋아요)를 높일 수 있음

ㄹ 광고주는 인구통계, 관심 분야, 게재 위치 및 리마케팅 목록 등 다양한 타기팅 방법으로 사용자가 누구이고, 무엇에 관심이 있고, 조회하는 콘텐츠가 무엇인지를 알 수 있음

ㅁ 잠재고객 분석을 비롯한 정교한 측정 도구를 통해 사용자에 대한 수많은 정보로 시청률을 높일 수 있음

ㅂ 국내의 다양한 네트워크에 광고 게재가 가능한 외부 동영상 파트너를 보유하고 있음

(2) 동영상 광고에 대한 일반적 이해

① 광고 게재 위치에 따른 동영상 광고의 구분

ㄱ 인스트림 광고: 동영상 콘텐츠가 재생되는 플레이어 내에서 보이는 광고

- 선형적(Linear) 광고: 동영상 플레이어 내에서 송출되는 동영상 광고 형식
- 비선형적(Non-Linear) 광고: 동영상 플레이어 내부에 송출되는 디스플레이 배너 광고나 영상에 마우스 커서를 올리면 영상 일부를 가리며 나오는 반투명 광고와 같은 오버레이 광고
- 컴패니언(Companion) 광고: 동영상 플레이어 근처에서 노출되는 디스플레이 배너 형식의 광고
- 깍지 광고(Ad pods): 콩깍지에 콩이 나란히 들어 있듯, 선형 광고가 2개 이상 붙어 있는 세

　　트 광고

　　ⓛ 아웃스트림 광고: 동영상 플레이어 없이 기사나 피드형 콘텐츠 사이에 등장하는 등 동
　　　영상 콘텐츠를 벗어난 공간에서 송출되는 동영상 광고

- 인배너(In-Banner) 광고: 디스플레이 광고 인벤토리를 이용한 동영상 광고
- 인아티클/리드(In-Article/Read) 광고: 기사글 중간에 들어가 노출되는 동영상 광고
- 인피드(In-Feed) 광고: 콘텐츠 또는 기사 목록 등의 피드 중간에 들어가 노출되는 동영상 광고

② 광고 게재 순서에 의한 동영상 광고의 구분

　　⊙ 재생전광고 혹은 프리롤광고 혹은 사전광고(Pre-Roll): 영상 콘텐츠가 시작되기 전에 나
　　　오는 동영상 광고

　　ⓛ 재생중광고 혹은 미드롤광고 혹은 중간광고(Mid-Roll): 영상 콘텐츠를 중간에 멈추고 나
　　　오는 동영상 광고

　　ⓒ 재생후광고 혹은 포스트롤광고 혹은 사후광고(Post-Roll): 영상 콘텐츠가 끝난 다음에
　　　나오는 동영상 광고

(3) 유튜브 광고의 유형

① 건너뛸 수 있는 인스트림 광고(트루뷰 인스트림 광고)

　　⊙ 광고가 시작되면 5초간 강제로 노출된 이후 건너뛰기(Skip) 버튼이 노출되는 광고로, 3
　　　분 미만의 광고영상을 사용할 수 있음

　　ⓛ 유튜브의 보기 페이지와 구글 동영상 파트너(Google Video Partner: GVP)의 웹사이트 및
　　　앱에 게시된 다른 동영상의 전후 또는 중간에 재생되는 인스트림 광고임

　　ⓒ 시청자가 모바일 앱에서 다음 동영상으로 넘어가기 전에 전체화면의 전면 광고로 재생
　　　되며, 5초가 지나면 광고를 건너뛸 수 있음

　　ⓔ 캠페인 목표: 판매, 리드, 웹사이트 트래픽의 전환(액션) 유도, 인지도 및 구매 고려도

[그림] 건너뛸 수 있는 인스트림 광고

출처: https://support.google.com/google-ads

　　　ⓜ CPV(Cost Per View) 입찰을 사용할 경우, 사용자가 동영상을 30초 지점까지 시청하거나 (동영상 광고가 30초 미만일 경우는 시청을 완료해야) 영상 내 다른 영역을 클릭하는 것과 같은 동영상과의 상호작용이 이루어지면 비용이 발생함(둘 중 어느 조건이든 먼저 충족되면 적용)

　　　ⓗ 영상 내 다른 클릭 영역, 즉 제목, CTA, 컴패니언 배너를 클릭해도 과금됨

　　　ⓢ 타깃 CPM, 타깃 CPA, 전환수 최대화 입찰을 사용하는 경우 노출수를 기준으로 과금됨

　　　ⓞ 동영상 시청이 10초를 초과했을 때부터 구글애즈 영상 조회수에 반영됨

　② 건너뛸 수 없는 인스트림 광고

　　　㉠ TV CF와 유사하게 20초 이하의 동영상 광고를 다른 동영상 전후 또는 중간에 재생하여 시청자가 건너뛸 수 없이 광고 전체를 보도록 하는 광고(최대 15~20초)

　　　㉡ 유튜브 동영상과 유튜브 동영상 파트너(GVP)에서 운영하는 웹사이트 및 앱에 게재됨

[그림] 건너뛸 수 없는 인스트림 광고

출처: https://support.google.com/google-ads

ⓒ 캠페인 목표: 인지도 및 구매 고려도

ⓔ 건너뛸 수 없는 인스트림 광고는 CPM 입찰을 사용하므로, 노출수를 기준으로 과금됨

ⓜ 구글애즈 조회수에 반영되지 않으며, 공개 조회수와도 상관없음

ⓗ 2024년부터 '30초' 건너뛸 수 없는 인스트림 광고도 구글애즈에서 사용 가능해짐(이전에는 구글 영업담당자에게서만 구매 가능했음)

ⓢ 건너뛸 수 없는 인스트림 광고(와 범퍼 광고 일부)는 자격 요건에 따라 유튜브 TV에도 게재 가능함

③ 인피드 광고(디스커버리 광고)

㉠ 비디오 디스커버리 광고에서 최근 명칭이 변경된 인피드 광고는 유튜브 검색결과, 관련 유튜브 동영상 옆, 유튜브 모바일 홈페이지에 게재되는 광고임

㉡ 인피드 광고는 동영상의 썸네일 이미지와 텍스트로 구성되어 있음

㉢ 캠페인 목표: 인지도 및 구매 고려도

[그림] 인피드 광고

출처: https://support.google.com/google-ads

    ⓔ 사용자가 동영상을 클릭해 시청하게 유도하며, 사용자가 동영상을 클릭하면 유튜브 보기 페이지 또는 채널 홈페이지에서 동영상이 재생됨

    ⓜ 사용자가 광고를 클릭하여 보거나, 10초 이상 자동 재생될 때 과금됨

    ⓗ 광고영상 길이의 제한이 없으며, 3분 이상의 영상을 사용해도 입찰 및 과금 방식에 제한을 받지 않음

④ 범퍼 광고

    ㉠ 6초 이하의 건너뛰기가 없는 광고로, 짧고 인상적인 메시지를 전달하는 데 효과적임

    ㉡ 인지도 및 높은 도달률 확보가 가능함

    ㉢ 범퍼 광고는 유튜브 동영상과 구글 동영상 파트너(GVP)에서 운영하는 웹사이트 및 앱에서 다른 동영상 전후 또는 중간에 재생됨

    ㉣ 범퍼 광고의 입찰 방식은 CPM으로 노출수를 기준으로 과금됨

    ㉤ 캠페인 목표: 인지도 및 구매 고려도

    ㉥ 범퍼 광고(와 건너뛸 수 없는 인스트림 광고)는 자격 요건에 따라 유튜브 TV에도 게재 가능함

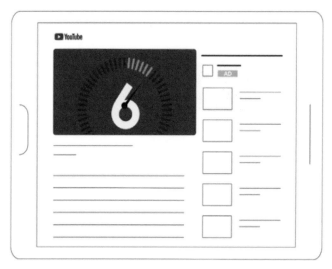

[그림] 범퍼 광고

출처: https://support.google.com/google-ads

ㅅ 6초라는 짧은 시간 내에 제품 및 서비스의 개발 과정, 강점, 가격 등 모든 내용을 다 담을 수 없으므로 다양한 소구점 중에서 하나를 택하여 강조하는 것이 좋음

⑤ 아웃스트림 광고

㉠ 유튜브 외 구글 동영상 파트너 지면에 노출되는 모바일 전용 광고 상품으로, 다양한 위치에 게재될 수 있음

㉡ 모바일 웹에서 아웃스트림 광고는 배너 게재 위치에 노출되며, 모바일 앱에서는 배너, 전면 광고, 인피드, 네이티브 게재 위치에 노출되고 세로 모드와 전체화면으로도 게재할 수 있음

㉢ 광고영상의 도달률을 높이는 데 효과적임

㉣ 음소거 상태로 재생되며, 시청자가 음소거를 해제할 수 있음

㉤ 조회 가능 1,000회 노출당 비용(vCPM)을 기준으로 아웃스트림 광고 비용이 청구되고, 사용자가 동영상을 2초 이상 재생한 경우에만 과금됨

㉥ 구글애즈에서 영상 조회수에 반영됨

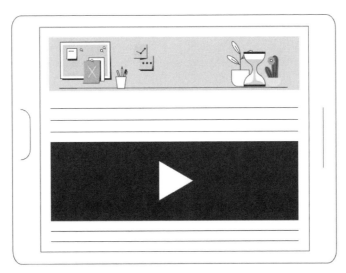

[그림] 아웃스트림 광고

출처: https://support.google.com/google-ads

〈표〉 유튜브 광고 유형별 특징

구분	건너뛸 수 있는 인스트림 광고	건너뛸 수 없는 인스트림 광고	인피드 광고	범퍼 광고	아웃스트림 광고
특징	사용자가 건너뛸 수 있으므로 관심도를 파악할 수 있음	건너뛸 수 없으므로 사용자가 메시지 전체를 보게 됨	탐색 및 검색 단계에서 참여도가 높은 사용자에게 표시	인지도를 높이거나 다른 광고를 강조하기 위해 건너뛸 수 없는 짧은 메시지	사용자가 좋아하는 구글 외의 사이트를 탐색할 때 인지도를 높임
게재 위치*	유튜브 동영상, GVP 인스트림 광고, GVP 앱	유튜브 동영상, GVP 인스트림 광고, GVP 앱	유튜브 홈 피드, 유튜브 검색	유튜브 동영상, GVP 인스트림 광고, GVP 앱	GVP
최대 동영상 길이	최대 길이 없음 (3분 미만 권장)	15~30초	최대 길이 없음	6초	최대 길이 없음
구글애즈에 조회수 반영 여부	○	해당하지 않음	해당함	×	○
공개 조회수 반영 여부	○ (10초 미만의 동영상은 조회수를 늘릴 수 없음)	해당하지 않음	○	×	○
리마케팅 가능 여부	○	해당하지 않음	해당함	×	○

사용할 수 있는 캠페인**	VAC, VVC, VRC	VRC	VAC, VVC, VRC	VAC, VRC	VAC

* GVP: Google Video Partners

** VAC: Video Action Campaign, VVC: Video Views Campaign, VRC: Video Reach Campaign

⑥ 마스트헤드 광고

    ㉠ 유튜브 광고 중 프리미엄 지면으로 모든 기기에서 유튜브 홈피드 상단(Masthead)에 표시되는 네이티브 동영상 기반의 광고 유형임

    ㉡ 높은 주목도를 가지며, 브랜드 인지도 증대와 잠재고객에 대한 높은 도달을 위해 사용됨

    ㉢ 마스트헤드 광고는 와이드스크린 또는 16:9 비율의 형식으로 게재됨

- 데스크톱에서는 유튜브 홈피드 상단에서 최대 30초 동안 소리 없이 자동으로 광고가 재생됨. 유튜브 채널 애셋을 기반으로 자동 생성된 정보 패널이 오른쪽에 표시되며, 이 패널에 최대 2개의 컴패니언 동영상으로도 게재 가능함
- 모바일에서는 유튜브 앱과 웹 홈피드 상단에서 전체 동영상이 소리 없이 자동 재생되며, 동영상 썸네일, 맞춤 설정 광고 제목, 내용 텍스트, 외부 클릭 유도 문구(CTA)를 추가할 수 있음. 사용자가 모바일 동영상 마스트헤드 광고를 클릭하면 유튜브 보기 페이지에서 추천 동영상으로 재생됨
- TV 화면에서는 TV용 유튜브 앱 상단에서 소리 없이 자동 재생된 후 기본적으로 썸네일로 표시되고, 사용자가 그 동영상 광고나 썸네일을 클릭하면 해당 동영상의 유튜브 보기 페이지로 이동함. 단, TV 화면용 마스트헤드 광고는 CTA를 추가할 수 없음

    ㉣ 음소거 아이콘을 클릭하면 동영상 소리가 재생됨

[그림] 마스트헤드 광고

출처: https://support.google.com/google-ads

    ⓛ 유튜브 마스트헤드 광고는 CPM(노출 단위) 마스트헤드와 CPH(시간 단위) 마스트헤드의
       2가지 유형으로 구분됨
       • CPM 마스트헤드: 캠페인 진행 중에 게재되는 예약된 노출수 및 고정된 노출수를 제공하
         는 상품으로, 경매형(비딩형)이 아닌 예약형 상품임
       • CPH 마스트헤드: 광고주가 구매한 기간에 마스트헤드 광고가 노출되는 상품으로, 경매형
         (비딩형)이 아닌 예약형 상품임

⑦ 유튜브 광고에서의 애셋 사용
    ㉠ 건너뛸 수 있는 인스트림 광고, 건너뛸 수 없는 인스트림 광고, 범퍼 광고는 컴패니언
       배너(이미지 형태)를 지원함
    ㉡ 데스크톱에서 마스트헤드 광고 옆에는 동영상 컴패니언 배너가 표시됨
    ㉢ 이미지 컴패니언 배너는 300×60px 크기의 JPEG, GIF 또는 PNG 형식으로 데스크톱에
       서만 표시되고, 휴대기기, 커넥티드 TV 등 다른 기기에서는 표시되지 않음

〈표〉 유튜브 광고에서의 썸네일/컴패니언 배너 규격

구분	비율	해상도	형식	파일 크기
썸네일	가로형 16:9	1280×720픽셀 (최소 1280×640픽셀)	JPG, GIF 또는 PNG	동영상은 2MB 미만, 팟캐스트는 10MB 미만
컴패니언 배너	가로형 5:1	300×60픽셀	JPG, GIF 또는 PNG	150KB 미만

ㄹ 컴패니언 배너는 유튜브 보기 페이지의 광고 옆에 표시되며, 컴패니언 배너를 클릭하면 캠페인을 만들 때 제공한 웹사이트 URL로 이동함

ㅁ 컴패니언 배너를 클릭하면 사용자가 광고를 30초 이상 시청하지 않더라도 조회로 집계됨

⑧ 유튜브 광고 개괄

구분	특징	과금 방식
건너뛸 수 있는 인스트림 광고 (트루뷰 인스트림 광고)	• 5초간 강제로 노출된 이후 건너뛰기(Skip) 버튼이 노출되는 광고(컴패니언 배너 지원) • 광고영상이 30초 이상일 경우 30초 이상을, 30초 미만일 경우에는 시청을 완료해야 광고 비용이 발생 • 클릭에 따라 비용이 발생할 경우, 영상 내 다른 클릭 영역, 즉 제목, CTA, 컴패니언 배너를 클릭해도 과금 • 동영상을 10초 이상 시청한 경우에만 구글애즈 조회수에 반영	CPV, CPC, CPA
건너뛸 수 없는 인스트림 광고	• 15~30초 이하의 다른 동영상 전후 또는 중간에 재생되는 광고로 건너뛰기 불가능(컴패니언 배너 지원) • 노출수 기준으로 과금 • 구글애즈 조회수에 반영되지 않으며, 공개 조회수와도 상관없음 • 2024년부터 건너뛸 수 없는 30초 인스트림 광고도 구글애즈에서 사용 가능 • 자격 요건에 따라 유튜브 TV에도 게재 가능	CPM
인피드 광고 (디스커버리 광고)	• 유튜브 검색결과, 관련 유튜브 동영상 옆, 유튜브 모바일 홈페이지에 게재되는 광고로, 동영상의 썸네일 이미지와 텍스트로 구성 • 사용자가 광고를 클릭하여 동영상을 보거나, 10초 이상 동영상이 자동재생될 때만 과금 • 광고영상 길이의 제한이 없는 것이 특징	CPV
범퍼 광고	• 6초 미만의 건너뛰기가 없는 짧은 광고 • 짧고 인상적인 메시지 전달을 통해 효과적 • 구글애즈 영상 조회수에 미반영	CPM
아웃스트림 광고	• 유튜브 외 구글 동영상 파트너 지면에 노출되는 모바일 전용 광고 상품으로 도달률을 높이는 데에 효과적 • 동영상을 2초 이상 재생한 경우에만 과금 • 구글애즈에 영상 조회수 반영	vCPM
마스트헤드 광고	• 모든 기기에서 유튜브 홈피드 상단에 표시되는 광고 • 높은 주목도를 가지며, 브랜드 인지도 증대와 잠재고객에 대한 높은 도달을 위해 사용 • CPM(노출 단위) 마스트헤드와 CPH(시간 단위) 마스트헤드의 2가지 유형으로 구분	정액제/ 예약형 상품

⑨ 깍지 광고(광고 모음, 연달아 재생되는 광고)

    ㉠ 2개의 광고가 연달아 재생되는 동영상 광고를 말함

    ㉡ 최소 5분 이상의 동영상에서 건너뛸 수 있는 광고나 건너뛸 수 없는 광고 사용 설정 시 게재될 수 있음

⑩ 반응형 광고

    ㉠ 광고의 요소인 이미지, 광고 제목, 로고, 동영상, 설명 등 여러 개를 올려 두면 구글애즈에서 웹사이트, 앱, 유튜브, Gmail 등에 맞게 광고를 자동으로 조합하여 노출하는 광고 유형을 말함

    ㉡ 구글의 머신러닝 기술을 통한 최적의 조합으로, 광고 최적화된 상태임

    ㉢ 실적을 기반으로 각 광고 슬롯에 대한 최적의 조합을 결정해 노출한 것임

    ㉣ 광고그룹 및 캠페인에서 광고 포트폴리오 관리 작업 시간을 줄일 수 있음

(4) 유튜브 광고 구매 방법

① 유튜브 광고 구매 방법은 예약 구매와 입찰(경매) 구매의 유형이 있음

② 예약 구매

    ㉠ 예약 구매는 구글의 영업담당자, 구글애즈, 구글의 DSP(Demand Side Platform)인 Display & Video 360에서 예약 캠페인으로 신청 및 구매 가능함

    ㉡ 예약 구매를 통해 고정 가격으로 노출수를 구매해 최적화된 광고를 게재하고, 입찰에서 제공되지 않는 형식과 기능을 사용해 광범위한 잠재고객에게 도달 가능함

    ㉢ 프리미어 도달범위를 제공하는 유튜브 셀렉트(YouTube Select)는 예약 구매, 구글애즈의 예약 캠페인에서만 가능함

    ㉣ 예약 구매가 가능한 유튜브 광고 유형으로는 마스트헤드 광고(유튜브 홈피드 상단)가 대표적이며, 입찰 구매로 이루어지던 범퍼 광고(고정 CPM으로 진행할 때), 건너뛸 수 없는 인스트림 광고/건너뛸 수 있는 인스트림 광고도 구글애즈에서 예약 캠페인을 신청하거나 Display & Video 360의 빠른 예약을 통해 구매 가능해짐

    ㉤ 유튜브 이외에 유튜브 키즈 앱 광고도 예약 구매를 통해 이루어짐

        • 유튜브 키즈 앱에 광고를 게재하기 전 유튜브 정책팀의 사전 승인을 받아야 함. 또한 광고주는 관련 법률 및 규정(관련 자체 규제 또는 업계 가이드라인 포함)도 준수해야 함

        • 현재 유튜브 키즈 앱에서는 인스트림 동영상 광고만 허용하고 있음

        • 건너뛸 수 없는 인스트림 광고는 게재 위치에 따라 15~20초, 건너뛸 수 있는 인스트림 광

고는 60초까지 게재할 수 있음. 유료 광고가 재생되기 전에 표시될 수 있는 3초짜리 범퍼 광고는 제외됨

- 유튜브 키즈 앱에서는 랜딩 URL과 외부 링크(클릭 유도 문구 오버레이 및 정보 카드 포함)를 사용할 수 없음. 즉, 유튜브 키즈 앱의 광고는 클릭할 수 없음
- 유튜브 키즈 앱에서의 모든 유료 광고는 유튜브에 호스팅 되어야 함. 타사 게재 광고는 게재 불가함
- 유튜브 키즈 앱에서 관심 기반 광고가 금지됨. 리마케팅 또는 기타 추적 픽셀이 사용된 유료 광고 역시 금지됨

ⓗ 예약 구매는 구글 광고팀을 통해서나 구글애즈(예약 캠페인) 또는 Display & Video 360 의 빠른 예약을 통해 진행해야 함

ⓐ 예약 광고의 타기팅 옵션

- 유튜브 셀렉트 라인업: 특정 시장에서 전환 가능성이 큰 잠재고객을 보유한 상위 5%의 유튜브 인기 채널로 이루어진 예약 광고 상품으로, 이를 통해 프리미어 타기팅이 가능함
- 주제: 광고주는 유튜브 동영상의 주제를 선택할 수 있음. 그러나 마스트헤드 광고는 주제 타기팅이 지원되지 않음
- 관심 분야: 시청자의 탐색 패턴과 시청한 콘텐츠를 바탕으로 스포츠, 취미 등 특정 분야에 관심을 가진 시청자 타기팅이 가능하며, 관심 분야 잠재고객, 유사 잠재고객, 맞춤 관심 분야 등을 포함한 타기팅이 가능함
- 인구통계: 특정 연령대, 성별, 자녀 유무, 가계 소득 범위는 물론 주택 소유, 교육 수준 등 상세한 인구통계를 잠재고객 유형으로 타기팅 설정이 가능함

③ 입찰(경매) 구매

ⓐ CPV 입찰: 동영상 조회 및 상호작용(클릭 유도 문구 오버레이, 카드, 컴패니언 배너 클릭)에 대해 광고비가 과금되는 방식. 사용자가 동영상 광고의 30초 지점까지(동영상 광고가 30초 미만일 경우에는 광고 전체를) 시청할 경우 또는 동영상 광고와 상호작용하는 경우(둘 중 먼저 발생한 행위 적용)에 조회로 집계됨

ⓑ 노출 기반의 입찰: 광고 노출수를 기준으로 광고비가 과금되는 방식으로 광고가 1,000회 노출되어 조회 가능할 때마다 비용을 지불하기에 조회 가능. 1,000회 노출당 비용(vCPM) 입찰이라고 함

ⓒ 스마트 자동 입찰 가능

- 구글 AI를 사용하여 전환 또는 전환가치를 최적화하는 자동 입찰을 사용할 수 있음
- 기존의 실적 목표와 유사하거나 더 나은 수준의 비용 효율로 전환수 또는 전환가치를 높이

는 데 도움이 됨
- 타깃 CPA(액션당 비용), 타깃 ROAS, 전환수 최대화, 전환가치 극대화가 모두 스마트 자동 입찰로 사용 가능함
ㄹ) 포트폴리오 입찰 전략
- 여러 캠페인의 입찰가를 최적화할 수 있는 목표 중심의 AI 기반 입찰 전략을 사용할 수 있음

(5) 유튜브 광고 설정하기

1) 캠페인 만들기

① 동영상 캠페인 설정
  ㉠ 구글애즈를 처음 시작하면 우선 목표와 캠페인을 설정하게 됨
  ㉡ 유튜브와 다른 웹사이트에 동영상 광고를 게재하기 위해서는 동영상 캠페인(Video Campaign)을 선택함
  ㉢ 동영상 캠페인을 선택하는 이유
    - 동영상 광고를 사용해 브랜드의 인지도 또는 제품의 구매 고려도를 향상할 수 있음
    - 전환 유도 캠페인을 사용해 액션(판매 및 리드) 유도에 초점을 맞춘 동영상 광고 설정이 가능함
    - 검색 결과뿐만 아니라 유튜브 이용자까지 타기팅해 도달범위를 확대할 수 있음
    - 이미 광고를 보았거나 사이트를 방문한 적이 있는 사용자 기반 데이터 세그먼트가 가능함
  ㉣ 새로 생긴 디맨드젠 캠페인(Demand Gen Campaign) 유형도 유튜브 동영상, Shorts 광고와 관련이 있는 캠페인 유형임
    - 디맨드젠 캠페인이란 수요 창출 캠페인이라는 뜻으로, 이전의 디스커버리 캠페인이 구글 AI 기반으로 업그레이드된 것이라고 할 수 있음
    - 유튜브 홈페이지의 피드, Shorts, Gmail 등 다양한 채널을 활용하고, 몰입도와 관련성이 높으며, 시각 효과가 뛰어난 광고 소재를 전환율이 높도록 구글 AI를 통해 최적화해 노출하는 광고캠페인이며, 잠재고객 세그먼트 타기팅 및 잠재고객 대상으로 맞춤 설정이 가능함
    - 다양한 캠페인 애셋을 활용할 수 있으며, 특히 제품을 보여 주는 제품 광고를 활용해 구매 전환을 이끄는 데 적합함
      - 이미지 광고: 가로 모드 1.91:1, 로고 1:1, 세로 모드 4:5, 정사각형 1:1

- 텍스트 광고: 광고 제목, 설명, 최종 URL, 비즈니스 이름, CTA
- 동영상 광고: 가로 모드, 세로 모드, 정사각형 모드
- 캐러셀 광고: 광고 제목, 설명, 최종 URL, 비즈니스 이름, CTA, 로고 1:1, 이미지 카드 2~10개
- 제품 피드

👍 **용어설명**

캐러셀(Carousel) 광고
여러 개의 이미지나 동영상으로 되어 있어 좌우로 넘어가면서 보는 형태의 광고를 말함

② 캠페인 목표 설정

　㉠ 캠페인 목표는 비즈니스를 운영하면서 캠페인을 통해 달성하고자 하는 주요 목적을 말함

　㉡ 판매, 리드, 웹사이트 트래픽, 인지도 및 구매 고려도 중에서 원하는 캠페인 목표를 선택하고, 원하는 캠페인 목표가 없으면 '목표 설정 없이 캠페인 만들기'를 선택함. 선택하는 목표에 따라 사용 가능한 하위 유형이 결정됨

　㉢ 캠페인 유형으로 동영상을 선택함. 동영상 캠페인은 이전에 목표, 즉 판매, 리드, 웹사이트 트래픽 등의 전환을 유도하기 위한 동영상 액션 캠페인(Video Action Campaign: VAC), 브랜드 인지도 및 도달범위 확대를 위한 조회수 획득 캠페인(Video Views Campaign: VVC), 제품 및 브랜드 구매 고려도를 목적으로 한 동영상 도달범위 캠페인(Video Reach Campaign: VRC)으로 구분되었으나, 최근 인지도, 도달범위, 구매 고려의 목표를 하나로 합쳐 캠페인의 목표를 전환 유도, 인지도 및 구매 고려로 목표를 구분했음

　㉣ 캠페인 하위 유형으로 전환 유도, 동영상 도달범위 캠페인, 조회수 획득 캠페인, 아웃스트림, 광고 순서, 유튜브 참여 중에서 선택함

　㉤ 판매/리드/웹사이트 트래픽 등의 전환 유도: 동영상 액션 캠페인 혹은 비디오 액션 캠페인(VAC)

　　• 액션(판매, 리드, 웹사이트 트래픽) 유도에 초점을 맞춘 캠페인으로 타기팅을 통해 판매를 촉진하고 리드를 확보함(전환 추적 설정 필요)

　　• 동영상 액션 캠페인에서는 건너뛸 수 있는 인스트림 광고 및 인피드 동영상 광고 형식을 사용함

　　• 유튜브와 구글 동영상 파트너에 게재되어(아웃스트림 광고) 더 많은 사용자에게 도달 가능함

　㉥ 인지도 및 구매 고려: 조회수 획득 캠페인(VVC)

- 건너뛸 수 있는 인스트림 광고 또는 인피드 광고로 사용자가 제품 구매를 고려하도록 유도함

ⓧ 인지도 및 구매 고려: 동영상 도달범위 캠페인(VRC)

- 범퍼 광고, 건너뛸 수 있는 인스트림 광고, 건너뛸 수 없는 인스트림 광고, 인피드 광고, Shorts 광고를 통해 정해진 예산과 타기팅으로 가능한 한 많은 순사용자에게 도달하도록 최적화되어 있음
- 동영상 도달범위 캠페인이 유용한 경우
  - 도달범위 또는 인지도를 목표로 하는 광고주가 가장 적은 비용으로 최대한 많은 타깃에게 도달하고자 할 때
  - 다양한 광고 형식을 갖춘 여러 캠페인을 만드는 대신 단일 캠페인에서 여러 광고 형식을 활용해 효율적으로 잠재고객에게 도달을 극대화하고자 할 때
  - 전달하고자 하는 메시지를 모두 전달하기 위해 건너뛸 수 없는 인스트림 광고만으로 사용자에게 도달하려는 경우
  - 같은 사용자에게 여러 번 도달하여 광고 회상을 개선하고 제품 또는 서비스의 구매를 고려하도록 유도하려는 경우
- '효율적 잠재고객 도달' 사용: 범퍼 광고 또는 건너뛸 수 있는 인스트림 광고를 사용하거나 동일한 캠페인에서 이 2가지 광고 형식을 조합(트루뷰포리치, Trueview for Reach)하여 더 낮은 비용으로 더 많은 순사용자에게 도달할 수 있음. '다양한 형식의 광고'를 사용하여 설정하면 인피드 광고 및 Shorts 광고도 활용하여 정해진 예산으로 도달범위를 더욱 넓힐 수 있음
- '건너뛸 수 없는 인스트림' 사용: 최대 15초 길이의 광고로 전달하고자 하는 메시지를 잠재고객에게 모두 전달할 수 있음
- '타깃 게재 빈도' 사용: 범퍼 광고, 건너뛸 수 있는 인스트림 광고, 건너뛸 수 없는 인스트림 광고를 사용하여 매주 정해진 횟수만큼 동일한 사용자에게 도달할 수 있음

ⓞ 인지도 및 구매 고려: 아웃스트림 캠페인

- 유튜브 외부의 웹사이트와 앱에 모바일 전용 동영상 광고를 게재하여 페이지 또는 앱 콘텐츠 내에서 재생되며, 브랜드에 대한 관심을 유도함

ⓩ 인지도 및 구매 고려: 광고 시퀀스 캠페인

- 개별 시청자에게 특정 순서로 광고를 게재하여 제품 또는 브랜드 스토리를 전달함
- 캠페인 수준에서는 키워드, 주제 또는 게재 위치를 제외할 수 있으나 타기팅은 불가능함
- 기본적으로 동영상 광고 시퀀스의 최대 게재 빈도는 사용자 1인당 7일 동안 1개의 시퀀스

로 게재 빈도를 변경해서 30일 동안 1개의 시퀀스가 게재되도록 변경할 수 있음

• 동영상 광고 시퀀스 캠페인 템플릿

　　– 소개 및 강화: 긴 동영상 광고로 브랜드를 소개한 후 짧은 동영상 광고로 메시지를 강화

　　– 메시지 전달 및 액션 유도: 짧은 동영상 광고로 시청자의 관심을 끌고 긴 동영상 광고로 액션을 유도

　　– 관심 유도 및 안내: 짧은 동영상 광고로 시청자의 관심을 끌고 긴 동영상 광고로 액션을 유도한 후 또 다른 짧은 동영상 광고로 액션을 취하는 방법을 안내

　　– 참여 유도 및 차별화: 짧은 동영상 광고 4개를 사용하여 브랜드 소개를 여러 부분으로 나누거나 동일한 스토리를 다른 관점으로 전달

　ⓒ 인지도 및 구매 고려: 참여 유도

　　• 상호작용과 참여를 유도하도록 설계된 광고를 사용하여 브랜드와 사용자를 연결함

③ 캠페인을 만든 후에는 동영상 캠페인의 마케팅 목표를 수정할 수 없음

④ 동영상 캠페인 설정 요약

목표	전환 추적	캠페인의 하위 유형	광고 유형					사용 가능 입찰 전략
			건너뛸 수 있는 인스트림	건너뛸 수 없는 인스트림	인피드 광고	범퍼 광고	아웃 스트림 광고	
판매	필요	전환 유도 캠페인	✓		✓		✓	전환수 최대화 또는 tCPA
리드								
웹사이트 트래픽								
인지도 및 구매 고려	불필요	조회수 획득 캠페인	✓		✓			최대CPV
		광고 시퀀스 캠페인	✓	✓		✓		최대CPV 또는 tCPM
		아웃스트림 캠페인					✓	vCPM
		동영상 도달범위 캠페인 – 효율적 잠재고객 도달	✓			✓		tCPM
		동영상 도달범위 캠페인 – 건너뛸 수 없는 인스트림 광고		✓				tCPM
		동영상 도달범위 캠페인 – 타깃 게재 빈도	✓	✓		✓		tCPM
		유튜브 참여 유도	✓		✓			전환수 최대화 또는 tCPA

2) 입찰가 및 입찰 전략

① 예산 설정

　㉠ 유튜브 캠페인 예산 설정은 광고비를 설정하는 중요한 기능임

　㉡ 캠페인 총예산과 일일예산 중에서 선택할 수 있음

　㉢ 캠페인 총예산은 캠페인 집행 기간 내에 소진될 전체 예산, 즉 캠페인의 전체 예산을 말함

　㉣ 캠페인 총예산을 사용하면 예산 범위를 초과하는 조회수나 노출수가 발생해도 캠페인에 대해 입력한 금액만 청구됨

　㉤ 일일예산은 1일 단위로 지출하려는 평균 금액으로, 일일예산, 일일지출한도, 월예산(일일 평균 예산×한달 평균 일수＝30.4), 월별지출한도로 설정할 수도 있음. 경우에 따라 평균 일일예산이 소진되지 않는 날도 있고 평균 일일예산을 초과하는 날도 있지만, 일일지출한도보다 많은 금액이 청구되거나 특정 월에 월별지출한도보다 많은 금액이 청구되지 않음

　㉥ 캠페인의 시작일과 종료일을 설정하고, 특정 요일과 시간에 캠페인이 자동으로 ON/OFF 되도록 설정하는 것이 가능함

② 입찰 전략

　㉠ 입찰 전략은 광고 목표를 달성할 수 있도록 입찰가를 최적화하는 방식을 말함

　㉡ 휴대기기, 특정 위치, 특정 요일 또는 시간에 대한 입찰가를 높이거나 낮출 수 있음

　㉢ 광고의 게재 시점과 게재 위치를 더욱 세부적으로 관리할 수 있으며, 기존 입찰가보다 우선 적용됨

③ 캠페인 시작일/종료일 설정

　㉠ 캠페인 총예산을 사용하는 경우에는 캠페인 시작일/종료일 설정이 필요함

　㉡ 일일예산의 일일한도 또는 캠페인 총예산의 일일예산평균에 도달해 예산을 전액 소진했을 경우에는 예산 증액 여부를 검토함

3) 캠페인에서의 타기팅 설정

① 광고 게재 네트워크 선택

　㉠ GDN의 동영상 파트너(유튜브 외부): 사이트, 앱

　㉡ 유튜브: 검색결과, 유튜브 동영상, 채널 페이지, 유튜브 홈페이지 등

　㉢ 구글 TV: 국내에서는 아직 사용할 수 없음

② 광고에 사용할 언어 설정

  ㉠ 사용하는 구글 브라우저, 유튜브 등 설정된 언어별 타기팅이 가능함

  ㉡ 한 가지 언어, 여러 언어 또는 모든 언어를 타기팅하는 것이 가능함

③ 광고가 게재되는 지리적 위치 설정

  ㉠ 국가, 국내 지역, 특정 위치를 중심으로 하는 지역 반경 또는 위치 그룹 등 선택

  ㉡ 사용자의 현재 물리적·지리적 위치와 최근 관심사(최근 검색한 위치정보, 과거 물리적 위치, 구글 지도 검색 정보 등)를 반영해 설정 가능

  ㉢ 원하는 도시와 국가, 지역을 자유롭게 선택해 광고를 노출하는 것이 가능

④ 콘텐츠 제외 설정(계정 수준 또는 개별 캠페인 수준에서 가능): 인벤토리 유형, 콘텐츠 유형, 디지털 콘텐츠 라벨을 이용하면 광고 게재를 세부적으로 관리하면서 내 브랜드 캠페인이나 메시지에 적합하지 않은 민감한 콘텐츠를 제외할 수 있음

  ㉠ 인벤토리 유형: 제한, 표준, 확장된 인벤토리가 있으며, 모든 구글애즈 계정에는 기본적으로 표준 인벤토리로 설정되어 있음

  • 제한 인벤토리: 콘텐츠 가이드라인에서 정한 수준 이상의 엄격한 가이드라인을 적용해 브랜드에 적합하도록 콘텐츠의 범위를 줄여서 광고를 게재함

  • 표준 인벤토리: 인기 있는 뮤직비디오, 다큐멘터리 및 동영상과 같이 대부분의 브랜드에 적합하고 다양한 콘텐츠에 광고 게재가 가능함. 콘텐츠 가이드라인을 기반으로 하여 욕설이 반복되거나 지나치게 심한 성적 콘텐츠 또는 폭력적인 묘사가 있는 콘텐츠에는 광고가 게재되지 않음

  • 확장된 인벤토리: 대체로 모든 동영상에 광고 게재가 가능함. 예를 들어, 음악, 코미디, 뉴스, 교육 또는 다큐멘터리 맥락에서 마약(약물)의 소비, 가공, 유통을 보여 주는 콘텐츠, 인종, 종교, 성별 등 특정 집단에 대한 선입견을 나타내거나 비하하거나 증오심 표현으로 간주될 수 있는 단어가 포함된 뉴스, 다큐멘터리 또는 교육 콘텐츠에는 광고가 게재됨

  • 제한, 표준, 확장된 인벤토리에서 모두 제외되는 동영상 유형
    – 제목 또는 미리보기 이미지, 그리고 콘텐츠 전체에 걸쳐 반복적으로 욕설이 나오는 콘텐츠
    – 과도한 노출, 유두 노출, 동물의 짝짓기, 성적 학대 또는 성적인 콘텐츠
    – 약물 남용 및 구입, 제조, 판매 또는 입수 과정을 보여 주는 콘텐츠
    – 테러 또는 전쟁, 사망이나 참사 같은 민감한 시사 문제를 논하는 콘텐츠(공신력 있는 뉴스 매체에서 게시되고 콘텐츠 가이드라인을 준수했다면 '표준 인벤토리'에 게재될 수 있음)

- 제한, 표준, 확장 인벤토리에 모두 포함되는 동영상 유형
  - 증오 없이 코믹하게, 또는 예술적으로 등장하는 가벼운 욕설을 포함한 콘텐츠
  - 성적이지 않은 맥락에서 로맨스, 키스, 신체가 드러나는 의상, 또는 관계나 성에 대한 일반적인 대화를 포함한 콘텐츠
  - 유혈 또는 노골적인 묘사 없이 가벼운 폭행이나 상해를 포함한 콘텐츠
  - 비디오 게임, 코미디 또는 뮤직비디오에 등장하는 폭력을 노골적으로 묘사한 콘텐츠
  - 미화나 장려 없이 유머 섞인 약물(마약)에 대한 언급, 교육, 음악이나 발언을 포함하는 콘텐츠
- ⓛ 콘텐츠 유형 제외
  - 삽입된 유튜브 동영상: YouTube.com 외부의 웹사이트에 삽입된 동영상
  - 실시간 스트리밍 동영상: 인터넷을 통해 스트리밍되는 실시간 이벤트 동영상
- ⓒ 디지털 콘텐츠 라벨 제외
  - DL-G: 전체 이용가 콘텐츠(가족용 콘텐츠도 선택 가능)
  - DL-PG: 사용자 대부분에게 적합한 콘텐츠(보호자의 지도 필요)
  - DL-T: 청소년 이상의 사용자에게 적합한 콘텐츠
  - DL-MA: 성인용 콘텐츠
  - 등급 미지정: 분류 과정을 완료하지 않아 아직 등급이 지정되지 않은 콘텐츠
- ⓔ 계정 수준에서 인벤토리 유형, 콘텐츠 유형, 디지털 콘텐츠 라벨을 선택할 수 있으며, 이 설정이 모든 동영상 캠페인에 자동으로 적용됨
- ⓜ 모든 동영상 캠페인에 적용할 '표준 인벤토리'를 선택해도 개별 동영상 캠페인에 '제한된 인벤토리'를 적용할 수 있으나, '확장된 인벤토리'는 적용할 수 없음
- ⓑ 계정 수준 인벤토리 유형이 '제한된 인벤토리'이면 모든 개별 동영상 캠페인에 '제한된 인벤토리' 유형을 적용해야 함
- ⑤ 기기 타기팅 설정: 컴퓨터, 모바일, 태블릿, TV 화면 중에서 선택함

(6) 광고그룹 만들기와 타기팅 설정

- ① 사용자 기반 타기팅
  - ㉠ 광고를 통해 도달하려고 하는 사용자를 정의함
    - 인구통계학적 타기팅: 연령, 성별, 자녀 유무, 가계 소득 등
    - 잠재고객 타기팅: 특정 관심 분야, 의도, 인구통계를 가진 것으로 예측되는 사용자 집단

    ⓛ 잠재고객 타기팅 방법

       • 잠재고객은 맞춤 세그먼트, 내 데이터, 관심 분야 및 세부 인구통계, 제외 인구통계 옵션 등 사용자가 임의대로 생성할 수 있는 데이터를 가지고 만든 사용자 집단을 말함(☞ 구글애즈는 유사 잠재고객 타기팅은 중단함)

       • 인구통계 그룹: 도달하려는 잠재고객의 나이, 성별, 자녀 유무, 가계 소득 수준

       • 상세 인구통계: 다양한 특징을 기반으로 한 잠재고객 타기팅

       • 관심 분야: 관심 분야 세그먼트(관련성 높은 주제에 이미 관심이 많은 사용자를 대상으로 함), 맞춤 관심 분야, 생애 주요 이벤트(이사, 대학 졸업, 결혼 등), 구매 의도 세그먼트, 맞춤 세그먼트

       • 내 데이터 세그먼트(이전 명칭: 리마케팅): 이전에 내 동영상, 동영상 광고 또는 유튜브 채널을 이용한 기록(웹사이트 및 앱 방문자 등)을 바탕으로 타기팅

       • 고객 일치 타기팅: 광고주가 온라인 및 오프라인에서 확보한 1st Party Data(내 CRM 데이터)를 활용하여 유튜브 및 구글 동영상 파트너를 이용하는 기존 고객을 타기팅

       • 유사 세그먼트: 1st Party Data 목록(일반적으로 내 데이터 세그먼트 또는 고객 일치 세그먼트)에 기반한 타기팅으로 유사한 특성을 가진 신규 사용자 타기팅을 통해 잠재고객의 도달범위를 확대할 수 있음

  ② 콘텐츠 타기팅

    ㉠ 콘텐츠 타기팅은 광고를 게재할 위치(또는 게재하지 않을 위치)를 기반으로 한 타기팅 방식임

    ㉡ 게재 위치: 유튜브 채널, 유튜브 동영상, 구글 디스플레이 네트워크(GDN)의 웹사이트, GDN의 앱 등 특정 채널, 특정 동영상, 특정 앱 카테고리 등을 선택해 광고 노출(게재 위치 상자에서 검색해서 선택함)

    ㉢ 주제: 유튜브, GDN에서 동영상 광고를 특정 주제로 타기팅. 주제 타기팅을 사용하면 선택한 주제와 관련된 다양한 동영상, 채널, 웹사이트에 광고 게재 가능

    ㉣ 관련성 높은 키워드: 동영상 광고 형식에 따라 유튜브 동영상, 유튜브 채널, 잠재고객이 관심을 보이는 웹사이트의 유형과 관련된 단어 또는 구문(키워드)을 기반으로 광고 게재

  ③ 유튜브 셀렉트(YouTube Select)

    ㉠ 자격을 갖춘 고객이 특정 시장에서 전환 가능성이 큰 잠재고객을 보유한 상위 유튜브 인기 채널을 타기팅할 수 있는 예약 구매 상품으로, 라인업(채널)과 프로그램을 다양하게 제공함

ⓛ 라인업(채널): 유튜브 콘텍스트 알고리즘(Contextual Algorithm)을 활용해 사전에 구성된 유튜브 콘텐츠 패키지로 엔터테인먼트, 스포츠, 푸드, 뷰티/패션, K-pop 등 다양한 라인업이 있음

ⓒ 프로그램: 유튜브 키즈, 뮤직, 스포츠 등 인기 콘텐츠 패키지로 특정 테마 콘텐츠 타기팅 시 활용 가능함

④ 합성 세그먼트 타기팅: 상세한 인구통계, 관심 분야 등 여러 가지 세그먼트 속성을 교차하여 타깃으로 적합한 캐릭터를 창출해 타기팅하는 방식임

⑤ 타기팅 제한 사항

㉠ 18세 미만을 대상으로는 타기팅 불가

㉡ 주택(Housing Ads), 고용(Employment Ads) 또는 신용(Credit Ads) 기회 관련 광고(=HEC 광고)에서는 타기팅이 제한됨

〈표〉 타기팅 제한 사항

구분		세부 내용
주택	타기팅 제한	주택 판매 또는 임대 데이터베이스 판매용 단독주택 홍보 부동산 중개인
	타기팅 제한 없음	호텔 또는 휴가용 주택 임대 사무실 건물 또는 사무실 공간 임대 주택 디자인 서비스 자산 관리 서비스
고용	타기팅 제한	프리랜서 또는 '임시직' 목록 모든 비즈니스에 대한 취업정보 목록 구직 서비스 구직자를 위한 서비스
	타기팅 제한 없음	직업에 관한 조언, 취업 훈련, 네트워킹 서비스, 지원자 관리 서비스
신용/대출	타기팅 제한	신용카드 신청 프로모션, 주택담보대출, B2B 대출, 렌터카, 휴대전화 대여, 대출 제공
	타기팅 제한 없음	재무 관리 안내, 기프트카드, 당좌예금 계좌

(7) 광고 만들기

① 광고 소재 사용

㉠ 유튜브 광고를 진행하기 위해 광고로 사용할 영상은 반드시 유튜브 채널에 업로드되어 있어야 함

ⓛ 광고 정책에 위반되지 않는 영상은 모두 광고 운영이 가능하며, 광고 정책은 업종도 관련 있으므로 광고 운영 전에 광고 정책을 위반하지 않는지를 확인하는 것이 중요함

ⓒ 광고 소재로 사용할 수 있는 영상은 '공개', '일부공개'로 업로드된 영상만 가능함

ⓡ 비공개, 예약 상태로 업로드한 것은 광고 소재로 사용할 수 없음

② 동영상 광고용 소재 옵션

　　ⓐ 자동 최종(종료) 화면: 동영상 광고 끝부분에 앱 설치 등의 액션을 취하도록 유도하는 자동 생성 화면을 표시. 자동 최종화면은 동영상이 재생을 마친 후 몇 초 동안 표시되어 모바일 앱 설치, 제품 구매 등의 액션을 유도하여 캠페인 목표를 달성하는 데 도움을 줌

　　ⓛ 클릭 유도 문구(CTA) 버튼: CTA 버튼을 사용해 시청자가 웹사이트를 방문하도록 유도함

　　ⓒ 확장 소재: 웹사이트의 특정 부분으로 연결되는 링크를 추가하거나 사용자가 연락처 정보를 제출할 수 있는 리드 양식을 추가하는 등 비즈니스에 대한 추가 정보를 제공함

　　ⓡ 제품 피드 추가: 판매자 센터에서 제품 피드 설정. 피드에 제품을 5개 이상 추가하여 동영상 광고를 가상 매장으로 활용함

　　ⓜ 관련 동영상: 유튜브에서 동영상 광고가 재생될 때 광고와 함께 관련 동영상 목록을 표시함

③ 컴패니언 배너

　　ⓐ 컴패니언 배너는 유튜브에서 보기 페이지의 광고 옆에 표시

　　ⓛ 건너뛸 수 있는 인스트림 광고, 건너뛸 수 없는 인스트림 광고, 범퍼 광고는 컴패니언 배너를 지원

　　ⓒ 컴패니언 배너는 데스크톱에만 표시되고, 휴대기기, 커넥티드 TV 등 다른 기기에는 표시되지 않음

　　ⓡ 컴패니언 배너를 클릭하면 사용자가 광고를 30초 이상 시청하지 않더라도 조회로 집계

④ 관련성 있는 광고 만들기

　　ⓐ 광고와 관련성이 있는 광고 제목, 클릭 유도 문구, 시청자의 참여를 유도할 수 있는 기타 광고 소재 기능을 제공해야 함

　　ⓛ 캠페인별 최대 30개까지 광고를 만들 수 있음

　　ⓒ 유튜브의 템플릿을 사용하여 애셋 라이브러리에서 동영상을 만들거나, 유튜브에 업로드한 동영상을 선택할 수도 있음

　　ⓡ 모든 광고 형식에서 사용할 수 있는 광고 소재 옵션

　　　　• 내 유튜브 동영상: 업로드한 동영상을 검색하거나 유튜브 동영상 URL 삽입

- 최종 URL: 사용자가 광고와 상호작용할 때 방문하는 페이지의 최종 URL 입력
- 클릭 유도 문구: 사용자의 광고 클릭을 유도하는 클릭 유도 문구를 입력

ⓜ 특정 광고 형식에만 사용할 수 있는 광고 소재 옵션
- 광고 제목: 건너뛸 수 있는 인스트림 광고, 건너뛸 수 없는 인스트림 광고, 범퍼 광고에 사용 가능함
- 표시 URL: 표시 URL은 최종 URL과 같거나 다를 수 있으며, 건너뛸 수 있는 인스트림 광고, 건너뛸 수 없는 인스트림 광고, 범퍼 광고에 사용 가능함
- 긴 광고 제목: 인피드 광고에서 사용 가능함
- 설명: 인피드 광고에서 사용 가능함

⑤ 구글 AI를 활용한 광고 애셋 개선
ⓐ 6초 범퍼 광고는 도달범위와 게재 빈도를 높여야 할 때 필수적이므로, 동영상 자르기 도구(이전 명칭: 범퍼 머신)를 사용하여 긴 동영상을 몇 분 만에 3∼4개의 6초 범퍼 광고로 만들 수 있음
ⓑ 오디오, 특히 보이스오버를 사용해 브랜드와 메시지 보강이 가능함

(8) 유튜브 광고 주요 성과 측정

① 핵심 성과
ⓐ 노출수: 인스트림 광고, 인피드 광고, Shorts 광고가 노출된 횟수
ⓑ 조회수: 사용자가 동영상 광고를 시청하거나 광고에 참여한 횟수[광고와의 상호작용도 조회수로 간주. 예를 들어, 클릭 유도 문구(CTA), 카드, 배너, 썸네일, 로고와 같은 동영상 광고의 요소를 클릭하면 클릭수 1회와 조회수 1회가 계산됨]
- 인스트림 광고 조회수: 시청자가 광고를 30초간 시청하거나 동영상이 끝날 때까지 시청한 횟수(둘 중에서 빠른 시점이 적용됨)
- 인피드 광고 조회수: 썸네일을 클릭하고 동영상 보기 페이지로 이동한 후 동영상 보기 페이지가 로드될 때 집계(단, 길이가 10초 미만인 동영상, 범퍼 광고, 건너뛸 수 없는 인스트림 광고일 경우에는 조회수로 집계되지 않음)
- Shorts 광고 조회수: 10초 미만의 광고일 경우 광고를 다 보았거나 클릭 유도 문구를 클릭했을 때, 10초 이상의 광고일 경우는 광고를 10초 이상 보고 클릭 유도 문구 버튼을 클릭했을 때, 혹은 광고를 보지는 않았으나 클릭 유도 문구를 클릭했을 때는 조회수로 집계
ⓒ 평균 CPV: 사용자가 동영상의 30초 지점까지(동영상 광고가 30초 미만일 때 광고 전체를)

계속 봤을 때 또는 동영상과 상호작용할 때(둘 중 먼저 발생한 액션 기준) 지급하는 평균 비용

  ② 최대 CPV: 광고 조회 1회에 지급할 의사가 있는 최대 금액

  ⑩ 시청 시간: 사용자가 동영상 광고를 시청한 총 시간(초)

  ⑭ 평균 시청 시간/노출수: 사용자가 광고 노출 1회당 동영상 광고를 시청한 평균 시간(초)

② 클릭 실적

  ㉠ 클릭수: 사용자가 동영상을 클릭한 횟수. 클릭수는 광고가 사용자의 관심을 유도하는 데 얼마나 효과적인지 파악하는 데 도움

  ㉡ 클릭률(CTR): 광고에서 발생한 클릭수를 광고가 게재된 횟수로 나눈 값

③ 참여 실적

  ㉠ 참여수: 사용자가 동영상 광고를 10초 이상 시청하거나 동영상 광고가 10초 미만일 때 광고 전체를 시청한 횟수를 표시

  ㉡ 참여율: 광고에서 발생한 참여수를 광고가 게재된 횟수로 나눈 값

〈표〉 유튜브 동영상 광고 유형별 특징

광고 유형	사용자 참여수 기준	조회수 반영 여부	클릭 시
인스트림 광고/ 동영상 앱 프로모션 광고	• 10초 미만의 동영상: 시청자가 전체 동영상을 보거나 광고를 클릭해야 함 • 10초가 넘는 동영상: 시청자가 10초 이상 시청하거나 광고를 클릭해야 함	조회수로 반영 가능	• 10초 미만의 동영상: 클릭수 및 사용자 참여수로 집계. 구글애즈의 조회수는 공개 조회수로 미집계 • 10초가 넘는 동영상: 클릭수, 조회수, 사용자 참여수로 집계
인피드 광고	• 음소거된 상태로 동영상 광고를 10초 동안 시청하거나 보기 페이지에서 전체 동영상을 보기 위해 썸네일을 클릭해야 함(클릭은 조회수로 집계되며, 클릭수는 보고되지 않음)	조회수로 반영 가능	• 클릭이 보기 페이지로 이동시킨 썸네일 '클릭'을 지칭하지 않음 • 보기 페이지에 있을 때 클릭수는 자동으로 조회수 및 사용자 참여수로 집계
범퍼/건너뛸 수 없는 인스트림	• 시청자가 광고를 클릭해야 함	없음	• 사용자 참여수는 집계되지 않지만 클릭수는 집계
Shorts 광고	• 10초 미만의 동영상: 시청자가 전체 동영상을 시청하거나 클릭 유도 문구 버튼 클릭 • 10초가 넘는 동영상: 시청자가 동영상을 10초 이상 시청하거나 클릭 유도 문구 버튼 클릭	조회수로 반영 가능	• 클릭이 클릭수, 조회수, 사용자 참여수로 집계 ☞ 시청자가 동영상을 일시 중지하면 클릭으로 미집계

④ 도달범위 및 게재 빈도

   ⊙ 순사용자: 일정 기간 광고를 본 총사용자수

   ⓛ 고유 쿠키: 사용자 컴퓨터의 개별 브라우저별로 고유한 쿠키(사용자가 방문한 웹페이지에 사용되는 환경 설정과 기타 정보를 저장함)의 수

   ⓒ 순시청자(쿠키): 일정 기간 고유 쿠키에 의해 동영상 광고가 조회된 횟수

   ⓔ 사용자당 평균 노출수: 일정 기간 순사용자에게 광고가 게재된 평균 횟수

   ⓜ 쿠키당 평균 노출 게재 빈도는 일정 기간 고유 쿠키에 동영상 광고가 노출된 평균 횟수

   ⓑ 쿠키당 평균 조회 빈도는 일정 기간 고유 쿠키에서 동영상을 조회한 평균 횟수

⑤ 동영상 재생 진행률(사분위수 보고)

   ⊙ 동영상 재생 진행률 25%: 동영상이 재생 시간의 25%까지 재생된 횟수

   ⓛ 동영상 재생 진행률 50%: 동영상이 재생 시간의 중간까지 재생된 횟수

   ⓒ 동영상 재생 진행률 75%: 동영상이 재생 시간의 75%까지 재생된 횟수

   ⓔ 동영상 재생 진행률 100%: 동영상이 끝까지 재생된 횟수

⑥ 브랜드 광고 효과 측정 항목: 구글애즈 담당자만 진행 가능

   ⊙ 동영상 광고의 효과를 측정하는 도구

   ⓛ 클릭수, 노출수, 조회수 같은 전통적인 측정 항목 대신 광고 회상, 인지도, 구매 고려도, 호감도, 구매 의도를 측정 항목으로 광고 효과를 측정

(9) 구글 제공 도구

① 구글 마케팅 플랫폼(GMP)

   ⊙ 구글 태그매니저: 태그 적용 작업, 태깅 관리 도구

   ⓛ 구글 옵티마이저: A/B 테스트 수행 도구로 캠페인의 선호도 확인 및 UI와 UX를 개선하는 도구

   ⓒ 루커 스튜디오(Looker Studio, 구글 데이터 스튜디오에서 변경): 데이터 시각화 도구

   ⓔ 구글애즈: 광고 타기팅, 자동 입찰 등 광고캠페인 최적화 및 관리 도구

   ⓜ 구글 Display & Video 360: 구글 마케팅 플랫폼의 DSP(Demand Side Platform)이자 미디어 구매를 위해 사용되는 플랫폼으로, 사용 가능한 다양한 광고 인벤토리 중 광고주에게 적합한 광고 인벤토리를 찾고, 적당한 가격에 거래되도록 하고, 게재된 광고가 잘 진행되도록 분석하고, 관리하는 역할을 함

② 성과 측정 도구

    ㉠ 도달범위 플래너(Reach Planner)

- 유튜브와 동영상 파트너 사이트 및 앱에 광고를 게재하는 도달범위, 조회수 및 전환수 기반 동영상 캠페인을 정확하게 설정할 수 있게 해 주는 구글의 광고캠페인 계획 도구임
- 도달범위 플래너의 데이터는 구글의 순사용자 도달범위 산출 방식에 기반한 것으로, 제3자가 유효성을 검증했으며, 실제 도달범위 및 입찰가와 일치함
- 가능한 한 최신 데이터를 제공하기 위해 매주 업데이트됨
- 미디어 계획의 예상 도달범위, 게재 빈도, 조회수, 전환수를 예측할 수 있기에 광고주는 이를 바탕으로 예산, 위치, 타기팅 등 각 광고 형식의 설정을 빠르게 조정하고 예산과 미디어 계획을 수립할 수 있음
- 2023년 말부터 도달범위 플래너에서 대부분의 캠페인 유형, 즉 동영상 액션 캠페인(Video Action Campaign: VAC), 브랜드 인지도 및 도달범위 확대를 위한 조회수 획득 캠페인(Video Views Campaign: VVC), 제품 및 브랜드 구매 고려도를 목적으로 한 동영상 도달범위 캠페인(Video Reach Campaign: VRC)에 대해 전환 측정 항목의 사용이 가능해짐
- 동영상 도달범위 캠페인(VRC): 건너뛸 수 있는 인스트림 광고와 건너뛸 수 없는 인스트림 광고, 인피드 광고, 유튜브 Shorts 인벤토리 전반에서 도달범위를 최적화함
- 동영상 조회수 획득 캠페인(VVC): 건너뛸 수 있는 인스트림 광고, 인피드 광고, 유튜브 Shorts 인벤토리 전반에서 조회수를 최적화함
- 디맨드젠 캠페인: 건너뛸 수 있는 인스트림 광고, 인피드 동영상 광고, Shorts 동영상, 디스커버 피드, Gmail 인벤토리 전반에서 전환수에 최적화함

    ㉡ 브랜드 광고 효과(Brand Lift) 측정

- 동영상 광고의 효과를 측정하는 도구
- 클릭수, 노출수, 조회수 같은 전통적인 측정 항목 대신 광고 회상, 인지도, 구매 고려도, 호감도, 구매 의도를 측정 항목으로 광고 효과를 측정함
- 브랜드 광고 효과 측정을 설정하려면 동영상 또는 디맨드젠 캠페인이 필요하며, 일정 금액 이상의 광고비를 집행해야 조사 실행이 가능함
- 입찰을 통해 구매한 인스트림 및 범퍼 광고에 사용할 수 있으나, 현재 아웃스트림 및 인피드 동영상 광고는 지원하지 않음

    ㉢ 구글 애널리틱스(Google Analytics: GA)

- 구글에서 제공하는 고객행동 및 성과 분석 도구로, GA 추적코드(Google Analytics Tracking Code: GATC)를 분석대상 웹사이트에 삽입하면 사용자가 검색하고 이용한 사이

트의 쿠키 정보가 수집되고, 이를 통해 사용자 행동 추적이 가능함

- 구글애즈와의 연동을 통해 자동화된 광고캠페인, 리마케팅 집행이 가능함
- 사용자 목적에 맞게 분석하고 시각화하여 다양한 보고서를 제시함

② 파이어베이스(Firebase): 구글애즈에 연결하여 캠페인 실적을 파악할 수 있는 성과 분석 도구

③ 제작 지원 도구

⑦ 비디오 빌더(Video Builder): 메시지와 목표에 따라 다양한 레이아웃 중에서 알맞은 것을 선택하고 색상과 글꼴을 사용자가 지정하여 짧은 유튜브 동영상(6초 또는 15초)을 빠르게 제작할 수 있는 제작 도구

ⓒ 디렉터 믹스(Director Mix): 타깃별 맞춤형 메시지를 담아 많은 양의 동영상을 빠르게 제작할 수 있는 솔루션

ⓒ 비디오 광고 시퀀스(Video Ad Sequence: VAS): 광고주가 원하는 순서대로 광고를 게재하는 방식으로, 잠재고객에게 스토리텔링 광고를 진행할 수 있고, 제품과 서비스의 소비자 인지도와 고려도 증대에 효과적으로 제작

② 유튜브 크리에이트(YouTube Create): 모바일 기기로 영상을 제작하는 크리에이터가 영상의 품질을 보다 업그레이드하는 데 필요한 동영상 편집 도구

! 이해쏙쏙 핵심요약

- 유튜브에서는 구글 계정만으로도 동영상 시청, 동영상에 좋아요 표시, 구독 신청, 즐겨찾기 저장, 나중에 볼 동영상 저장, 시청기록, 동영상 신고 등의 활동이 가능함
- 유튜브 채널을 만들어야 동영상 업로드, 재생목록 만들기 등을 할 수 있음
- 유튜브 동영상은 유튜브 스튜디오에서 업로드하며 최대 15분 길이의 동영상 15개를 업로드 가능함. 계정 인증 후 영상 길이와 개수를 늘릴 수 있음
- 계정이 인증되면 길이가 15분을 초과하는 동영상 업로드, 맞춤 썸네일 추가, 라이브 스트리밍, Contents ID 소유권 주장에 대한 항소가 가능함
- 콘텐츠 제작자(크리에이터)가 YPP를 통해 수익을 창출하고, 수익금을 받기 위해서는 애드센스 계정을 만들어서 유튜브 채널에 연결해야 함
- 광고주가 유튜브 광고를 진행하기 위해서는 구글애즈 계정을 만들어야 함
- 썸네일에도 유튜브의 커뮤니티 가이드라인이 적용됨
- 유튜브에서 허용되지 않는 콘텐츠 사례
  - 승인되지 않은 온라인 도박 또는 스포츠 베팅 사이트로 연결되는 콘텐츠
  - 위조 여권을 판매하거나 공공 문서를 위조하는 방법을 알려주는 내용
  - 에스코트, 성매매, 성인용 마사지 업소 홍보
  - 다크 웹에서 마약을 구매하는 방법을 알려 주는 콘텐츠
  - 사용자가 가짜 신용카드 번호를 생성하는 소프트웨어로 상품을 구매하는 내용의 동영상

- 처방전이 필요 없는 온라인 약국 링크 포함한 콘텐츠
- 유튜브에서는 YPP 가입 후 광고 수익, 유튜브 쇼핑, 채널 멤버십, 슈퍼챗, 슈퍼땡스, 유튜브 프리미엄 수익, 브랜드 협찬 진행 등을 통해 수익 창출이 가능함
- 유튜브 크리에이터의 광고를 통한 수익 창출 조건
  - YPP가 제공되는 국가/지역에 거주
  - 연결된 애드센스 계정 보유
  - 유튜브 채널 수익 창출 정책 준수
  - 채널에 활성 상태의 커뮤니티 가이드 위반 경고가 없어야 함

〈표〉 수익 창출 방법별 자격 기준

수익 창출 방법	자격 기준
• 채널 멤버십 • Super Chat 및 Super Sticker • Super Thanks • 유튜브 쇼핑(자체 제품 홍보)	• 구독자수 500명 • 지난 90일간 공개 동영상 업로드 3회 • 지난 365일간 동영상 시청 시간 3,000시간 또는 지난 90일간 Shorts 동영상 조회수 300만 회
• 유튜브 쇼핑 제휴 (다른 브랜드의 제품 홍보)	• 구독자수 1,000명 • 지난 365일 동영상 시청 시간 4,000시간 또는 지난 90일간 Shorts 동영상 조회수 1,000만 회 이상
• 유튜브 보기 페이지 광고 • Shorts 피드 광고 • 유튜브 프리미엄 광고 수익	• 구독자수 1,000명 • 지난 365일 동영상 시청 시간 4,000시간 또는 지난 90일간 Shorts 동영상 조회수 1,000만 회 이상

- 유튜브에서 판매하기
  - 자격 요건을 충족하는 크리에이터는 내 스토어를 유튜브에 연결해 콘텐츠에서 내 제품을 추천하거나 콘텐츠에서 다른 브랜드의 제품을 태그하여 판매할 수 있음
  - 동일 조건: YPP 가입, 대한민국 또는 미국에 거주, 채널의 시청자층이 아동용으로 설정되어 있지 않고, 채널에 아동용으로 설정된 동영상이 많지 않아야 하며, 채널에 활성 상태의 커뮤니티 가이드 위반 경고가 없어야 함
  - 자체 제품 홍보를 위한 조건: 구독자 기준 수 충족(500명 이상, 1년간 동영상 시청 시간 3,000시간 이상 혹은 지난 90일간 Shorts 300회 이상) 혹은 공식 아티스트 채널
  - 다른 브랜드 제품 홍보를 위한 조건: 채널 구독자수가 10,000명 이상, 1년간 동영상 시청 시간 4,000시간 이상 혹은 지난 90일간 Shorts 1,000회 이상) 채널이 음악 채널 또는 공식 아티스트 채널이 아니며 음악 파트너와 연결되어 있지 않음(음반사, 배급사, 제작사, VEVO가 포함)
- 유튜브 콘텐츠에 광고 게재하기
  - 크리에이터가 콘텐츠에 광고 게재 시점, 광고 개수, 미드롤 사용 여부를 직접 설정할 수 있음
  - 이전에는 크리에이터가 광고 형식을 개별 선택할 수 있었던 것과 달리, 모든 광고 형식이 기본으로 설정으로 되어 있음(단, 중간광고는 8분 이상의 영상에서 사용 여부를 설정할 수 있음)
  - 유튜브 애드센스 계정에서 유튜브 채널 및 동영상에 민감한 광고 게재 허용 여부를 설정할 수 있음
  - 부적절한 언어, 폭력적 콘텐츠, 성인용 콘텐츠, 충격적인 콘텐츠 등과 같은 주제는 경우에 따라 '광고 제한' 또는 '광고 배제' 상태가 될 수 있음
- 건너뛸 수 있는 인스트림 광고의 조회수가 동영상 조회수로 집계되는 경우
  - 사용자가 11~30초 길이의 광고를 끝까지 시청한 경우
  - 사용자가 전체 길이가 30초 이상인 광고를 30초 넘게 시청한 경우

- 사용자가 광고와 상호작용한 경우
- 인피드 동영상 광고의 조회수가 동영상 조회수로 집계되는 경우
  - 사용자가 광고를 클릭해 동영상이 재생될 경우
- 유튜브 광고를 하기 위해서는 먼저 구글애즈 계정을 만들어야 하며, 구글애즈 계정을 구글 계정과 연결하면 같은 구글 계정에서 여러 구글애즈 계정에 액세스할 수 있음
- 유튜브 광고로는 건너뛸 수 있는 인스트림 광고(트루뷰 인스트림 광고), 건너뛸 수 없는 인스트림 광고, 인피드 광고(비디오 디스커버리 광고), 범퍼 광고, 아웃스트림 광고, 마스트헤드 광고 등이 있음
- 건너뛸 수 있는 인스트림 광고(트루뷰 인스트림 광고)는 광고가 시작되면 5초간 강제로 노출된 이후 건너뛰기(Skip) 버튼이 노출되는 광고로 3분 미만의 광고영상을 사용할 수 있음
- 건너뛸 수 없는 인스트림 광고는 TV CF와 유사하게 20초 이하의 동영상 광고를 다른 동영상 전후 또는 중간에 재생하여 시청자가 건너뛸 수 없이 광고 전체를 보도록 하는 광고임. 중간광고가 게재되기 위해서는 유튜브 내 영상 콘텐츠의 길이가 8분 이상이어야 함
- 인피드 광고(디스커버리 광고)는 유튜브 검색결과, 관련 유튜브 동영상 옆, 유튜브 모바일 홈페이지에 게재되는 광고로 동영상의 썸네일 이미지와 텍스트로 구성되어 있음
- 범퍼 광고는 6초 이하의 건너뛰기가 없는 광고로 짧고 인상적인 메시지를 전달하는 데 효과적인 광고임
- 아웃스트림 광고는 유튜브 외 구글 동영상 파트너 노출되는 모바일 전용 광고 상품으로 다양한 위치에 게재될 수 있음
- 마스트헤드 광고는 모든 기기에서 유튜브 홈피드 상단(Masthead)에 표시되는 네이티브 동영상 기반의 광고 유형으로 높은 주목도를 가지며, 브랜드 인지도 증대와 잠재고객에 높은 도달을 위해 사용되는 광고임
- 유튜브 광고 구매 방법은 예약 구매(구글 광고팀, 구글애즈에서 예약 캠페인 신청, Display & Video 360의 빠른 예약)와 입찰 구매가 있음
  - 예약 구매로 진행되는 유튜브 광고 유형으로는 마스트헤드 광고, 범퍼 광고, 건너뛸 수 없는 인스트림 광고, 건너뛸 수 있는 인스트림 광고, Shorts 광고와 유튜브 키즈 앱의 인스트림 광고, 유튜브 셀렉트가 있음
- 광고 형식에 따라 입찰 방식이 다양함

입찰 방식	광고 형식
1,000회 노출당 (CPM)	• 동영상 도달범위 캠페인(VRC) • 범퍼 광고 • 건너뛸 수 있는 인스트림 광고 • 범퍼 광고 + 건너뛸 수 있는 인스트림 광고 조합 • 건너뛸 수 없는 인스트림 광고 • 마스트헤드 광고
조회당(CPV)	• 동영상 조회수 획득 캠페인(VVC) • 건너뛸 수 있는 인스트림 광고 • 인피드 동영상 광고
동영상 광고 시퀀싱 (VAS)	• 범퍼 광고 • 건너뛸 수 있는 인스트림 광고 • 건너뛸 수 없는 인스트림 광고
액션당(CPA)	• 동영상 액션 캠페인(인스트림 광고 및 인피드 동영상 광고) • 디맨드젠 캠페인(건너뛸 수 있는 인스트림 광고, 인피드 동영상 광고, Shorts, 디스커버 피드, Gmail)
유튜브 셀렉트	• 범퍼 광고 • 건너뛸 수 있는 인스트림 광고 • 건너뛸 수 없는 인스트림 광고

- 유튜브 키즈 앱에서의 인스트림 동영상 광고는 유튜브 정책팀의 사전 승인이 필요하며, 랜딩 URL과 외부 링크를 광고에 사용할 수 없음. 유료 광고는 반드시 유튜브에서 호스팅된 영상이어야 하며, 타사 게재 광고는 게재 불가능함. 관심 기반 광고를 할 수 없음
- 유튜브 광고 설정은 캠페인 – 광고그룹 – 광고로 이루어짐

[총정리] 매체별 광고 등록 구조
- 메타: 캠페인 – 광고세트 – 광고
- 구글(유튜브): 캠페인 – 광고그룹 – 광고
- 카카오: 캠페인 – 광고그룹 – 소재
- 네이버: 캠페인 – 광고그룹 – 광고 소재

- 동영상 캠페인은 판매/리드/웹사이트 트래픽 등의 전환 유도를 목표로 한 캠페인과 인지도 및 구매 고려를 목표로 한 캠페인으로 크게 구분되며, 하위 유형에 따라 다음 6가지로 구분됨
  - 전환 유도 캠페인: 액션(판매, 리드, 웹사이트 트래픽) 유도에 초점을 맞춘 캠페인으로 타기팅을 통해 판매를 촉진하고 리드를 확보함(전환 추적 설정 필요)
  - 조회수 획득 캠페인: 건너뛸 수 있는 인스트림 광고 또는 인피드 동영상 광고로 사용자가 제품 구매를 고려하도록 유도
  - 동영상 도달범위 캠페인: 범퍼 광고, 건너뛸 수 있는 인스트림 광고, 건너뛸 수 없는 인스트림 광고, 인피드 광고, Shorts 광고를 통해 정해진 예산과 타기팅으로 가능한 한 많은 순사용자에게 도달하도록 최적화된 캠페인
  - 아웃스트림 캠페인: 유튜브 외부의 웹사이트와 앱에 모바일 전용 동영상 광고를 게재하여 페이지 또는 앱 콘텐츠 내에서 재생되며, 브랜드에 대한 관심을 유도
  - 광고 시퀀스 캠페인: 개별 시청자에게 특정 순서로 광고를 게재하여 제품 또는 브랜드 스토리를 전달하는 캠페인
  - 참여 유도 캠페인: 상호작용과 참여를 유도하도록 설계된 광고를 사용하여 브랜드와 사용자를 연결하는 데 목표를 둔 캠페인
- 캠페인에서는 광고를 게재할 위치, 광고에 사용할 언어, 광고가 게재될 위치, 기기 타기팅을 설정함
- 계정 수준 또는 개별 캠페인 수준에서 인벤토리 유형, 콘텐츠 유형, 디지털 콘텐츠 라벨 설정을 통해 내 브랜드 캠페인이나 메시지에 적합하지 않은 민감한 콘텐츠를 제외할 수 있음
- 광고그룹에서는 광고를 통해 도달하고자 하는 사용자를 정의하는 타기팅을 설정함
- 구글의 타기팅은 사용자 기반 타기팅과 콘텐츠 타기팅, 합성 세그먼트 타기팅 등이 있음
  - 사용자 기반 타기팅은 인구통계학적 타기팅(연령, 성별, 자녀 유무, 가계 소득 등)과 잠재고객 타기팅(맞춤 세그먼트, 내 데이터, 관심 분야 및 세부 인구통계, 제외 인구통계 등 사용자가 임의로 생성할 수 있는 데이터로 만든 사용자를 대상과 같이 집단을 예측해 타기팅) 방식임
  - 콘텐츠 타기팅은 광고를 게재할 위치(또는 게재하지 않을 위치)를 기반으로 한 타기팅 방식으로 게재 위치, 주제, 관련성 높은 키워드를 기반으로 타기팅
  - 합성 세그먼트 타기팅은 상세한 인구통계, 관심 분야 등 여러 가지 세그먼트 속성을 교차하여 타깃으로 적합한 캐릭터를 창출해 타기팅하는 방식임
- 구글의 잠재고객 타기팅 유형
  - 관심 분야: 관심 분야 세그먼트(관련성 높은 주제에 이미 관심이 많은 사용자 대상), 맞춤 관심 분야, 생애 주요 이벤트(이사, 대학 졸업, 결혼 등), 구매 의도 세그먼트, 맞춤 세그먼트를 바탕으로 한 타기팅
  - 내 데이터 세그먼트(이전 명칭: 리마케팅): 이전에 내 동영상, 동영상 광고 또는 유튜브 채널을 이용한 기록을 바탕으로 한 타기팅

- 고객 일치 타기팅: 광고주의 CRM 데이터를 활용한 타기팅
  - 유사 타기팅: 내 데이터 세그먼트 또는 고객 일치 세그먼트와 유사한 특성을 가진 잠재고객 대상의 타기팅
- 타기팅 제한: 18세 미만, 주택(Housing Ads), 고용(Employment Ads) 또는 신용(Credit Ads) 기회 관련 광고 (=HEC 광고)
- 유튜브 광고를 진행하기 위해서 광고로 사용할 영상은 반드시 유튜브 채널에 업로드되어 있어야 하며, 최근 구글 AI 를 활용해 동영상을 잘라 간단히 6초 범퍼 광고로 만들거나 보이스 오버등을 사용해 광고 애셋을 개선할 수 있음
- 구글의 도달범위 플래너 활용의 장점
  - 광고의 도달범위, 게재 빈도, 지출을 계획할 수 있음
  - 광고 형식 및 예산 할당을 선택하거나 맞춤 미디어를 계획할 수 있음
  - 캠페인 유형의 다양한 조합을 만들어 효과를 비교할 수 있음
  - 선택한 미디어 플랜의 상세한 도달범위, 인구통계, 기기통계를 확인할 수 있음
- 브랜드 광고 효과(Brand Lift) 측정
  - 클릭수, 노출수, 조회수 같은 전통적인 측정 항목 대신 광고 회상, 인지도, 구매 고려도, 호감도, 구매 의도 등의 광고 효과를 측정하는 도구로, 브랜드 광고 효과 측정을 설정하려면 일정 금액 이상의 광고비로 동영상 캠페인 또 는 디맨드젠 캠페인을 집행해야 조사 실행이 가능함

실력쑥쑥 OX퀴즈

01. 유튜브 동영상에서는 실제로 없는 내용인데 볼 수 있는 내용처럼 오해하게 하는 이미지를 미리보기 이미지로 설정할 수 없다. (○/X)   정답: ○

02. 유튜브에서 다른 사람에게 심각한 피해를 발생시킬 의도로 컴퓨터나 정보 기술을 사용하는 방법을 알려 주는 내용의 콘텐츠는 허용하지 않는다. (○/X)   정답: ○

03. 썸네일 이미지는 커뮤니티 가이드를 준수해야 하며, 커뮤니티 가이드 위반 경고를 받으면 30일 동안 맞춤 썸네 일을 사용할 수 없다. (○/X)   정답: ○

04. 유튜브에서는 자유롭게 콘텐츠를 가지고 수익 창출을 할 수 있는데, 이때 요구되는 사항은 전혀 없다. (○/X)   정답: ×

05. 만 13~17세 크리에이터가 동영상을 업로드할 때에 동영상 공개범위 설정은 '비공개'로 기본 설정된다. (○/X)   정답: ○

06. 기본적으로 최대 15분 길이의 동영상을 업로드할 수 있으며, 인증된 계정에만 15분 이상의 동영상을 업로드할 수 있다. (○/X)   정답: ○

07. 유튜브 파트너 프로그램에 가입하고 광고를 통해 수익을 내려면 구독자수 100명 이상이면 된다. (○/X)   정답: ×

08. 유튜브 파트너 프로그램은 자격조건이 갖춰지면 자동으로 가입되므로 커뮤니티 가이드를 준수하면서 꾸준히 활동하며 가입되도록 기다리면 된다. (○/X)   정답: ×

09. 유튜브에서는 브랜드와 함께 협업하여 브랜디드 콘텐츠 캠페인을 진행하여 수익을 창출할 수도 있다. (○/X)   정답: ○

10. 유튜브 쇼핑 제휴 프로그램에 참여하여 다른 브랜드의 제품을 홍보해 수익을 창출하기 위해서는 유튜브 파트너

프로그램에 가입하고 채널 구독자수가 1만 명 이상이어야 한다. (○/X)   정답: ○

11. 유튜브 광고를 하기 위해서는 먼저 구글애즈 계정을 만들어야 한다. (○/X)   정답: ○

12. 트루뷰 인스트림 광고(건너뛸 수 있는 인스트림 광고)는 광고가 시작되면 15초간 강제로 노출되고 나서 '건너
뛰기(Skip)' 버튼이 노출되는 형식의 광고이다. (○/X)   정답: ×

13. 범퍼 광고는 건너뛸 수 있는 짧은 길이의 동영상 광고이다. (○/X)   정답: ×

14. 아웃스트림 광고는 사용자가 2초 이상 동영상을 재생한 경우에만 과금된다. (○/X)   정답: ○

15. 아웃스트림 광고는 음소거 상태로 재생되며, 시청자가 광고 동영상 음소거를 직접 해제할 수 있다. (○/X)
정답: ○

16. 마스트헤드 광고는 광고주가 미리 예약해 두면 자동으로 게재할 수 있다. (○/X)   정답: ×

17. 2개의 광고가 연달아 재생되는 깍지광고는 최소 5분 이상의 수익 창출 동영상에서 건너뛸 수 있는 광고나 건너
뛸 수 없는 광고 사용 설정 시 게재될 수 있다. (○/X)   정답: ○

18. 비공개 상태로 업로드한 영상은 광고 소재로 사용할 수 있다. (○/X)   정답: ×

19. 유튜브의 콘텐츠 기반 타기팅은 광고가 게재되는 지면의 내용과 성격을 기반으로 한 타기팅 방식을 말한다. (○/X)
정답: ○

20. 건너뛸 수 있는 인스트림 광고, 건너뛸 수 없는 인스트림 광고, 범퍼 광고는 컴패니언 배너를 지원한다. (○/X)
정답: ○

출제예상문제

01 유튜브의 트루뷰 인스트림 광고에 대한 설명으로 옳지 않은 것은?

① 영상 소재의 길이에 제한이 없다.

② 건너뛰기(Skip) 버튼을 클릭할 때 과금된다.

③ 트루뷰 인스트림 광고의 과금 방식은 CPV이다.

④ 건너뛰기가 가능한 동영상 광고로, 조회 가능성이 큰 시청자에게 광고를 게재하는 광고 유형이다.

02 다음 중 유튜브 광고 형식이 아닌 것은?

① 건너뛸 수 있는 인스트림 광고　　② 아웃스트림 광고

③ 범퍼 광고　　④ 풀스크린 광고

03 건너뛸 수 있는 광고에서 과금이 시행되는 시점은?

① 5초　　② 10초　　③ 15초　　④ 30초

04 다음 중 유튜브의 제작 지원 도구가 아닌 것은?

① 비디오 빌더(Video Builder)

② 디렉터 믹스(Director Mix)

③ 비디오 광고 시퀀스(Video Ad Sequence: VAS)

④ 브랜드 리프트

05 다음 중 범퍼 광고에 대한 설명 중 틀린 것은?

① 유튜브 영상의 전후 또는 중간 부분에 송출되며, 스킵이 불가능한 10초 이하의 광고이다.

② 모바일에 최적화된 광고이다.

③ CPM 과금 방식을 사용한다.

④ 짧은 시간 내에 브랜드 인지도 각인 및 강력한 임펙트를 주고자 할 때 효과적이다.

06 유튜브 광고 성과 측정에 포함되지 않는 것은?

① 댓글 실적   ② 조회 실적   ③ 클릭 실적   ④ 참여 실적

07 다음 중 유튜브 광고에 대한 설명으로 옳지 않은 것은?

① 컴패니언 광고는 인스트림 광고 노출 시 동반 노출된다.

② 컴패니언 배너는 비디오 컴패니언 배너와 이미지 컴패니언 배너 2가지 형태 중 선택할 수 있다.

③ 컴패니언 배너를 클릭하면 중복 과금이 발생할 수 있다.

④ 건너뛰기가 가능한 인스트림 광고는 브랜드 고려도를 높이는 데 효과적이다.

08 다음 중 유튜브 광고를 진행하기 위한 광고 소재 설정에 대한 설명으로 잘못된 것은?

① 광고 정책에 위반되지 않는 영상은 모두 광고 운영이 가능하다.

② 유튜브에 '공개', '일부공개'로 업로드된 영상만 광고 소재로 사용할 수 있다.

③ 유튜브 광고를 진행하기 위해서 광고로 사용할 영상을 유튜브 채널에 업로드할 필요는 없다.

④ 광고 정책은 업종도 해당하기 때문에 광고 운영 전에 광고 정책을 위반하지 않는지를 확인하는 것이 중요하다.

09 다음 중 경매형 상품인 것은?

① 키즈앱 광고   ② 마스트헤드 광고
③ Shorts 광고   ④ 트루뷰 인스트림 광고

10 다음 중 유튜브 콘텐츠 내에 사용이 가능한 외부 링크는?

① 기업의 상업적 내용이 들어간 페이스북 페이지
② 음란물로 연결되는 링크
③ 멀웨어를 설치하는 웹사이트나 앱으로 연결되는 링크
④ 사용자의 로그인 정보, 금융 정보 등을 피싱하는 웹사이트 또는 앱으로 연결
　 되는 링크

11 다음 중 유튜브에서 예약 구매로 진행되는 광고는?

① 아웃스트림   ② 디스커버리
③ 키즈앱   ④ 트루뷰 광고

12 광고 게재 지면은 고려하지 않고 잠재고객의 성향만을 근거로 광고를 노출하는 타
기팅 방법은 무엇인가?

① 위치 타기팅   ② 사용자 기반 타기팅
③ 제외 타기팅   ④ 콘텐츠 기반 타기팅

13 다음 중 유튜브 애널리틱스에서 시청자의 영상 시청 위치를 확인할 수 있는 성과 지표는?

① 재생목록   ② 기기 유형
③ 월별 예상 수익   ④ 트래픽 소스

14 다음 중 유튜브 광고가 불가한 동영상 등록 상태는?

① 유튜브 채널 내 '공개' 상태인 동영상
② 유튜브 채널 내 '미등록' 상태인 동영상
③ 유튜브 채널 내 '일부공개'로 설정된 동영상
④ 유튜브 채널 내 '비공개' 상태인 동영상

15 다음 중 동영상 광고의 품질 평가에 영향을 주지 않는 것은?

① 동영상 광고비 수준   ② 동영상의 클릭률
③ 동영상 재생 진행률   ④ 동영상의 조회율

16 다음 중 유튜브에서 제시되는 영상 목록에 대한 설명으로 옳지 않은 것은?

① 추천 영상은 현재 시청자가 보고 있는 유사한 주제의 영상 목록이나 과거 시청 이력을 바탕으로 한 유사 주제의 영상 목록이다.
② 추천 영상에 노출되더라도 클릭을 유도하기 위해 썸네일과 제목을 잘 만들어야 한다.
③ 유명 크리에이터의 동영상은 우선적으로 인기 급상승 동영상 리스트에 들어간다.
④ 인기 급상승 동영상 목록에 들어가기 위해서는 구독자 1,000명 이상의 구독자가 있어야 한다.

17 다음 중 유튜브 채널 수익 창출 조건으로 옳지 않은 것은?

① 최근 12개월간 유효 시청 시간 4,000시간 이상

② 구글애즈 연결

③ 채널 커뮤니티 위반 경고 없음

④ 구독자 10,000명 이상

18 다음 중 유튜브를 통한 수익 창출과 관련해 옳지 않은 것은?

① RPM은 동영상 조회수 1회당 벌어들인 수익을 나타내는 지표이다.

② 수익은 유튜브 스튜디오의 애널리틱스를 통해 확인할 수 있다.

③ 수익원은 유튜브 프리미엄 수익, 광고, 멤버십 등 여러 가지이다.

④ 수익 창출을 위해서는 유튜브 파트너 프로그램에 참여해야만 한다.

19 유튜브 동영상 광고 게재 순위를 산정하는 데 포함되는 요소가 아닌 것은?

① 영상 클릭률　　　　　　② 영상 조회율

③ 영상 좋아요, 댓글, 공유 수　　④ CPV 입찰가

20 다음 중 합성 잠재고객 세그먼트에 대한 설명으로 옳지 않은 것은?

① 제품과 관련된 특정 키워드, URL 및 앱을 포함한 맞춤 세그먼트를 설정할 수 있다.

② 키워드, URL, 앱을 입력해 원하는 세그먼트에 도달하는 방법을 결정할 수 있다.

③ 상세한 인구통계, 관심 분야 등 여러 세그먼트 속성을 교차하여 타기팅을 설정하는 것이다.

④ 메인 광고를 본 사람에게 서브 광고를 보여 주는 방식으로 진행된다.

01 정답 ②

해설   트루뷰 인스트림 광고는 영상 내 랜딩 URL, 컴패니언 배너, CTA를 클릭했을 때 과금된다.

02 정답 ④

해설   풀스크린 광고는 네이버 밴드 광고의 유형이다.

03 정답 ④

해설   유튜브의 건너뛸 수 있는 광고(트루뷰 인스트림 광고)에서 과금이 시행되는 시점은 30초 이상의 영상일 경우는 30초를, 30초 미만일 경우는 시청을 완료해야 광고 비용이 발생한다.

04 정답 ④

해설   브랜드 리프트는 유튜브 성과 측정 도구로, 광고 상기도, 브랜드 인지도, 구매 고려도, 브랜드 선호도, 브랜드 구매의도의 총 5가지를 측정한다.

05 정답 ①

해설   유튜브 영상의 전후 또는 중간 부분에 송출되며, 스킵이 불가능한 6초 이하의 광고이다.

06 정답 ①

해설   유튜브 광고 성과 측정에는 조회 실적, 클릭 실적, 참여 실적, 도달범위 및 게재 빈도 등이 해당한다.

07 정답 ③

해설   컴패니언 광고는 인스트림 광고 노출 시 동반 노출되는 광고 형태로, 비디오 컴패니언 배너와 이미지 컴패니언 배너 2가지 형태 중 선택할 수 있다. 배너를 클릭하면 광고를 지정 시간 이상 보지 않아도(CPV 과금으로 지정한 경우) 조회로 세지만, 중복되어 과금되지 않는다.

08 정답 ③

해설   유튜브 채널에 업로드된 영상은 링크를 이용해 광고로 노출되도록 세팅되기 때문에 유튜브 광고에 사용할 영상은 반드시 유튜브 채널에 업로드되어 있어야 한다. 광고 정책에 위반되지 않는 영상은 모두 광고 운영이 가능하며, 광고 정책은 업종도 해당하므로 광고 운영 전에 광고 정책을 위반하지 않는지를 확인하는 것이 중요하다. 광고 소재로 사용할 수 있는 영상은 '공개', '일부공개'로 업로드된 영상만 가능하다.

09 정답 ④

해설 경매 구매가 아닌 예약 구매하는 유튜브의 광고는 마스트헤드 광고, 범퍼 광고, 건너뛸 수 없는 인스트림 광고, 건너뛸 수 있는 인스트림 광고, Shorts 광고, 그리고 유튜브 키즈 앱의 인스트림 광고가 있다.

10 정답 ①

해설 유튜브에 콘텐츠를 게시할 때 사용자를 커뮤니티 가이드 위반 콘텐츠로 연결하는 외부 링크는 콘텐츠에 게시할 수 없다. 따라서 음란물로 연결되는 링크, 멀웨어를 설치하는 웹사이트나 앱으로 연결되는 링크, 사용자의 로그인 정보, 금융 정보 등을 피싱하는 웹사이트 또는 앱으로 연결되는 링크, 유튜브 규제 상품 가이드에 명시된 상품의 판매 사이트로 연결되는 링크는 사용할 수 없다.

11 정답 ③

해설 예약구매 광고는 고정 가격으로 노출수를 구매해 최적화된 광고를 게재하고, 입찰에서 제공되지 않는 형식과 기능을 사용해 광범위한 잠재고객에게 도달이 가능하다. 입찰 구매로만 이루어지던 범퍼 광고(고정 CPM으로 진행할 때), 건너뛸 수 없는 인스트림 광고/건너뛸 수 있는 인스트림 광고도 구글애즈에서 예약 캠페인을 신청하거나 Display & Video 360의 빠른 예약을 통해 구매가 가능해졌다.

12 정답 ②

해설 게재 지면 고려 없이 잠재고객의 성향만을 근거로 타기팅하는 방법은 사용자 기반 타기팅이다. 사용자 기반 타기팅은 인구통계, 관심 분야, 구매 의도 등을 통해 세부 타기팅이 가능하다.

13 정답 ④

해설 애널리틱스에는 개괄 지표, 도달 관련 지표, 인게이지먼트, 시청자, 수익, 검색 리포트 등이 있다. 도달 관련 지표에서는 영상 시청 위치를 나타내는 트래픽 소스, 채널로 연결된 웹사이트와 앱에 대한 정보인 외부 트래픽, 콘텐츠 시청 기기 유형 등을 알 수 있다.

14 정답 ④

해설 유튜브 광고영상을 업로드할 때 공개, 일부공개로 설정해 업로드된 영상만 노출된다. 동영상을 유튜브를 통해 올렸지만, 유튜브나 구글에서 검색되지 않길 원한다면 미등록으로 설정하면 된다. 비공개는 내가 선택한 사용자만 보기가 가능하도록 설정하는 것으로 광고 게재가 불가능하다.

15 **정답** ①

해설 품질평가점수는 유튜브 동영상 광고의 품질을 점수로 매긴 것으로, 품질평가점수가 좋으면 광고 비용을 낮추고 광고 게재 순위를 상승시킬 수 있다. 품질평가점수는 조회율(View Through Rate: VTR), 동영상 재생 진행률, CTR(노출수 대비 클릭수), 이전 광고 이력의 요소에 따라 점수가 결정된다. 광고비 수준은 광고의 품질평가점수에 영향을 주지 않는다.

16 **정답** ③

해설 추천 영상에 노출되더라도 클릭을 유도해 시청이 이루어지도록 썸네일과 제목 등을 잘 만드는 것이 중요하다. 인기 동영상 게재 위치는 특정 크리에이터를 우대하지 않는다.

17 **정답** ④

해설 유튜브 파트너 프로그램(Youtube Partner Program) 참여 시 필요한 최소 자격 요건은 구독자수 1,000명 이상이어야 한다.

18 **정답** ①

해설 RPM(Revenue Per Mille)은 동영상 조회수 1,000회당 벌어들인 수익을 나타내는 지표이다.

19 **정답** ③

해설 유튜브 동영상 광고 게재 순위 산정에는 CPV 입찰가, 광고 품질, 광고 순위 기준, 입찰 경쟁력, 사용자 검색의 문맥, 확장 소재, 다른 광고 형식의 예상 효과 등의 요소들을 고려하여 계산되는데, 입찰 시 광고 품질은 영상 클릭률, 영상 조회율, 광고 관련성, 방문 페이지 만족도를 말한다. 사용자 검색의 문맥은 시청 위치, 기기, 검색 시점, 검색어의 특성, 페이지에 게재되는 다른 광고 및 검색 결과, 다른 사용자의 신호 및 속성 등을 말한다.

20 **정답** ④

해설 합성 세그먼트는 상세한 인구통계, 관심 분야 등 여러 가지 세그먼트 속성을 교차하여 타기팅 세그먼트를 표현하는 효과적인 타기팅 옵션이다. 메인 광고를 본 사람에게 서브 광고를 보여 주는 방식은 리마케팅, 즉 내 데이터를 활용하는 방식이다.

Chapter 03 | 카카오톡

카카오톡

○ 카카오톡은 카카오에서 제공하는 대표적인 SNS임

○ 2010년부터 서비스를 시작함. 통신망만 확보되면 무료로 메시지를 주고받을 수 있다는 장점을 내세워 모바일 채팅 문화의 혁신을 주도함

○ 카카오의 소셜미디어 플랫폼으로는 카카오톡, 카카오스토리가 대표적임

○ 카카오톡의 사용자수는 약 5,000만 명이며, 1억 회 이상의 다운로드 수를 보유하고 있음

○ 사실상 전 국민이 사용하고 있는 국민 메신저의 역할을 하며, 단순히 국민 메신저 앱을 넘어 스마트폰 문화 확산을 상징하고 있음

○ 카카오 채널(고객과 커뮤니케이션하는 카카오톡 비즈니스 홈), 다음(Daum) 등에서 다양한 광고 유형의 광고를 진행할 수 있음

1. 카카오톡 채널 운영

(1) 특징

① 톡채널 내 브랜드 아이덴티티를 구축하고 톡채널의 친구들과 메시지를 통한 소통을 진행하면서 친구들에게 브랜드를 끊임없이 노출하며, 브랜드 로열티를 높일 수 있음

② 카카오톡 채널홈 내에 포스트를 발행하고, 댓글을 통해서 커뮤니케이션할 수 있음

③ 다양한 타기팅 방식을 기반으로 메시지를 발송할 수 있는 CRM 마케팅 공간이라 할 수 있음

(2) 주요 기능과 게재 지면

① 주요 기능

포스트	• 채널을 개설하면 비즈니스 정보와 소식 공유가 가능한데, 포스트를 발행하면 채널홈에 노출되어 카카오톡 사용자에게 내 채널의 소식을 전달하는 기능을 함 • 게시글의 URL을 복사하여 외부에 공유할 수도 있음 • 사진이나 카드뷰를 첨부한 글에서는 포토뷰어/카드뷰어도 가능함
메시지	• 새로운 콘텐츠, 이벤트 정보, 필수 공지 사항 등 다양한 정보를 전체 메시지로 발송하는 기능을 함 • 메시지 유형으로는 기본 텍스트형, 와이드 이미지형, 와이드 텍스트형, 캐러셀 커머스형, 캐러셀 피드형을 비롯해 첨부한 동영상이 말풍선에서 자동 재생되는 프리미엄 동영상형이 신규로 추가되었음 • 메시지 발송을 위해서는 캐시 충전이 필요함. 캐시 충전을 위해서는 먼저 월렛을 만들고 캐시를 충전해야 함
비즈니스 도구> 쿠폰	• 카카오톡 사용자에게 즉석 당첨 쿠폰을 만들어 메시지에 첨부해 보내거나 카드뷰에 쿠폰을 첨부할 수 있음
비즈니스 도구> 스마트 채팅	• 채팅방 메뉴(이전 명칭: FAQ형): 사용자가 메뉴를 클릭함으로써 관리자센터에서 저장한 응답을 자동으로 받을 수 있음 • 채팅방 커스텀: 자주 묻는 질문(FAQ)과 챗봇뿐만 아니라 쿠폰이나 포스트, URL 등 다양한 기능을 한 번에 사용할 수 있음
채팅(1:1)	• 1:1 채팅을 통해 문의, 예약, 상담 진행이 가능함(개인정보 보호를 위해 1:1 채팅 메뉴에 접근하려면 관리자의 추가 인증이 필요함) • 채팅 가능 시간 설정, 채팅 목록 관리 등을 비롯해 친구에게 채팅 메시지(텍스트, 이미지, 동영상, 파일)를 전송할 수 있음
서비스 연결> 매장관리	• 채널과 카카오맵 매장관리 서비스를 연결하여 매장관리에 등록해 둔 데이터와 채널 데이터를 연동함

서비스 연결> 톡스토어	• 운영 중인 톡스토어 정보를 제공함
서비스 연결> 톡체크아웃	• 운영 중인 톡체크아웃(톡체크아웃 관리자센터에서 비회원도 쇼핑몰 고객처럼 관리 가능한 비즈니스 도구) 정보를 제공함

② 게재 지면: 카카오톡 검색 및 친구탭에 카카오톡 채널이 노출됨

(3) 채널 시작하기

① 카카오비즈니스 회원가입: 카카오 계정으로 로그인 후, 카카오비즈니스 통합 회원으로 전환을 완료해야만 카카오톡 채널을 이용할 수 있음
② 채널 관리자센터 웹/앱 접속 또는 카카오톡 첫 번째 탭 채널 메뉴에 진입함
③ 채널을 개설함
④ 프로필 및 홈탭을 설정함
　　㉠ 프로필 정보 채우기, 채널 공개 설정을 ON으로 변경
　　㉡ 웰컴 메시지 작성
⑤ 활용 및 운영
　　㉠ PC 관리자센터뿐만 아니라 채널 관리자 APP, 카카오톡에서도 채널 개설, 관리 가능
　　㉡ 다양한 카카오톡 채널 홍보 도구 활용 가능: 스티커 라벨, X 배너, 포스터, 미니포스터, 온라인 이미지형

(4) 성과 분석

① 카카오톡 채널 관리자센터 > 대시보드 > 비즈니스 채널: 정보 확인, 검색 상위 노출, 노출 기회를 제공하고 비즈메시지를 사용할 수 있음
② 카카오톡 채널 관리자센터 > 대시보드 > 최근 7일 비즈니스 성과(7일간의 합계): 친구수, 채널 조회수, 포스트(조회수, 누적 반응수), 1:1 채팅 요청자수, 채팅방 메뉴 클릭수, 메시지 노출수 합계, 쿠폰 응모의 합계 분석이 가능함
③ 유사 업종 채널: 동일한 카테고리에 속한 프로필이 등록한 포스트를 참고하여 내 채널을 관리함

2. 카카오에서 광고하기

(1) 카카오모먼트

① 카카오의 광고는 대표 광고 플랫폼인 카카오모먼트를 통해 카카오 비즈보드 광고, 디스플레이 광고, 동영상 광고, 다음 쇼핑 광고 등을 집행함

② 카카오모먼트의 장점

　㉠ 전 국민이 항상 로그인 상태인 카카오톡을 중심으로 다양한 지면에 광고 노출: 다양한 연령대가 사용하는 SNS인 카카오톡과 카카오의 핵심 서비스, 그리고 주요 파트너 서비스 등 다양한 지면에 광고가 노출됨

　㉡ 카카오의 빅데이터 기반 타기팅 지원: 카카오의 서비스에서 확보한 데이터를 기반으로 맞춤 타깃, 모먼트, 데모그래픽, 상세 타깃 설정 등 다양한 오디언스 설정을 통해 최적의 타깃에 광고 노출이 가능함

　㉢ 다양한 광고 목적에 맞는 최적화 지원: 광고주가 원하는 랜딩으로의 방문 극대화, 광고주의 비즈니스에 대한 관심을 구매 또는 참여, 설치 등의 행동으로 전환을 유도함. 광고주의 동영상 광고를 많은 사람이 조회하도록 유도하여 홍보 및 브랜딩을 강화하는 등의 목표별 최적화를 통해 광고 성과를 높일 수 있음

　㉣ 지면에 가장 알맞은 광고 크리에이티브 사용: 동영상, 이미지, 메시지형에 이르는 다양한 크리에이티브를 사용할 수 있음

(2) 노출 영역과 과금 방식

① 노출 영역: 카카오 비즈보드, 디스플레이, 카카오톡 채널 메시지, 동영상, 다음 쇼핑, 상품 카탈로그에 광고 노출(집행)이 가능함

② 과금 방식

　㉠ 카카오모먼트 광고 단가는 고정 단가가 아닌 과금 방식, 입찰가, 광고 반응률 등 입찰에 참여하는 요소들이 실시간 계산되어 반영되는 실시간 입찰 방식을 사용함

　㉡ 광고 목적에 따른 다양한 입찰 방식이 있으며, 클릭 발생 시에 과금하는 CPC(Cost Per Click)가 대표적임

3. 카카오 광고 유형

(1) 카카오 비즈보드 광고

① 카카오 비즈보드

    ㉠ 카카오톡 채팅탭 최상단에 위치하여 노출수가 매우 높음

    ㉡ 카카오톡 채팅탭의 메가 트래픽을 활용하여 최적의 광고 효율을 끌어낼 수 있는 광고 상품임

    ㉢ 효율적인 카카오톡 내의 랜딩 방식을 광고주가 선택할 수 있으며, 카카오싱크, 비즈니스폼, 비즈플러그인 등을 활용하여 광고주가 원하는 최종적인 마케팅 액션으로 연결할 수 있음

    ㉣ 퍼포먼스 중심의 비딩형 광고로, 빅데이터 기반의 최적화된 맞춤형 광고임

② 카카오 비즈보드 CPT

    ㉠ CPT(Cost Per Time) 구매 방식으로, 일정 시간 동안 카카오톡 친구탭 내에 단독으로 노출되는 비즈보드 광고 유형 중의 하나임

    ㉡ 애드뷰, 챗봇, 비즈니스폼 등 다양한 프리미엄 랜딩페이지와 연결됨

    ㉢ 카카오싱크, 비즈니스폼, 비즈플러그인 등을 활용한 마케팅 액션으로 연결할 수 있음

    ㉣ 모션 비즈보드: 카카오톡 친구탭에 진입 시 동영상 소재가 3초간 자동 재생됨

        • 일반 유형: 동영상 재생 후 배경 이미지, 텍스트, 오브젝트 에셋이 애니메이션 효과와 함께 노출

        • 익스펜더블 유형: 애니메이션 보드 재생 시에 확장 클릭 영역을 선택하면 익스펜더블 요소가 확장

    ㉤ 커스텀 비즈보드: 투명 배경 외에 그러데이션, 패턴, 실사 이미지 등을 배경으로 사용한 비즈보드를 말함

③ 카카오 비즈보드의 게재 지면

    ㉠ 카카오 비즈보드의 게재 지면은 크게 카카오톡 내 지면, 카카오톡 외 지면으로 구분됨

    ㉡ 카카오톡 내 지면: 채팅탭과 오픈채팅탭의 최상단, 친구탭 중심에 노출(채팅탭에만 노출할 수 있도록 선택 설정이 가능함)

    ㉢ 카카오톡 외 지면: 다음, 카카오 서비스(카카오페이지, 카카오헤어샵, 카카오T, 카카오지하철, 카카오내비 등), 네트워크 지면(카카오와 제휴를 맺고 있는 외부 네트워크 지면)

    ㉣ 카카오모먼트에서 카카오 비즈보드 등록 시 게재 지면 선택 가능함

④ 카카오 비즈보드 만들기

　㉠ 광고캠페인 설정: 도달, 방문, 전환의 3가지 광고 목표 중 광고 운영 목적에 맞게 광고 목표를 선택함

〈표〉 비즈니스 목표와 캠페인 목표 설정

비즈니스 목표	캠페인 목표	광고 운영
브랜드 인지도 확보	도달	전체적으로 더 많은 사람에게 도달되도록 운영
브랜드의 자사몰 또는 연관 페이지로의 유입	방문	클릭할 가능성이 많은 타깃에게 도달되도록 운영
회원가입, 앱 설치, 구매 등 전환	전환	픽셀&SDK의 이벤트별 전환 가능성이 큰 타깃에게 도달되도록 운영

　㉡ 광고그룹 만들기: 인구통계 타기팅만 지원(맞춤 타깃 불가), 일예산, 집행 기간, 게재 방식(일반 게재/빠른 게재), 광고 요약 탭을 통해 광고그룹 설정 정보와 예상 모수를 확인하고, 광고그룹의 이름을 설정함

　㉢ 소재 만들기: 기존 소재 혹은 새 소재 등록, 랜딩 유형 설정(URL, 애드뷰, 채널웹뷰, 챗봇, 비즈니스폼, 톡캘린더, 소식), 비즈보드 익스팬더블 확장 요소를 선택함

　㉣ 랜딩 URL 설정: URL, 애드뷰, 채널웹뷰, 챗봇, 비즈니스폼, 톡캘린더, 소식 등 액션이 완결되는 랜딩 유형을 설정함

　㉤ 비즈보드 익스팬더블 확장 요소 선택: 카카오 비즈보드의 프리미엄 확장 형태로 확장 요소(행동 유도 버튼)를 등록하여 최종 랜딩으로 연결됨

　㉥ 추적 옵션 설정: 노출수 추적 URL, 클릭수 추적 URL을 설정해 카카오 광고의 노출수, 클릭수를 파트너사에서 확인할 수 있음

⑤ 카카오 비즈보드 소재 제작

　㉠ 사이즈 1029×258px로 배경이 투명한 이미지 제작이 기본. 카카오 비즈보드 CPT에서는 일부 요소에 대해 제작 기준을 완화하였음

　㉡ 비즈보드는 오브젝트형, 썸네일형, 마스킹형, 텍스트형으로 소재 유형을 제공함

〈표〉 카카오 비즈보드의 소재 유형

소재 유형	설명
오브젝트형	배경이 제거된 오브젝트 이미지를 사용한 소재
썸네일형	박스형 또는 블러형 썸네일 이미지와 멀티 이미지를 사용한 소재
마스킹형	반원 또는 원기둥형의 썸네일 이미지를 사용한 소재
텍스트형	텍스트형 텍스트로만 된 소재(한 줄 또는 두 줄 작성 가능)

오브젝트형	**앙증 폭발! 카카오프렌즈 인형** 2020 리틀프렌즈 출시 기념 기획전	
썸네일형	**한 여름에 떠나는 비치펍 여행** 카카오 프렌즈와 함께 떠나는 랜선 파티	**한 여름에 떠나는 비치펍 여행** 카카오 프렌즈와 함께 떠나는 랜선 파티
마스킹형	**후회없는 쇼핑 카카오페이** 페이카드2로 결제하면 20% 캐시백	
텍스트형	**앙증 폭발! 카카오프렌즈 인형 기획전** 2020 리틀프렌즈 출시 기념 이벤트	

출처: 카카오 비즈니스 가이드.

  ⓒ 카카오 비즈보드 CPT 배너 제작
- 카카오 비즈보드 CPT 오브젝트형에서는 이미지의 가로 사이즈를 420px까지 확장 가능함
- 카카오 비즈보드 CPT 썸네일 박스형에서는 340px까지 확장 가능함
- 이미지를 우측에만 정렬했던 기존의 제작 방식과 달리, 우측형 및 좌측형 중 선택하여 제작 가능함
- 일부 고딕 계열 폰트 허용, 텍스트 꾸밈 효과, 텍스트 컬러 효과, 텍스트 영역 확장 등 가능함

  ⓔ 클릭을 유도하는 비즈보드 배너 제작
- 카피와 이미지에 리워드 또는 목적이 강조되는 내용을 포함하여 주목도를 확보할 수 있음
- 카카오 비즈보드는 모바일 화면 내의 수많은 한글 텍스트 사이에서 자연스럽게 노출이 되고 있기에 '특수문자, 영어, 숫자'를 활용하는 것이 바람직함
- 시즈널 이슈를 반영한 소재가 클릭 유도에 유리함

 ⑥ 비즈보드 익스팬더블
  ㉠ 카카오 비즈보드의 프리미엄 확장 형태로 확장 요소(행동 유도 버튼)를 등록해 최종 랜딩으로 연결함
  ⓛ 익스팬더블 유형: 동영상형, 이미지형, 멀티형
- 동영상형: 배너 내 힌트 에셋을 클릭 시 영상이 자동으로 확장되는 형태
- 이미지형: 확장된 이미지를 통해 정보 제공 및 전환 유도
- 멀티형: 확장된 화면에서 상품의 상세 이미지, 가격 정보 등 풍성한 상품 정보를 카탈로그 형태로 제공하며, 이를 통해 브랜드의 인지도를 높이고 고객 전환 유도

ⓒ 비즈보드 익스팬더블은 카카오톡 친구탭, 채팅탭, 오픈채팅탭에서만 노출되며, 그 외의 지면에서는 익스팬더블 확장 요소 없이 일반 배너로만 노출됨

ⓓ 카카오 비즈보드 CPT에서도 익스팬더블 집행이 가능함

⑦ 카카오 비즈보드 랜딩 유형

㉠ 카카오 비즈보드는 URL, 애드뷰, 채널웹뷰, 챗봇, 비즈니스폼, 톡캘린더, 소식 등 다양한 랜딩 유형을 제공함

㉡ 애드뷰: 채팅리스트 아래에서 위로 노출되는 화면으로, 자연스럽게 광고 상세 정보 노출 및 유저 주목도 확보가 가능함. 애드뷰는 풀뷰와 콤팩스뷰로 구분되며, 2가지 모두 게재 지면 중 카카오톡 내(채팅탭, 오픈채팅탭)에서만 노출 가능함

• 애드뷰(풀뷰): 모바일 화면 전체를 세로 이미지 또는 세로 동영상으로 채워 사용자의 주목도를 확보할 수 있는 형식임

• 애드뷰(콤팩트뷰): 모바일 화면 절반 정도 크기로 노출되며, 네이티브 광고와 같이 이미지 또는 동영상과 함께 홍보 텍스트로 구성되어 있음

㉢ 비즈니스폼: 이벤트 참여 유도, 설문조사 등을 진행하기 위해 별도의 이벤트 페이지 제작 및 플러그인 설치 혹은 개발 없이 이용자의 즉각적인 참여 및 응답 확보가 가능함

• 비즈니스폼은 바로 응모형, 설문조사형, 신청예약형의 3개로 구분됨

• 참여자의 동의하에 카카오 계정 하위 개인정보인 닉네임, 이메일, 전화번호의 별도의 입력 절차 없이 진행이 가능함

[그림] 비즈니스폼 유형

출처: 카카오 비즈니스 인사이트.

ㄹ 톡캘린더: 상품 오픈 이벤트, 콘서트와 같은 대외 행사 등 유의미한 이벤트 일정이 있을
때 효과적인 랜딩 유형임. 일정 안내 확인 및 등록을 안내할 수 있고, 일정에 대한 알림/
미리 알림 기능을 통해 행사 참여 유도가 가능함

[그림] 톡 캘린더 개요

출처: 카카오 비즈니스 인사이트.

ㅁ 카카오 비즈보드 랜딩 유형 정리

랜딩 유형	설명
URL	• 광고주 권한의 공식 페이지 URL과 연결
애드뷰	• 채팅탭에서 별도 브릿지페이지 노출 • 애드뷰 내 액션 유도 버튼 노출
채널웹뷰	• 카카오톡 채널 채팅방 내 웹뷰 노출 • 웹뷰를 닫을 시, 카카오톡 채널 채팅방 내에서 종료
챗봇	• 챗봇이 설정된 광고주 카카오톡 채널 채팅방에 접속 • 셋팅한 키워드 메시지 노출 • 해당 채팅방에 최초 접속일 경우 챗봇 웰컴메시지 노출
비즈니스폼	• 카카오톡 사용자가 톡 안에서 손쉽게 참여할 수 있는 응모, 설문조사, 신청/예약 등의 신청 서비스 설계 지원 • 카카오 비즈보드와의 연결을 통해 사용자의 즉각적인 참여 및 응답 확보 가능
톡캘린더	• 사용자에게 간편하게 일정을 안내하고, 일정 알림을 통해 행사 참여 유도 가능 • 내 톡캘린더에 일정 저장, 알림 지정 시 해당 일정 알림 수신 가능
소식	• 카카오톡 채널에서 발행한 소식으로 랜딩

앱 마켓/스토어 연결	• 랜딩을 앱 마켓/스토어로 연결할 경우, '앱다운로드 설정'을 필수로 선택해야 함
카카오 서비스 연결	• 카카오페이지, 카카오T, 카카오내비, 카카오맵 등과 연결 • 랜딩을 카카오서비스로 연결할 경우에는 오브젝트형, 썸네일형, 마스킹형에 한해 앱 아이콘 카피 영역에 관련 문구 기재 가능('카카오톡' 아이콘 노출은 필수적)

⑧ 인랜딩 버튼의 사용

　㉠ 선물하기, 톡채널 등 카카오 서비스와 연결되는 인랜딩을 활용하는 경우에 비즈솔루션 배지를 필수적으로 표기해야 했으나, 2023년 9월부터 비즈솔루션 배지가 폐지되어 자유롭게 표기가 가능해짐

　㉡ 카카오 인랜딩을 활용하려면 인랜딩 버튼 가이드를 준수하고, 해당 버튼은 앱 아이콘 위치에 표기해야 함

인랜딩 버튼 가이드

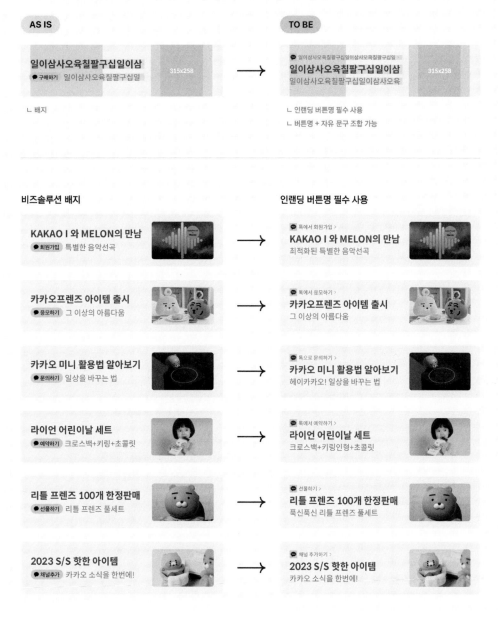

[그림] 인랜딩 버튼 사용 개요

출처: 카카오 비즈니스 인사이트.

배지 - 플래그형

✔ 적용 가능 유형 : 오브젝트형, 썸네일형

마스킹형, 텍스트형 배너에서는 신규 배지 요소를 제공하지 않음

- 문구 : 할인율, 할인 및 혜택 관련 문구 입력 가능
- 입력 글자수 : 최대 두 줄 형으로 입력 가능
- 배지 색상 : 7종(● ● ● ● ● ● ●) 제공
  * 지정된 컬러만 사용 가능

배지 - 띠형

✔ 적용 가능 유형 : 썸네일형 → 단일 이미지 → 박스형

마스킹형, 텍스트형 배너에서는 신규 배지 요소를 제공하지 않음

- 문구 : 할인율, 할인 및 혜택 관련 문구 입력 가능
- 입력 글자수 : 최대 두 줄 형으로 입력 가능
- 배지 색상 : 7종(● ● ● ● ● ● ● / Opacity 75%) 제공
  * 지정된 컬러만 사용 가능

[그림] 배지 적용 방식

출처: 카카오 비즈니스 인사이트.

⑨ 배지(플래그형, 띠형) 템플릿 추가

　㉠ 할인율, 할인 및 혜택 관련 문구를 플래그나 띠 형태로 포함하는 것이 가능함

　㉡ 플래그형: 오브젝트형과 썸네일형에 적용 가능. 플래그는 지정된 7종의 색으로만 사용함

　㉢ 띠형: 썸네일형에서 박스 형태의 띠로 적용. 띠는 투명도 75% 적용, 지정된 7종의 색만 사용 가능함

　㉣ 카카오 비즈보드와 카카오 비즈보드 CPT 중 일반 비즈보드에서만 신규 배지 요소로 제공함(모션 비즈보드와 커스텀 비즈보드는 해당 없음)

⑩ 비즈플러그인

　㉠ 비즈플러그인은 카카오톡 내에서 사용자를 대상으로 비즈니스를 확장할 수 있도록 도와주는 무료 비즈니스 도구임

　㉡ 비즈플러그인을 통해 개인정보 이용 동의, 회원가입, 위치전송, 이미지 보안 전송, 옵션 선택, 결제 등의 다양한 활동을 카카오톡 내에서 화면 전환 없이 할 수 있음

　㉢ 비즈플러그인 유형

유형	설명
개인정보 이용 플러그인	개인정보 이용 동의가 필요한 경우, 카카오톡 안에서 화면 전환 없이 간단하게 개인정보 이용 동의받기
카카오싱크 플러그인	서비스 제공에 필요한 회원가입 동의를 쉽고 빠르게 받기
위치 전송 플러그인	사용자의 위치를 카카오톡 안에서 화면 전환 없이 편리하고 빠르게 전송받기
이미지 보안 전송 플러그인	서비스에 필요한 이미지를 안전하게 전송받기

(2) 카카오 디스플레이 광고

① 디스플레이 광고는 브랜드와 관련 있는 최적의 오디언스 설정을 통해 최적의 순간에 광고를 노출하여 퍼포먼스를 극대화할 수 있음

② 게재 지면

　㉠ 카카오톡: 친구탭, 채팅탭, 뷰탭, 더보기탭의 모바일 지면과 PC 로그인 시 팝업, 그리고 채팅창 하단까지 다양한 콘텐츠 소비 영역에 노출

　㉡ 다음카페: 다음카페 인기글 내 영역에 노출

　㉢ 카카오스토리: 카카오스토리 사용 시 소식 피드 사이에 자연스럽게 광고 노출

　㉣ 카카오페이지, 카카오헤어샵과 같은 프리미엄 네트워크 서비스에서 노출

③ 카카오 디스플레이 소재 유형

    ㉠ 이미지 네이티브형: 콘텐츠 페이지 또는 소셜미디어 피드 사이에 자연스러운 형태로 구성해 노출

    ㉡ 이미지 카탈로그형: 하나의 소재에 최대 10개의 상품 정보를 효과적으로 노출

④ 광고 목표

    ㉠ 방문: 광고주가 원하는 랜딩으로 사용자들의 방문을 극대화하여 원하는 마케팅 목표 달성

    ㉡ 전환: 비즈니스에 대한 관심을 구매, 참여, 설치 등의 행동으로 전환

⑤ 입찰 방식: CPC와 CPM 지원

(3) 브랜딩 디스플레이 광고

① 1일 독점이나 시간대 노출 보장형 디스플레이 광고임

② 유형

    ㉠ 리치팝 올데이: 카카오톡 PC 버전 로그인 시 우측 하단 플로팅 팝업으로 노출되는 광고 상품으로, 하루를 단독으로 점유하면서 카카오톡 PC 버전 사용자 대상으로 1일 1회 노출이 보장되어 신상품 론칭 등 브랜딩 캠페인에 적합함

    ㉡ 포커스 보드(beta): 카카오톡 PC 버전 메인창 하단 고정 영역에 노출되는 광고 상품으로, 시간대 단위로 구매가 가능함. 영상 재생 이후 다양한 배너 노출이 가능해 반복적인 브랜드 메시지 전달로 브랜딩 효과를 얻고 싶은 광고주에게 적합한 광고 상품임

③ 일부 업종 제한 있음

(4) 카카오 동영상 광고

① 카카오의 프리미엄 콘텐츠 영역에 노출되는 동영상 광고 유형임

② 인스트림과 아웃스트림의 2가지 형태로 노출됨

    ㉠ 인스트림 광고: 카카오톡을 중심으로 뷰 탭, 카카오TV 앱/웹, 다음 스포츠 영상 등 다양한 동영상 지면에 동영상 시청에 최적화된 형태로 노출됨

    ㉡ 아웃스트림 광고: 카카오톡, 다음, 카카오스토리, 카카오서비스 지면에 동영상 광고로 노출됨

③ 1개의 소재로 인스트림, 아웃스트림 동영상 광고를 한 번에 노출할 수 있음

④ 동영상 조회당 비용이 과금되는 방식(CPV)으로 영상 3초 재생 시부터 과금됨(동영상 광고의 노출수는 게재 지면에 1초 이상 노출되었을 때 집계됨)

(5) 카카오 채널 메시지 광고

① 카카오톡 채널의 카카오톡 채팅방으로 전달되는 메시지형 광고임
② 다양한 형태의 메시지 유형을 지원하여 마케팅 목적에 맞게 메시지 발송이 가능함
　㉠ 와이드 이미지형, 와이드 리스트형, 기본 텍스트형, 캐러셀형, 프리미엄 동영상형 등 다양한 형태의 메시지 유형을 지원함
　㉡ 카카오톡 채널과 친구 관계인 사용자 또는 친구그룹, 혹은 사용자 중 데모그래픽, 관심사 등을 활용해 타켓 오디언스로 추정되는 사용자에게 메시지 발송이 가능함

(6) 개인화 메시지

① 특정한 고객 행동 이벤트가 발생한 시점에 고객 맞춤형 데이터를 포함한 메시지를 카카오모먼트 및 API를 활용하여 카카오톡 채팅방으로 손쉽게 전달하는 메시지형 광고 상품임
② 시간을 예약해서 메시지를 발송하는 방식이 아니라, 이벤트 발생 시 자동으로 발송되는 맞춤형 메시지임
③ 카카오모먼트에서 채널 메시지를 등록하고 운영하는 기능과 동일해 사용이 편리함
④ 실제 메시지 발송 비용만 청구되어 저렴한 비용으로 집행이 가능함
⑤ 채널 메시지 광고와의 차이점

구분	채널 메시지	개인화 메시지
발송 대상	친구 관계	친구 관계+자사몰 회원 가입자
타기팅	카카오모먼트 타기팅 활용	고객 행동 데이터 활용
과금 방식	CPMS(Cost Per MeSsage)	CPMS(Cost Per MeSsage)
발송 내용	모든 타깃에게 동일한 메시지	고객명 등이 포함된 개인 맞춤형 메시지
발송 방식	예약된 시간에 일괄 발송	고객 행동 이벤트 발생 시 발송

(7) 쇼핑광고

① 모바일 다음 웹/앱 내 발견/뉴스/랭킹/연예/TV 등 총 8개 탭과 PC 다음 메인페이지 우측 가운데 등 쇼핑에 특화된 영역에 집중하여 노출되는 광고 상품임

② 구좌 단위로 판매(CPT 과금)됨
③ 광고 소재 구성: 이미지＋텍스트＋랜딩 URL
④ 카카오모먼트에서 집행이 가능함

(8) 상품 카탈로그

① 상품 정보를 연동하여 사용자에게 맞춤형 광고를 보여 주는 광고로, 카탈로그에 등록한 상품 세트 정보가 연동되어 최소 1개에서 최대 10개의 상품이 다이나믹한 템플릿으로 노출됨
② 카카오 서비스의 모바일, PC 지면에 노출됨
③ 전환을 목표로 하며, 전환수를 최대화할 수 있는 CPC 자동 입찰 방식으로 과금됨
④ 인구통계, 행동 또는 관심사를 기반으로 타기팅이 가능함

(9) 브랜드이모티콘

① 브랜드의 아이덴티티를 담은 브랜드 이모티콘으로 이벤트 참여를 자연스럽게 유도하고 효과적인 브랜드 마케팅을 진행할 수 있음
② 소재 타입: 움직이는 스티콘
③ 이모티콘 사용 기간: 30일 고정
④ 상품 유형
　㉠ 채널 추가형: 이모티콘 상세 페이지의 '이벤트 확인하기' 또는 '카카오톡 채널'에서 채널 추가 즉시 이모티콘이 지급되는 방식
　㉡ 쿠폰형: 브랜드를 활용하여 자체 제작한 이모티콘을 쿠폰으로 구매한 후, 온ㆍ오프라인에서 다양한 목적에 따라 자유롭게 활용이 가능한 방식

(10) 카카오톡 혜택 쌓기

① 카카오톡 전용 서비스로, 광고 이벤트에 참여하면 혜택을 주는 이용자 친화형 광고 유형임
② '카카오톡 채널 추가형' 이벤트 등 사용자들의 자발적인 참여로 극대화된 마케팅 효과를 기대할 수 있음
③ 카카오톡 혜택 쌓기 이벤트에 참여하여 미션을 달성한 사용자에게는 쇼핑 포인트를 부여하며, 이를 다양한 커머스 서비스에서 현금처럼 자유롭게 사용할 수 있음

4. 카카오 광고 시작하기

(1) 캠페인 만들기

① 카카오비즈니스에 접속 후 광고계정 만들기

    ㉠ 사업자등록번호 등 필요 정보를 입력하고 광고계정을 만듦

    ㉡ 광고계정을 새롭게 만들지 않아도, 내 광고계정에서 동일한 광고주 정보로 생성된 광고
계정 멤버로 요청이 가능함

② 광고 유형과 목표 설정

    ㉠ 광고 유형은 카카오 비즈보드, 디스플레이, 카카오톡 채널, 다음 쇼핑, 동영상 중에 선
택할 수 있으며, 광고 유형에 따라서 적합한 캠페인, 광고그룹, 소재 설정이 가능함

    ㉡ 광고 목표는 전환, 방문, 도달, 조회 중에서 설정함

③ 전환 추적 및 예산 설정

    ㉠ 카카오톡에서 전환 추적은 광고계정에 연동된 픽셀 & SDK를 통하여 설정이 가능하며,
캠페인 일예산은 5만 원 이상 10억 원 이하에서 10원 단위로 설정할 수 있음

    ㉡ 픽셀 & SDK를 연동하면 방문, 조회, 구매 등 고객의 액션을 파악해서 타깃으로 활용할
수 있고, 카카오 광고를 통해 몇 명이 회원가입과 상품 구매 등으로 전환되었는지도 확
인이 가능함

(2) 광고그룹 만들기

① 오디언스 타깃의 설정

    ㉠ 오디언스 성별, 나이를 설정할 수 있음

    ㉡ 20세 이상 성인에게만 노출되어야 하는 콘텐츠가 있는 광고는 반드시 나이 제한 업종
설정(성인 타기팅)을 설정해야 함

    ㉢ 디바이스는 안드로이드와 iOS의 2가지 중 택일할 수 있음

    ㉣ 게재 지면은 카카오톡에 게재되며, 채팅탭에서만 노출을 설정할 수 있음

② 집행 전략 설정

    ㉠ 광고의 입찰 방식은 CPM(노출당 과금) 방식으로 입찰을 진행하며, 실제 과금 시에는
VAT가 추가되어 청구됨

ⓛ 일예산 설정 항목: 광고그룹 기준의 1일 집행예산을 10,000원 이상 10억 원 이하에서 1원 단위로 설정이 가능함. 광고그룹의 일예산은 캠페인의 일예산을 초과할 수 없으며, 과금 비용이 일예산을 초과하는 경우에는 자동으로 광고 집행이 중단됨

ⓒ 설정한 일예산이 초과하면 자동으로 광고가 중단되기까지 일정 시간이 소요되며, 일예산을 초과한 과금이 발생할 수 있음. 일예산이나 최대 입찰 금액 등의 캠페인 및 광고그룹의 예산 설정을 변경하면 변경 내역은 실시간으로 반영되지만, 디바이스 환경에 따라서 최대 10분 이상 소요될 수도 있음

ⓔ 집행 기간: 요일과 시간(1시간 단위)은 상세 설정이 가능함

ⓜ 게재 방식: 일예산에 맞게 빠르게 소진하는 빠른 게재 방식과 일예산을 바탕으로 시간대별로 예산을 초과하지 않도록 예산을 분할하여 광고 노출을 제어하는 방식인 일반 게재 방식 중에 선택함

(3) 소재 만들기

① 캠페인 유형 및 목표, 광고그룹 내 디바이스, 게재 지면이 동일하면 기존의 광고 소재를 불러와서 사용할 수 있음

② 광고를 구성할 이미지, 동영상, 텍스트, 랜딩 URL 등을 가이드에 맞게 소재로 만들어 등록함

⚠ 이해쏙쏙 핵심요약

- 카카오톡에서 유기적 도달을 낼 수 있는 대표적인 방법은 카카오톡 채널을 운영하는 것임
- 카카오의 광고는 카카오모먼트를 통해 집행함
- 카카오톡 광고는 입찰(경매) 상품이나 카카오톡 채널(CPMS), 다음 쇼핑(CPT)은 고정 단가로 과금되는 상품임
- 광고 목표별 광고 유형
    - 전환: 비즈보드, 디스플레이 광고
    - 방문: 비즈보드, 디스플레이 광고
    - 도달: 비즈보드, 톡채널 메시지 광고, 다음 쇼핑 광고
    - 조회: 동영상 광고
- 카카오 비즈보드 광고는 카카오톡 채팅탭 최상단에 위치하여 노출수가 매우 높은 광고 상품으로 애드뷰, 챗봇, 비즈니스폼 등 다양한 프리미엄 랜딩페이지와 연결할 수 있으며, 카카오싱크, 비즈니스폼, 비즈플러그인 등을 활용한 마케팅 액션으로 연결할 수 있음
- 카카오 비즈보드 CPT(Cost Per Time)는 시간 단위 구매 방식으로 일정 시간 동안 단독으로 카카오톡 친구탭 내에 단독 노출되는 비즈보드 광고 유형 중의 하나로, 친구탭에 진입 시 동영상 광고가 3초간 자동으로 재생됨
- 톡채널, 선물하기 등 카카오 서비스로 연결되는 인랜딩을 활용할 때는 버튼 가이드를 준수해야 함
- 카카오 비즈보드와 카카오 비즈보드 CPT의 일반 비즈보드에서 할인율, 할인 및 혜택 관련 문구를 플래그나 띠 형태의 배지를 포함할 수 있음
- 카카오 비즈보드의 소재로 오브젝트형, 썸네일형, 마스킹형 이미지와 텍스트형을 사용할 수 있음
- 그밖에 카카오톡 광고로는 디스플레이 광고, 브랜딩 디스플레이 광고(노출 보장형), 동영상 광고, 채널 메시지 광고와 카카오톡 채팅방으로 전달하는 톡채널 메시지 광고, 쇼핑 광고 등이 있음
- 카카오 광고 구조는 캠페인 – 광고그룹 – 소재로 구성
    - 캠페인: 광고 목표에 따른 목표 설정
    - 광고그룹: 상세 전략을 수립하는 단위로 집행 대상과 집행 전략 설정
    - 소재: 광고 소재를 가이드에 맞게 만들어 등록하거나 기존의 소재를 불러와 사용도 가능함

↗ 실력쏙쏙 OX퀴즈

01. 카카오톡 채널의 주요 기능인 포스트를 발행하면 카카오톡 사용자에게 내 채널의 소식을 전할 수 있다. (O/X)
정답: O

02. 카카오 비즈보드, 카카오톡 채널 메시지 등의 광고는 카카오모먼트를 통해 집행한다. (O/X)   정답: O

03. 카카오 비즈보드 광고는 카카오톡 채팅탭에 노출되는 배너이며, 카카오 비즈보드 CPT는 카카오톡 친구탭에 노출되는 배너이다. (O/X)   정답: O

04. 카카오 광고를 집행할 때 20세 이상 성인에게 노출되어야만 하는 콘텐츠가 있는 광고는 나이 제한 업종 설정을 해야 한다. (O/X)   정답: O

05. 카카오 비즈보드 광고의 랜딩 유형은 URL, 애드뷰, 비즈니스폼, 톡캘린더 등으로 다양하다. 이 중 채팅리스트 아래에서 위로 노출되는 화면으로 자연스럽게 이용자에게 비즈니스 액션을 유도할 수 있는 것을 애드뷰라 한다. (O/X)   정답: O

06. 톡채널, 선물하기 등 카카오 서비스로 연결되는 인랜딩을 활용할 때는 인랜딩 버튼 표시 가이드를 준수해야 한다. (○/X)   정답: ○

07. 카카오의 비즈솔루션을 활용할 경우는 소재에 비즈솔루션 배지를 필수로 표기해야 한다. (○/X)   정답: ×

08. 비즈플러그인은 카카오톡 내에서 사용자를 대상으로 비즈니스를 확장할 수 있도록 도와주는 무료 비즈니스 도구를 말한다. (○/X)   정답: ○

09. 카카오 디스플레이 소재 유형에서 이미지 카탈로그형은 하나의 소재에 최대 10개의 상품 정보를 효과적으로 노출할 수 있다. (○/X)   정답: ○

10. 카카오 동영상 광고의 과금 방식은 동영상 조회당 비용이 과금되는 CPV 방식이다. (○/X)   정답: ○

출제예상문제

01 다음 중 카카오 비즈보드의 특성으로 적합하지 않은 것은?

① 카카오톡 채팅 리스트 최상단에 고정된 배너 광고 유형을 말한다.

② 효율적인 랜딩 방식을 광고주가 선택할 수 있다.

③ 카카오비즈 솔루션을 활용하여 주문하기만을 최종 비즈니스 액션으로 설정할 수 있다.

④ 4가지 유형의 배너를 다양한 형태로 변형해서 마케팅에 최적화된 광고 소재로 제작할 수 있다.

02 다음 중 카카오 비즈보드의 게재 지면으로 적합하지 않은 것은?

① 카카오톡 채팅탭 최상단   ② 카카오톡 오픈채팅탭 최상단

③ 카카오톡 친구탭 최상단   ④ 카카오톡 친구탭 중심

03 다음 중 카카오모먼트의 광고 과금 방식에 대한 설명으로 옳지 않은 것은?

① 카카오모먼트 광고 단가는 고정 단가가 아니라 실시간 입찰 방식을 사용한다.

② 광고 목표에 따라 다양한 입찰 방식이 있다.

③ 전환마다 발생하는 CPA(Cost Per Action)가 대표적이다.

④ 입찰가, 광고 반응률 등이 실시간으로 입찰에 반영된다.

04 다음 중 카카오 비즈보드의 캠페인 목표가 아닌 것은?

　　① 전환　　　　　② 콘텐츠 공유　　③ 방문　　　　　④ 도달

05 다음 카카오톡 채널의 광고 목표로 적합한 것은?

　　① 조회　　　　　② 전환　　　　　③ 방문　　　　　④ 도달

06 다음 중 카카오 비즈보드의 랜딩 유형으로 적합하지 않은 것은?

　　① 카카오페이 구매　　　　　　② 챗봇
　　③ 카카오 채널　　　　　　　　④ URL

07 다음 중 카카오 비즈보드 익스팬더블에 대한 설명으로 맞지 않는 것은?

　　① 카카오 비즈보드 익스팬더블은 카카오 비즈보드의 프리미엄 확장 형태이다.
　　② 카카오 비즈보드 익스팬더블은 동영상, 이미지, 멀티형의 유형이 있다.
　　③ 비즈보드 익스팬더블은 카카오톡 친구탭, 채팅탭, 오픈채팅탭에서만 노출
　　　된다.
　　④ 카카오 비즈보드 CPT에서는 익스팬더블을 집행할 수 없다.

08 다음 중 카카오 비즈보드의 소재 사용으로 적합하지 않은 것은?

　　① 배경이 제거된 오브젝트형 이미지 사용
　　② 텍스트로만 된 소재 사용
　　③ 블러형 썸네일 이미지 사용
　　④ 동영상 소재 사용

09 다음 카카오 비즈보드의 랜딩 중의 하나인 비즈니스폼 유형이 아닌 것은?

① 설문조사형   ② 바로응모형

③ 신청예약형   ④ 쇼핑신청형

10 다음 중 카카오톡 광고에 대한 설명으로 적합하지 않은 것은?

① 비즈보드의 입찰 방식은 CPV이다.

② 캠페인 일예산은 5만 원 이상 10억 원 이하의 10원 단위로 설정할 수 있다.

③ 픽셀 & SDK와 연동하면 전환 성과를 파악할 수 있다.

④ 신규 상품인 카카오 비즈보드는 CPT 상품으로, 이전에 배경을 투명하게 해야 하는 제한에서 벗어나 오브젝트형/썸네일 박스형 이미지 가이드를 완화했다.

정답 및 해설

01 **정답** ③

해설 카카오비즈 솔루션을 활용해 광고주가 원하는 최종 액션으로 설정할 수 있다. 주문하기만을 최종 액션으로 설정할 수 있는 것은 아니다.

02 **정답** ③

해설 카카오 비즈보드는 카카오톡 내에서 채팅탭과 오픈채팅탭 최상단에 노출되며, 친구탭에서는 최상단이 아니라 중심에 노출된다.

03 **정답** ③

해설 카카오모먼트의 광고 과금 방식은 클릭 발생 시에 과금하는 CPC(Cost Per Click)가 대표적이다.

04 **정답** ②

해설 카카오 비즈보드의 캠페인 목표는 전환, 방문, 도달, 조회이다.

05 **정답** ④

해설 카카오톡 채널 광고는 채널 친구들에게 메시지를 발송하는 것이므로 광고 목표를 도달로 설정하는 것이 적합하다.

06 **정답** ③

해설 카카오 비즈보드는 채팅탭 최상단의 고정된 배너로 광고하는 방식으로, 카카오톡 채팅탭의 높은 트래픽을 활용해 최적의 광고 효율을 이끌어 낼 수 있는 상품이다. 랜딩 유형으로 URL, 앱 설치는 물론 애드뷰, 챗봇, 카카오페이 구매, 비즈니스폼, 톡캘린더, 포스트 등 다양한 랜딩페이지로의 연결이 가능하다. 카카오 채널이 아니라 카카오톡 채널이어야 한다.

07 **정답** ④

해설 비즈보드 익스팬더블은 카카오톡 친구탭, 채팅탭, 오픈채팅탭에서만 노출되며, 그 외의 지면에서는 익스팬더블 확장 요소 없이 일반 배너로만 노출된다. 카카오 비즈보드 CPT에서도 익스팬더블 집행이 가능하다.

08 **정답** ④

해설 카카오 비즈보드의 소재로 오브젝트형, 썸네일형, 마스킹형 이미지와 텍스트형을 사용할 수 있다. 동영상 소재는 사용할 수 없다.

09 **정답** ④

해설 비즈니스폼은 바로응모형, 설문조사형, 신청예약형이 있다.

10 **정답** ①

해설 비즈보드의 입찰 방식은 CPM(노출당 과금) 방식이다.

Chapter 04 | 네이버 밴드

네이버 밴드

○ 네이버 밴드는 국내 포털 사이트 네이버에서 개발한 지인 간의 모임을 위한 SNS임

○ 초대받은 멤버만 밴드라는 공간에서 끈끈한 모임을 만들 수 있는 대표적인 폐쇄형 SNS였으나, 2015년 공개형 밴드를 통해 관심사 기반 모임으로 영역을 확장하였음

○ 2021년 말 동네 기반의 관심사를 공유하는 '소모임 밴드'를 출시함

○ 게시판, 채팅, 사진첩, 캘린더, 멤버 주소록, 투표, 동창 찾기 등 다양한 기능을 제공하고 있음

○ MAU 1,800만 명(2023년 1월 기준)의 국내의 대표적 소셜미디어임

○ 남성과 여성이 유사한 비율을 보이며(2023년 6월 순이용자 기준, 남 48%, 여 52%), 40~50대 이용자의 비중이 높음

1. 네이버 블로그와 네이버 밴드의 차이점

① 네이버 블로그는 누구나 볼 수 있지만, 네이버 밴드는 가입한 사람들만 정보를 공유할 수 있음
② 밴드는 회원만을 대상으로 하지만, 블로그는 모든 사람과 공유가 가능함
③ 네이버의 광고 수익 시스템인 애드포스트(AdPost)를 통해서 네이버 블로그, 네이버 포스트, 네이버 밴드에 광고를 게재할 수도 있음

2. 네이버 밴드 광고 유형

(1) 디스플레이 광고

① 유형
　　㉠ 네이버 밴드 디스플레이 광고 상품으로는 풀스크린 광고, 스마트채널 광고, 네이티브(피드) 광고가 있음
　　㉡ 풀스크린 광고는 보장형 디스플레이 광고 플랫폼(Naver Open Sales Platform: NOSP)을 통해 관리하며, 네이티브(피드) 광고와 스마트채널 광고는 성과형 디스플레이 광고 플랫폼(GLAD For Advertiser: GFA)에서 입찰 및 관리 운영함

〈표〉 네이버 밴드 디스플레이 광고 상품

구분	풀스크린 광고	네이티브(피드) 광고	스마트채널 광고
집행 목표	• 한 번에 많은 트래픽이 필요할 때	• 자연스러운 광고 노출을 원할 때 • 사용자 타기팅, 광고 예산을 조정하고 싶을 때	• 다양한 지면에 많은 노출을 원할 때 • 사용자 타기팅, 광고 예산을 조정하고 싶을 때
유형	• 보장형(광고 집행 보장)	• 성과형(실시간 입찰을 통해 광고 노출)	
과금	• 고정가(정액)	• CPM, CPC, CPV	• CPM, CPC
노출 지면	• 안드로이드에서 밴드 앱 종료 시	• 밴드 새글 피드탭	• 밴드 홈/채팅/새소식 탭 및 네이버 지면 등
타기팅	• 성별 타기팅 (안드로이드만 노출)	• 연령/성별, 시간/요일, 지역, 관심사, 구매의도 타기팅 및 맞춤 타깃 설정 가능	
집행 방법	• NOSP에서 미디어렙사/대행사를 통해 집행	• 네이버 성과형 디스플레이 광고 플랫폼(GFA)에서 집행/대행사 위탁 운영 및 직접 운영도 가능함	

② 풀스크린 광고

 ⊙ NOSP에서 미디어렙사/대행사를 통해 집행이 가능함(선착순 구매)

 ⓛ 밴드 앱 종료 시 1일 1 광고주가 단독 노출되는 보장형 디스플레이 상품임

 ⓒ 브랜드 인지도 효과 및 클릭을 극대화할 수 있는 안드로이드 전용 상품임

 ⓔ 성별 타기팅을 지원함

 ⓜ 소재는 이미지형과 동영상형 중 선택하여 집행이 가능함

  • 이미지형: 텍스트와 버튼, 이미지로 구성되며, 클릭 시 광고주의 모바일 웹페이지로 이동함

  • 동영상형: 광고 내에서 자동재생 혹은 재생버튼을 클릭해 동영상을 시청하는 광고 형태임

   – 자동 재생에서 3초 이상 플레이되거나 재생 버튼을 클릭하면 1회 뷰(View)로 간주함

   – Wi-Fi에서 Auto Play, 클릭 시 확장되어 소리와 함께 영상이 재생됨

   – 영상 재생버튼 클릭은 클릭수로 집계되지 않음

이미지형 동영상형

[그림] 네이버 밴드 풀스크린 광고

출처: 네이버 밴드 광고 소개서(2024. 4.).

③ 밴드 네이티브(피드) 광고

 ⊙ 새글 피드 영역 중간에 텍스트와 콘텐츠가 결합된 형태로 노출되어 사용자의 거부감을 줄이고 메시지를 전달할 수 있는 상품임

 ⓛ RTB(Real Time Bidding) 상품으로 입찰가는 CPM, CPC, CPV가 가능함

 ⓒ 캠페인 목적(웹사이트 전환, 웹사이트 트래픽, 앱 설치, 동영상 조회)에 따라 네이티브 이미지, 이미지 슬라이드, 동영상 중 선택하여 집행함

〈표〉캠페인 목적에 따른 운영 방법

캠페인 목적	입찰 전략	소재
웹사이트 전환/트래픽	CPM, CPC로 운영	네이티브 이미지, 이미지 슬라이드, 동영상
앱 설치	CPM, CPC로 운영	네이티브 이미지, 이미지 슬라이드
동영상 조회	CPV로 운영	동영상형

ⓔ 소재 유형
- 네이티브 이미지형: 1.91:1 비율 또는 1:1 비율(2023년 9월 신규 추가)의 이미지 사용이 가능함
- 이미지 슬라이드형: 최대 5개의 이미지를 노출할 수 있고, 이미지마다 랜딩 URL을 설정할 수 있음
- 동영상형: 1:1 또는 1.91:1 비율의 동영상을 사용하며, Wi-Fi 환경에서만 자동 재생됨. 영상 하단에 캠페인 이름 등을 등록할 수 있고, 원하는 URL, 행동 유도 버튼을 삽입할 수 있음

ⓜ 타기팅: 성별, 연령, 요일 및 시간, 지역, 관심사, OS, 맞춤 타기팅이 가능함
- 성별 및 연령(5세 단위) 타기팅과 지역 타기팅
- 시간 및 요일: 특정 요일 및 시간 타기팅
- 디바이스: 안드로이드, iOS 중 하나를 선택하여 타기팅
- 관심사: 밴드 이용자의 밴드 활동 패턴을 25개 항목으로 구분하여 타기팅
- 구매의도: 이용자의 제품 또는 서비스 구매 의도를 15개 항목으로 구분하여 타기팅
- 맞춤 타깃: 광고주 브랜드를 알고 있거나 접한 적이 있는 대상에게 광고를 집행하는 타기팅(고객파일, MAT, 유사 타깃 등을 추가하여 설정할 수 있음)

[그림] 밴드 네이티브(피드) 광고

출처: 네이버 밴드 광고 소개서(2024. 4.).

용어설명

MAT(Mobile App Tracker) 타기팅

앱에서 수집된 전환 이벤트를 활용하여 특정 전환 이벤트를 발생시킨 사용자를 타기팅하는 기능을 말하며, 이를 위해서는 MAT 전환 추적 연동 작업이 선행되어야 함

④ 스마트채널 광고

　　㉠ 밴드 앱 홈(내 밴드, 미션, 소모임), 새소식, 채팅탭 최상단에 노출되는 상품으로 주목도가 높은 게재 위치에서 비즈니스 메시지를 전달할 수 있음

　　㉡ RTB(Real Time Bidding) 상품으로 최소입찰가는 CPM 1,000원, CPC 10원임

　　㉢ 네이티브(피드) 광고와 동일하게 성별/연령, 요일/시간, 지역, 관심사, OS, 맞춤 타기팅이 가능함

　　㉣ 네이버 성과형 디스플레이 광고 플랫폼(GFA)에서 입찰 진행 및 운영함

[그림] 스마트채널 광고

출처: 네이버 밴드 광고 소개서(2024. 4.).

(2) 밴드 소셜 광고

① 개요

　　㉠ 밴드를 이용해 비즈니스를 하는 광고주를 위한 공간인 파트너센터 하위의 광고 플랫폼에서 밴드 계정으로 이용할 수 있는 광고 상품임

　　㉡ 밴드 이용자를 대상으로 운영자가 밴드/페이지와 게시글을 홍보할 수 있기에 소셜 광고라고 부름

　　㉢ RTB(Real Time Bidding) 상품임

　　㉣ 상품으로는 밴드를 알리고 홍보할 수 있는 광고 상품인 밴드 새소식 광고, 밴드홈 광고,

밴드 스티커를 활용한 보상형 광고가 있음

ⓜ 밴드 비즈센터 광고 플랫폼에 진행했는데, 2024년 1월 기존의 밴드를 알리고 홍보할 수 있는 광고 상품인 밴드 새소식 광고, 밴드홈 광고의 집행은 파트너센터로 이동되었음

② 밴드 알리기(새소식 광고, 밴드홈 광고)

ㄱ 밴드의 새소식, 밴드홈 지면에 노출되어 회원들에게 밴드/페이지를 소개하고 가입을 유도할 수 있는 광고 상품임

ㄴ 소재 클릭 시 광고 대상이 되는 밴드/페이지의 홈으로 랜딩됨

ㄷ CPM 상품으로 최소 단가는 100원이며, 최소 일예산은 10,000원임

③ 게시글 홍보하기(새소식 광고, 밴드홈 광고)

ㄱ 밴드 서비스의 새소식, 밴드홈 지면에 노출되어 밴드/페이지의 대표 게시글, 중요 이벤트 등을 신규 이용자에게 곧바로 노출할 수 있는 광고 상품임

ㄴ 소재 클릭 시 밴드/페이지의 게시글로 랜딩됨

ㄷ CPM 상품으로 최소 단가는 100원이며, 최소 일예산은 10,000원임

④ 밴드 스티커를 활용한 보상형 광고

ㄱ 밴드의 스티커샵 > 무료탭 > 진행 중 이벤트 페이지에 광고가 노출되며, 밴드/페이지의 회원을 빠르게 모으고 싶은 경우에 적합한 광고 상품임

ㄴ 사용자가 해당 경로로 밴드에 가입하면 사용자가 선택한 무료 스티커가 보상으로 주어짐

ㄷ CPA 상품으로 밴드/페이지에 가입한 횟수당 과금되며, 최소 단가는 400원, 최소 일예산은 10,000원임

출처: 네이버 밴드 광고 소개서(2024. 4.).

[그림] 밴드 소셜 광고

(3) 밴드 알림 광고

① 개요

ㄱ 내가 운영 중인 밴드/페이지의 멤버/구독자에게 특정 게시글을 선택하여 1일 최대 10회 알림을 보낼 수 있는 광고 상품임

ㄴ 장점

- 내 밴드/페이지의 멤버/구독자에게 높은 도달률로 중요 정보를 전달할 수 있음
- 내 밴드/페이지의 멤버/구독자의 재방문 유도와 활동을 촉진할 수 있으며, 다른 게시물에 대한 관심도를 높일 수 있음
- 내 밴드/페이지의 멤버/구독자 중 성별, 연령을 타기팅할 수 있음

② 새소식과 푸시 알림 유형이 있음

[그림] 밴드 알림 광고

출처: 네이버 밴드 광고 소개서(2024. 4.).

③ 발송 건당 과금하는 충전금 발송 방식과 정액 상품을 구매해 발송하는 발송권 사용 방식이 있음

ㄱ 충전금 발송 방식: 발송수×건당 비용(일반 5원/건, 타깃 5원/건)이 충전금에서 바로 차감되고 발송이 이루어짐

ㄴ 발송권 사용 방식: 4회, 10회, 20회 단위로 판매하는 정액권을 구매해 사용하며, 타기팅 사용 여부와 관계없이 1회 발송당 발송권 1개가 차감됨

- 멤버/구독자수, 발송 횟수에 따라 정액권 금액이 다름
- 발송권 멤버/구독자수가 10,000명 이하일 경우 알림 4회권 3만 원, 알림 10회권 6만 원, 알

림 20회권 10만 원, 멤버/구독자수가 10,001~30,000명 이하일 경우, 알림 4회권 7만 원, 알림 10회권 14만 원, 알림 20회권 24.5만 원 등으로 이루어져 있으며, 현재 프로모션 가격으로 조정될 수 있음

〈표〉 네이버 밴드 소셜 광고와 알림 광고 비교

구분	소셜 광고			알림 광고
	밴드 알리기	게시글 홍보하기	스티커 보상형	
집행 목표	• 밴드/페이지에 회원을 모으고 싶을 때	• 특정 게시글을 많은 사람이 보도록 하고 싶을 때	• 밴드/페이지에 단기간 많은 회원을 모으고 싶을 때	• 밴드/페이지에 가입된 회원에게 알림을 보내고 싶을 때
단가	• RTB 방식으로 진행되므로 광고주 경쟁 상황에 따라 변경			• 충전금 발송 방식 • 발송권 사용 방식
과금	• CPM	• CPM	• CPA	• 발송 건당
노출 지면	• 내 밴드 목록, 새소식	• 내 밴드 목록, 새소식	• 스티커샵 > 무료탭 > 진행 중 이벤트	• 새소식, 앱 푸시
타기팅	• 타기팅 불가			• 성별/연령 타기팅
집행 방법	• 파트너센터 > 소셜광고 플랫폼에서 집행하거나 대행사 위탁 운영 및 직접 운영이 가능함			• 비즈센터 광고 플랫폼에서 집행하거나 대행사 위탁 운영 및 직접 운영이 가능함

❗ 이해쏙쏙 핵심요약

- 네이버 밴드의 디스플레이 광고로는 풀스크린 광고, 스마트채널 광고, 네이티브(피드) 광고가 있음
  - 풀스크린 광고: 밴드 앱 종료 시 노출되는 1일 1 광고주 단독 노출되는 보장형 디스플레이 광고
  - 스마트채널 광고: 밴드 앱 홈(내 밴드, 미션, 소모임), 새소식, 채팅탭 최상단에 노출되는 광고
  - 네이티브 피드 광고: 새글 피드 영역 중간에 텍스트와 콘텐츠가 결합한 형태로 노출되는 광고
- 네이버 밴드의 소셜 광고는 파트너센터 하위의 광고 플랫폼에서 밴드 계정으로 이용할 수 있는 광고로 새소식 광고, 밴드홈 광고, 밴드 스티커를 활용한 보상형 광고가 있음
- 네이버 밴드의 알림 광고는 운영 중인 밴드/페이지의 멤버/구독자에게 특정 게시글을 선택하여 1일 최대 10회 알림을 보낼 수 있는 광고로 새소식과 푸시 알림 유형이 있음
- 네이버 밴드의 소셜 광고는 비즈센터 광고 플랫폼에서, 알림 광고는 파트너센터에서 직접 운영할 수 있음
- 네이버 밴드의 광고 유형별 타기팅
  - 풀스크린 광고: 성별 타기팅만 가능
  - 네이티브(피드) 광고, 스마트채널 광고: 성별/연령, 요일/시간, 지역, 관심사, OS, 맞춤 타기팅 가능
  - 소셜 광고: 타기팅 불가
- 성과형 디스플레이 광고 플랫폼(GFA): 네이버의 프리미엄 지면인 스마트채널, 네이버 메인 및 서브, 밴드 앱 등 네이버의 성과형(RTB) 광고 구매 및 관리가 이루어지는 광고 플랫폼
- 보장형 디스플레이 광고 플랫폼(NOSP): 네이버 스페셜 DA, 타임보드 동영상, 밴드의 풀스크린 광고 등 보장형 광고의 예약 및 관리가 이루어지는 광고 플랫폼

↗ 실력쏙쏙 OX퀴즈

01. 네이버 밴드의 알림 광고는 새소식 유형과 푸시 알림의 형태로 이루어진다. (○/X)   정답: ○

02. 네이버 밴드에서 스티커를 활용한 보상형 광고는 CPM 방식으로 과금된다. (○/X)   정답: ×

03. 네이버 밴드의 풀스크린 광고는 네이버 성과형 디스플레이 광고 플랫폼(GFA)에서 집행한다. (○/X)   정답: ×

04. 네이버 밴드의 네이티브(피드) 광고에서 슬라이드형 소재를 사용하면 최대 50개의 이미지를 사용할 수 있다. (○/X)   정답: ×

05. 네이버 밴드의 알림 광고는 새글 피드 영역 중간에 텍스트와 콘텐츠가 결합한 형태로 노출되는 광고이다. (○/X)   정답: ×

06. 네이버 밴드의 네이티브(피드) 광고에 동영상 소재로 진행할 때 1:1 비율의 동영상만 사용할 수 있다. (○/X)   정답: ×

07. 네이버 밴드의 풀스크린 광고는 성별 타기팅만 가능하다. (○/X)   정답: ○

08. 네이버 밴드의 소셜 광고는 파트너센터에서, 알림 광고는 비즈센터 광고 플랫폼에서 직접 운영할 수 있다. (○/X)   정답: ×

09. 네이버 네이티브(피드) 광고와 스마트채널 광고에서는 시간/요일, 연령/성별, 지역, 디바이스, 관심사 타기팅 및 맞춤 타깃 설정이 가능하다. (○/X)   정답: ○

10. 네이버 밴드 스마트채널 광고는 성과형 디스플레이 광고 플랫폼(GFA)에서 집행한다. (○/X)   정답: ○

출제예상문제

01 다음 중 네이버 밴드의 광고 유형이 아닌 것은?

① 디스커버리 광고

② 스마트채널 광고

③ 풀스크린 광고

④ 네이티브(피드) 광고

02 다음 중 네이버 밴드의 스마트채널 광고에 대한 설명으로 옳은 것은?

① 타기팅 옵션은 네이티브(피드) 광고와 다르다.

② 밴드 앱의 서브 페이지에 노출된다.

③ 최소입찰가는 CPM 1,000원, CPC 10원(VAT 별도)이다.

④ 텍스트와 콘텐츠의 결합 형태로 노출된다.

03 다음 중 네이버의 성과형 디스플레이 광고 플랫폼에서 구매할 수 있는 상품이 아닌 것은?

① 풀스크린 광고

② 스마트채널 광고

③ 피드 광고

④ 네이버 메인 배너

04 다음 중 네이버 밴드 광고 상품의 과금 방식에 대한 설명으로 옳지 않은 것은?

① 스마트채널 광고는 CPC 입찰 방식만을 사용한다.

② 풀스크린 광고는 광고 집행을 보장하는 보장형 광고로 고정 가격을 갖는다.

③ 네이티브(피드) 광고와 스마트채널 광고는 입찰을 통해 노출되는 성과형 광고이다.

④ 네이티브(피드) 광고는 CPM, CPC, CPV 과금을 사용할 수 있다.

05 다음 중 네이버 밴드의 풀스크린 광고에 대한 설명으로 옳지 않은 것은?

① 한 번에 많은 트래픽이 필요할 때 집행하면 좋은 광고 상품이다.

② 네이버 밴드의 대표적인 성과형 상품이다.

③ 다른 광고와 다르게 성별 타기팅만 가능하다.

④ 렙사나 대행사를 통해 집행해야 한다.

06 다음 중 네이버 밴드 광고 유형에 대한 설명으로 옳은 것은?

① 네이버 밴드 광고 유형으로는 풀스크린 광고, 스마트채널 광고, 네이티브(피드) 광고, 알림 광고, 소셜 광고가 있다.

② 네이버 밴드의 소셜 광고는 파트너센터에서 직접 운영할 수 있다.

③ 풀스크린 광고의 사용자 타기팅으로는 성별, 디바이스, 관심사 타기팅만 가능하다.

④ 남성과 여성 이용자의 비율은 남성 이용자가 훨씬 많다.

07 네이버 밴드의 네이티브 광고에서 사용 가능한 타기팅 방식이 아닌 것은?

① 유사 타깃을 활용한 맞춤 타기팅

② 1세 단위 연령 타기팅

③ 1시간 단위 시간 타기팅

④ 안드로이드, iOS 중 하나를 선택한 타기팅

08 다음 중 스마트채널, 네이버 메인 및 서브, 밴드 앱 등의 네이버 광고를 구매하고 관리가 가능한 플랫폼은 무엇인가?

① 네이버 성과형 디스플레이 광고 플랫폼(GFA)

② 네이버 비즈보드

③ 네이버 비즈센터

④ 네이버 스마트 플레이스

09 다음 중 네이버 밴드에서 밴드 서비스를 사용한 멤버에게만 발송되는 광고 형태는?

① 풀스크린 광고　　　　　　　② 피드 광고

③ 알림 광고　　　　　　　　　④ 스마트채널 광고

10 다음 중 네이버 밴드의 광고 상품별 타기팅과 집행 방법에 대한 설명으로 올바르지 않은 것은?

① 네이티브 광고와 스마트채널 광고는 앱, 관심사 타기팅 외에 맞춤 타깃 설정이 가능하다.

② 네이티브 광고와 스마트채널 광고는 대행사 외에 직접 운영이 가능하다.

③ 풀스크린 광고는 렙사와 대행사를 통해 집행할 수 있다.

④ 풀스크린 광고는 성별, 시간, 디바이스 등 다양한 타기팅 방법이 가능하다.

01 **정답** ①

해설 네이버 밴드의 광고 유형으로는 풀스크린, 스마트채널, 네이티브(피드) 광고가 있다. 디스커버리 광고는 유튜브 광고 유형이다.

02 **정답** ③

해설 네이버 밴드 광고인 스마트채널 광고는 네이티브(피드) 광고와 타기팅 옵션이 동일하며, 밴드 앱 홈, 새소식, 채팅탭 최상단에 노출된다. 또한 텍스트와 콘텐츠의 결합 형태로 노출되는 것은 네이티브(피드) 광고이다. 스마트채널 광고는 RTB(Real Time Bidding) 상품이며, 최소입찰가는 CPM 1,000원, CPC 10원(VAT 별도)이다. 스마트채널의 최소입찰가는 기존 2,000원에서 2022년 1,000원으로 조정되었다.

03 **정답** ①

해설 풀스크린 광고는 보장형 상품으로 네이버 보장형 디스플레이 광고 플랫폼(NOSP)을 통해서 구매할 수 있다.

04 **정답** ①

해설 스마트채널 광고는 CPM, CPC 과금 방식을 사용한다. 풀스크린 광고는 보장형 광고로 고정가를 가지며, 네이티브(피드) 광고와 스마트채널 광고는 입찰을 통해 노출되는 성과형 광고이다. 네이티브(피드) 광고는 CPM, CPC, CPV 과금 방식을 사용한다.

05 **정답** ②

해설 밴드의 풀스크린 광고는 대표적인 보장형 상품이다.

06 **정답** ①

해설 네이버 밴드의 광고 유형으로는 풀스크린 광고, 스마트채널 광고, 네이티브(피드) 광고, 알림 광고, 소셜 광고가 있다. 네이버 밴드의 소셜 광고는 비즈센터에서, 알림 광고는 파트너센터에서 직접 운영할 수 있다. 풀스크린 광고의 사용자 타기팅으로는 성별 타기팅만 가능하고, 네이티브(피드) 광고와 스마트채널 광고에서는 시간/요일, 연령/성별, 지역, 디바이스, 관심사 타기팅 및 맞춤 타깃 설정이 가능하다. 이용자의 성별 비중은 남성이 압도적으로 많다고 할 수 없다.

07 **정답** ②

해설 네이티브(피드) 광고의 타기팅은 성별, 연령, 요일 및 시간, 지역, 관심사, OS, 맞춤 타기팅이 가능한데, 이 중 연령은 5세 단위 설정이 가능하다.

08   **정답**   ①

해설   성과형 디스플레이 광고 플랫폼(GFA)에서는 네이버의 프리미엄 지면인 스마트채널, 네이버 메인 및 서브, 밴드 앱 등의 네이버 광고를 구매 및 관리가 이루어진다.

09   **정답**   ③

해설   알림 광고는 밴드 멤버/회원 중 최근 밴드 서비스에 가입한 멤버에게만 발송되며, 알림 내용에 맞춰 특정 성별/연령을 타기팅해 발송할 수 있다.

10   **정답**   ④

해설   네이버 밴드 광고 상품으로는 풀스크린 광고, 네이티브(피드) 광고, 스마트채널 광고를 집행할 수 있다. 풀스크린 광고는 성별 타기팅만 가능하지만, 네이티브(피드) 광고와 스마트채널 광고에서는 시간/요일, 연령/성별, 지역, 디바이스, 관심사 타기팅 및 맞춤 타깃 설정이 가능하다. 풀스크린 광고는 미디어렙사와 대행사를 통해서 집행이 가능하며, 네이티브(피드) 광고와 스마트채널 광고는 대행사 위탁 운영 또는 직업 운영이 가능하다.

1. X(엑스)[구 트위터]

(1) X

① 대표적인 글로벌 SNS 중 하나로, 2023년 7월 트위터에서 X로 변경함

② 트위터가 140자의 짧은 텍스트 중심의 빠른 정보 전달을 특징으로 했던 것과 달리, X는 영상 콘텐츠의 비중을 높이고, 모든 경험을 하나의 인터페이스로 통합하는 '모든 것을 담는 앱'으로의 발전을 지향하고 있음

③ X로 서비스명을 변경한 뒤 꾸준히 유료화 정책을 시도해 왔으며, 2023년 10월부터 미국 등의 일부 국가에서는 부분 유료 서비스를 도입함. 미국의 경우 '베이직', '프리미엄', '프리미엄 플러스'라는 유료 서비스를 도입해 글자수 제한 여부, 광고 수익 분배 여부, 광고 노출 정도 등 서비스를 다르게 제공함

④ 앱 버전 기준으로 트윗(Tweet)은 포스트(Post)로, 리트윗(Retweet)은 리포스트(Repost)로 변경되는 등 트위터 관련 용어를 변경함

⑤ 광고 상품 역시 2023년 사명 변경 이후에 프로모션 광고, X 앰플리파이(Amplify), X 테이크오버(Takeover), X 라이브(Live)로 재구분했으며, 다이내믹 프로덕트 광고(Dynamic Product Ads: DPA), 컬렉션 광고(Collection Ads) 등을 추가했음

(2) X 광고 유형

① 프로모션 광고: 이미지, 비디오 및 다양한 형태의 광고로, 다양한 방식으로 사용할 수 있음

　㉠ 텍스트 광고: 간단한 텍스트로 브랜드 메시지를 전달하며, X 플랫폼 본연의 느낌을 주

는 형태의 광고임

ⓒ 캐러셀 광고: 최대 6개의 이미지나 동영상을 좌우로 넘겨 변경하는 형식으로 제품이나 서비스를 소개할 수 있으며, 더욱 풍부한 스토리텔링이 가능함

ⓒ 이미지 광고: 이미지 소재를 사용하는 광고로 최대 6개의 이미지를 사용하는 캐러셀 광고도 가능함

ⓒ 동영상 광고: 동영상 소재를 사용하는 광고로 여러 개의 동영상을 캐러셀 광고로 진행하거나, 풀스크린에 광고를 노출하는 버티컬 동영상 광고(Vertical video ads)로도 집행이 가능함. 버티컬 동영상 광고는 사운드 재생이 가능하며, 몰입감 있는 미디어 뷰어를 활용함

| 버티컬 동영상 광고 | 캐러셀 광고 | 컬렉션 광고 |

[그림] 프로모션 광고 유형

출처: https://business.x.com/en/advertising.html

② X 앰플리파이(Amplify): 가장 관련도가 높은 퍼블리셔의 프리미엄 비디오 콘텐츠에 노출되는 광고임

ⓒ 프리롤(Amplify Pre-roll): 프리미엄 파트너의 콘텐츠 앞에 노출되는 비디오 프리롤 광고로, 높은 브랜드 친밀도와 인지도 효과를 가짐

ⓒ 스폰서십(Amplify Sponsorship): 광고캠페인 동안 광고주와 퍼블리셔가 1:1로 진행하는 스폰서십 형태의 프리롤 광고임

③ X 테이크오버(Takeover): 대규모 오디언스에 도달하는 프리미엄 영역에 광고를 배치하여

타임라인과 탐색하기 탭에 배치되어 주목도가 높은 광고임

- ㉠ 타임라인 테이크오버: 24시간 동안 홈 타인라인과 첫 광고 지면을 독점하는 동영상 광고
- ㉡ 트렌드 테이크오버: 24시간 동안 실시간 트렌드 리스트의 상단을 독점하는 해시태그 광고
- ㉢ 트렌드 테이크오버+: 트렌드 테이크오버의 업그레이드 형태로, 트렌드 탭 상단에 이미지, 동영상, GIF와 함께 노출되어 주목도가 높은 광고(#트렌드해시태그 광고)

④ X 라이브(Live)
- ㉠ 라이브: 라이브 방송을 통해 트렌드를 이끌고 사용자들과 인게이지가 가능함
- ㉡ 이벤트 페이지: 일반 라이브 방송을 X(엑스)만의 이벤트 페이지를 활용하여 업그레이드하고 라이브 효과를 극대화함

⑤ 컬렉션 광고: 하나의 메인 이미지와 그 하단에 최대 5개의 작은 썸네일을 보여 주는 X의 신규 쇼핑광고임

⑥ 다이내믹 프로덕트 광고(Dynamic Product Ads: DPA): 고객 행동 기반 맞춤 상품 노출 광고로 X 픽셀 또는 전환 API를, 그리고 X 쇼핑 관리자에서 제품 카탈로그를 설치해야 함

2. 틱톡

(1) 틱톡

① 15초에서 5분 사이의 짧은 영상을 제작 및 공유할 수 있는 글로벌 SNS로, 중국의 바이트댄스가 개발하여 2016년 서비스를 시작함
② 한국에서는 2017년부터 사용되고 있는데, 특히 젊은 층을 중심으로 높은 인기를 끌고 있음
③ 추천 피드를 중심으로 운영하기에 팔로우하는 영상보다 개인의 관심사에 맞는 최적화된 영상이 주로 노출. 즉, 같은 해시태그로 묶인 영상을 본 사람들에게 동일 해시태그의 다른 영상이 노출됨
④ 재미와 파급력을 가진 매체임
⑤ 해시태그 챌린지 등의 마케팅에 많이 사용됨

(2) 틱톡 광고 관리자

① 주요 기능

ㄱ 대시보드: 캠페인, 광고비 소진 등 주요 정보 현황 파악이 가능함

ㄴ 캠페인-광고그룹-광고 생성 및 관리

ㄷ 라이브러리: 픽셀, 광고 소재 등 광고에 사용되는 주요 자산의 자료실

ㄹ 보고서: 보고서 생성은 물론, 일정을 설정해 원하는 일정에 따라 보고서를 메일로도 받아볼 수 있음. 또한 원하는 지표를 설정해 맞춤 보고서로도 생성이 가능함

② 광고 계정: 정확한 비즈니스 정보, 주요 연락처를 입력하여 계정 설정 단계를 완료함

③ 전환 추적이 필요할 때는 캠페인 시작 전에 미리 설정해야 함

ㄱ 앱 광고 시: 앱 다운로드 링크를 입력한 후 이용하는 트래커와 연동함

ㄴ 웹 기반 광고 시: 틱톡 픽셀을 설치함

④ 틱톡 광고 구조

ㄱ 캠페인: 다음 중에서 적합한 목표를 선택한 후, 예산을 설정함

〈표〉 틱톡의 광고캠페인 목표

목표	설명
도달	최대한 많은 사람에게 광고를 노출
트래픽	최대한 많은 사람을 웹사이트와 앱으로 유도
앱 설치	최대한 많은 사람이 앱을 설치
동영상 조회	동영상 조회로 브랜드 인지도를 향상
전환	웹사이트에서 전환을 발생시킬 수 있도록 유도

ㄴ 광고그룹: 타깃별 광고그룹 설정, 광고그룹별로 지면 위치(*한국에서는 현재 틱톡, 팽글만 이용 가능), 예산, 일정, 타기팅 설정이 가능함. 또한 광고그룹 단위에서 ACO(Automated Creative Optimization) 기능의 활성화가 가능함

ㄷ 광고: 다양한 광고 소재로 효율의 최적화가 가능함. 10개의 소재, 5개의 광고 문구, 3개의 CTA 버튼으로 광고 소재를 자동으로 조합함

⑤ 운영을 위한 팁

ㄱ 목표하는 고객별로 광고그룹을 생성하는 것이 바람직함

ㄴ 광고그룹당 최소 3~5개의 소재를 설정하는 것이 좋음

ㄷ 광고그룹의 경쟁력을 유지하기 위해서는 1~2주마다 새로운 소재를 업데이트해야 함

(3) 틱톡 광고 유형

① 탑뷰(Top View)
  ㉠ 앱을 열었을 때 가장 먼저 보이는 전면 영상 광고임
  ㉡ 5초에서 최대 60초까지의 영상 광고가 가능함
  ㉢ 내외부 링크와 페이지 전환을 지원함
  ㉣ 1일 독점 사용이 가능하므로 런칭 및 데이 이벤트에 효과적임

② 브랜드 테이크오버(Brand Takeover)
  ㉠ 앱을 열었을 때 가장 먼저 보이는 전면 영상 광고(영상이나 JPG 이미지)로, 최대 5초까지 만 지원하기에 짧은 버전의 탑뷰라고도 불림
  ㉡ 클릭률이 높아 트래픽을 극대화하는 데 유용함
  ㉢ 3초 동영상 테이크오버로 시작되고, 좋아요, 댓글, 공유, 브랜드 계정 홈페이지 방문, 음악 페이지 방문 등 여러 상호작용 및 목적지로 오디언스의 참여를 유도함

③ 인피드 광고(Infeed AD)
  ㉠ 추천 피드에 노출되는 비디오 형식의 광고로, 사용자들이 비즈니스 계정에 참여하도록 유도함
  ㉡ 웹사이트, 앱스토어, 브랜드 계정 등으로 랜딩이 가능함
  ㉢ 내외부 링크를 지원하며, 앱 다운로드도 지원함

④ 해시태그 챌린지
  ㉠ 해시태그 챌린지는 사용자들이 자연스럽게 콘텐츠를 만들고 공유하며 즐길 수 있는 툴임
  ㉡ 틱톡 이용자가 브랜드 테마로 콘텐츠를 창출하도록 초대하여 해당 광고주의 브랜드를 최대한 많이 노출하고 이슈화할 수 있는 상품임
  ㉢ 많은 사용자에게 바이럴성으로 도달되며, 좋아요, 댓글, 공유 등의 상호작용이 가능함

⑤ 브랜드 스티커
  ㉠ 영상 위에 다양한 편집이 가능한 브랜드 스티커를 삽입하고 전환 창출이 가능함
  ㉡ 스티커 타입은 2D, 2D Pro, 3D, 게미파이드(Gamified) 등 다양함
  ㉢ 브랜드 스티커를 다른 솔루션과 결합하여 사용하는 것이 바람직함

⑥ 스파크 애즈: TikTok 계정의 오가닉 동영상을 활용한 네이티브 광고 형식을 말함

⑦ 플레이어블 광고: 앱을 다운로드 하기 전에 미리 볼 수 있는 대화형 동영상 광고를 말함

3. 아프리카 TV

(1) 아프리카 TV

① 대한민국의 개인 인터넷 방송 전문 플랫폼으로, 특별한 기술 · 장비 · 비용 없이도 누구나 쉽게 개인용 PC나 모바일 기기로 언제 어디서나 실시간 생방송이 가능함

② 2006년부터 본격적으로 인터넷 방송을 시작. 원래는 나우콤이 운영하는 회사였지만, 2013년부터 아프리카 TV로 사명 자체를 바꿈

③ 2007년 별풍선, 2009년 스티커라는 유료 아이템의 도입을 처음으로 이끌고, BJ(Broadcasting Jockey)라는 말을 만드는 등 1인 미디어 시대를 본격화한 소셜미디어였음

④ 2024년 아프리카 TV는 회사명을 숲(SOOP)으로 변경하며 글로벌 진출을 선언했으며, BJ라는 명칭 역시 타 플랫폼처럼 스트리머로 변경할 예정임

(2) 아프리카 TV 광고 개괄

① 실시간 비딩형 오픈 광고 플랫폼인 AAM(Afreeca TV Ads Manager)에서 광고 집행이 가능함

② 광고 구매는 입찰형, 구좌형(보장형), 직접 문의 방식이 있음

③ 가장 높은 입찰가를 제시한 광고주가 낙찰을 받지만, 차순위로 입찰했던 광고주가 제시한 입찰가가 최종 과금될 광고비가 되는 세컨드 프라이스 입찰 방식으로 진행됨

④ 캠페인 목적은 비디오 조회와 트래픽 2가지가 있음

⑤ 사행산업광고, 종교광고, 성인광고, 즉석 만남/채팅 광고, 선거/정당 광고, P2P광고는 집행이 불가능하고, 가상화폐, 웹툰, 주류, 의약외품, 부동산, 게임/영화/비디오/공연 광고는 일부 제한됨

(3) 아프리카 TV 광고 유형

① 입찰형

　㉠ 인스트림 광고

　　• Live/VOD 진입부터 종료까지 영상 전 · 중 · 후 중에서 광고캠페인의 효과적인 게재 위치를 자동 선택하여 노출되는 영상 광고

　　• 소재 길이: 제한 없음(6초 이상, 15초 이상부터 Skip 가능함)

　　• 노출 위치: PC, 모바일(선택 가능)

3. 아프리카 TV 269

- 입찰 방식: CPM
ⓛ 모바일 메인 브랜딩
  - 모바일 앱 메인페이지에 노출되는 메인 광고로 이미지형/동영상형 중에서 선택 가능함
  - 노출 위치: 모바일
  - 입찰: CPM
  - 특징: 스킵 버튼 생성 없이 영상 종료 시까지 자동 재생(동영상형일 때)
ⓒ 모바일 검색창 배너
  - 모바일 앱에서 검색할 때마다 검색창 하단에 노출되는 배너 광고
  - 노출 위치: 모바일
  - 입찰: CPM
ⓡ 모바일 종료 배너
  - 모바일 앱 종료 시에 노출되는 이미지 배너 광고
  - 게재 위치: 모바일(Android 앱에서만 노출됨)
  - 입찰: CPM
ⓜ 상단 배너
  - 라이브 방송화면 상단에 상시 고정 노출되는 이미지 광고
  - 노출 위치: PC
  - 입찰: CPM
ⓗ 채팅창 팝업 배너
  - 방송 진입 또는 이동 시에 영상 광고와 함께 채팅창에 노출되는 이미지 광고로, 광고 영상 종료 시에 사라짐
  - 노출 위치: PC 웹/앱에서 노출, 라이브 프리롤 노출 시에만 노출됨
  - 입찰: CPM
ⓢ 방송국 배너
  - 형식: BJ 개인화 페이지이자 커뮤니티 공간인 방송국에 노출되는 배너 광고
  - 노출 위치: PC, 모바일
  - 입찰 방식: CPC
ⓞ PC 서브 카테고리 배너
  - 형식: 방송 리스트 중간에 노출되는 이미지 배너 광고로, 게임, 보이는 라디오, 스포츠 카테고리 타깃이 가능함
  - 노출 위치: PC

- 입찰 방식: CPM
② 구좌형(보장형)
　㉠ 모바일 인트로 배너
- 이미지/동영상/시네마형 중 선택 가능함
- 노출 위치: 모바일
- 판매 방식: 선착순 구좌제
- 특징: 스킵 버튼 생성 없이 영상 종료 시까지 자동 재생(동영상일 경우)
　㉡ PC 메인 브랜딩
- 아프리카 TV 홈페이지 진입 시 바로 노출되는 광고로, 이미지형, 이미지형＋동영상형 중 선택이 가능함
- 판매 방식: 선착순 구좌제
- 특징: 스킵 버튼 생성 없이 영상 종료 시까지 자동 재생(동영상일 경우)
　㉢ 채팅창 타임 배너
- 형식: 정해진 시간에 맞춰 일괄 노출되는 시보 광고 형태의 이미지 광고
- 노출 위치: PC, 모바일(선택 불가/동시 노출)
- 특징: 선착순 구좌제, CPH(프라임타임, 일반타임으로 구분), 채팅창에 0~10분 사이 랜덤 노출. 약 15초간 확장형 사이즈로 노출 후, 배너형으로 사이즈가 축소되어 노출된 후 소멸
　㉣ 로딩 대기 배너
- 형식: 로딩 대기 배너는 프리롤 광고 시작 전에 노출되는 재핑 광고로 브랜드 노출에 적합함
- 노출 위치: PC, 모바일
- 특징: 클릭 불가 상품, 1주일 고정 상품
③ 직접 문의형
　㉠ 공식 방송 중간광고
- 아프리카 TV의 공식 콘텐츠와 스포츠 채널 리그 중계에 송출되는 중간광고
- 랜딩페이지 클릭 불가 상품임
　㉡ 검색 키워드＋브랜드 검색페이지
- 형식: 상시 노출되는 검색 키워드를 클릭하면 자세한 내용을 직관적으로 볼 수 있는 브랜드 검색페이지로 이동하는 광고
- 노출 위치: PC, 모바일(선택 가능)
- 특징: PC, 모바일만 별도 구매 가능(1주일 고정, 4구좌 롤링)

4. 링크드인(LinkedIn)

(1) 링크드인

① 페이팔(PayPal) 출신의 리드 호프먼(Reid G. Hoffman)과 IBM 출신인 에릭 리(Eric Lee)가 2003년에 만든 비즈니스 전문 소셜 플랫폼임

② 일반적인 소셜미디어와 다르게 특정 업계의 사람들이 서로 구인 구직은 물론, 동종업계 정보 팔로잉 등을 할 수 있는 서비스를 제공함

③ 2016년에 마이크로소프트사가 인수하였음

④ 무료이지만 인맥 관계가 먼 사람들의 프로필 조회 등이 가능한 링크드인 프리미엄 서비스는 유료로 제공하고 있음

⑤ 사용자는 링크드인에서 콘텐츠 오른쪽 위에 있는 점 3개 아이콘을 클릭하여 링크드인 정책을 위반하는 콘텐츠를 신고할 수 있음

⑥ 광고는 링크드인 광고 정책은 물론, 링크드인 프로페셔널 커뮤니티 정책을 준수해야 함

(2) 링크드인 광고캠페인 만들기

① 광고 유형 선택

② 비즈니스 목표 설정: 브랜드 인지도 증가, 잠재고객 유치 등

③ 오디언스 선택: 지역, 직종 또는 직함, 전공, 경력 연차

④ 게재 위치: 링크드인 내에 게재, 링크드인 오디언스 네트워크에 게재

⑤ 캠페인 예산 한도 설정

⑥ 광고 크리에이티브 만들기

⑦ 타깃 오디언스에 광고 노출

(3) 링크드인 광고 유형

① 스폰서 콘텐츠

　㉠ 링크드인 홈에 표시되는 홍보성 게시물로, 텍스트, 이미지, 동영상, 문서, CTA, 채용공고, 관련 웹사이트 링크 등을 게재할 수 있음(왼쪽 상단 모서리에 프로모션 또는 Sponsored가 표시됨)

      ⓛ 데스크톱 및 모바일 모두 가능함

② 텍스트 광고

    ㉠ 링크드인의 페이지 오른쪽 또는 상단에 게재되는 배너 형식의 광고임

    ⓛ 텍스트만 넣거나 회사 로고 같은 이미지도 포함할 수 있음. 텍스트 클릭 시 지정한 랜딩 페이지로 이동함

③ 스폰서 메시지

    ㉠ 링크드인 메시지 내에 표시되는 네이티브 광고의 일종으로, 메시지 광고와 대화 광고가 있음

    ⓛ 광고주가 선택한 세그먼트를 기반으로 회원이 링크드인에서 활동 중일 때 데스크톱 및 모바일 기기 모두에 메시지 광고와 대화 광고가 표시됨

④ 다이내믹 광고

    ㉠ 회원의 프로필 사진, 이름, 직종을 사용해 회원이 관심을 가질 만한 광고 회사, 채용공고 또는 관련된 전문 콘텐츠로 각 회원에 따라 다르게 나타나는 맞춤형 광고임

    ⓛ 각 회원은 자신의 맞춤화된 정보를 볼 수 있으며, 회원 프로필 정보는 다른 회원에게 표시되지는 않음

이해쏙쏙 핵심요약

- 대표적인 글로벌 SNS 중 하나였던 트위터는 2023년 7월 X(엑스)로 사명을 변경했으며, 이에 따라 광고 유형으로 프로모션 광고, X 앰플리파이(Amplify), X 테이크오버(Takeover), X 라이브(Live)로 재구분하고 다이내믹 프로 덕트 광고(Dynamic Product Ads: DPA), 컬렉션 광고(Collection Ads) 등을 추가했음
- 숏폼 플랫폼으로 대표적인 틱톡은 중국 바이트댄스가 2016년 서비스를 시작한 SNS로 틱톡 광고 관리자에서 광 고의 구매 및 운영 가능함
- 틱톡의 광고 유형으로는 탑뷰(5~60초까지의 전면 양상 광고), 브랜드 테이크오버(최대 5초 전면 영상 광고), 인피드 광고, 브랜드 스티커, 스파트 애즈, 플레이어블 광고 등이 있음
- 개인 인터넷 방송 전문 플랫폼인 아프리카 TV는 실시간 비딩형 오픈 광고 플랫폼인 AAM(Afreeca TV Ads Manager)에서 광고 집행이 가능하며, 광고 구매는 입찰형(인스트림, 메인 브랜딩, 방송국 배너 등), 구좌형(인트 로 배너, 채팅창 타임 배너, 로딩 대기 배너 등), 직접 문의 방식(공식 방송 중간광고, 검색 키워드＋브랜드 검색페이 지)이 있음
- 링크드인은 비즈니스 전문 소셜 플랫폼으로 스폰서 콘텐츠, 텍스트 광고, 스폰서 메시지, 다이내믹 광고 등의 광고 가 있음

실력쏙쏙 OX퀴즈

01. X의 광고에는 프로모션 광고, 앰플리파이, 테이크오버, 버티컬 동영상 광고 등이 있다. (○/X) 정답: ○

02. X의 버티컬 동영상 광고는 풀스크린 기반에 몰입감 있는 미디어 뷰어를 활용하여 브랜드의 스토리를 보다 매력 적으로 전달할 수 있지만 사운드를 재생할 수는 없다. (○/X) 정답: ×

03. 틱톡의 광고 유형 중 탑뷰는 앱을 열었을 때 가장 먼저 보이는 전면 영상 광고로 5초에서 최대 60초까지 광고 영상 노출이 가능하다. (○/X) 정답: ○

04. 아프리카 TV의 공식 콘텐츠와 스포츠 채널 리드 중계에 송출되는 중간광고는 입찰형 구매 광고 상품이다. (○/X) 정답: ×

05. 링크드인 홈에 표시되는 홍보성 게시물로 텍스트, 이미지, 동영상, 문서, CTA, 채용공고, 관련 웹사이트 링크 등 을 게재할 수 있고 왼쪽 위에 프로모션 또는 Sponsored가 표시되는 광고 유형은 스폰서 콘텐츠이다. (○/X) 정답: ○

출제예상문제

01 다음 중 X(엑스)에 대한 설명 중 틀린 것은?

① 2006년 3월 오비어스 코프 벤처기업이 만들어 오픈한 마이크로 블로그이다.

② 140자 이내의 짧은 문장을 이용해 전 세계의 여러 사용자와 자유로운 대화가 가능한 소셜 네트워크 서비스이다.

③ 기존 블로그나 카페와 단문이나 짧은 글들로만 자신의 감정 표현 등을 할 수 있으며, 방문하지 않아도 팔로우한 사람들끼리 내용을 공유할 수 있는 플랫폼이다.

④ 페이스북과 더불어 전 세계에서 가장 많은 팔로우를 지닌 SNS이다.

02 다음 중 X(엑스)의 특징이 아닌 것은?

① 메시지를 보내면 전 세계로 실시간 전송

② 이미지와 동영상 중심의 일상을 공유

③ 실시간 개념의 신속한 정보 공유

④ 리트윗을 통한 실시간 정보 공유와 확산

03 다음 중 X(엑스)의 광고 상품이 아닌 것은?

① 프로모션 광고   ② 앰플리파이

③ 테이크오버 광고   ④ 탑뷰

04 다음은 X(엑스)의 광고 상품에 대한 설명이다. 이 광고 상품의 이름은 무엇인가?

> • 가장 관련도가 높은 퍼블리셔의 프리미엄 비디오 콘텐츠에 노출되는 광고
> • 프리미엄 파트너의 콘텐츠 앞에 노출되는 비디오 프리롤 광고로, 높은 브랜드 친밀도와 인지도 효과
> • 광고캠페인 동안 광고주와 퍼블리셔가 1:1로 진행하는 스폰서십 형태의 프리롤 광고

① 인피드 광고　　　　　　　　② 앰플리파이
③ 팔로워 광고　　　　　　　　④ 브랜드 테이크오버

05 다음 중 X(엑스)에 대한 설명으로 맞는 것은?

① Z세대 등 젊은 세대를 주 사용자층으로 삼고 있다.
② X의 글자수는 변함없이 140자이다.
③ 짧은 글을 올리는 특성 때문에 50~60대 장년층의 선호도 및 이용률이 높다.
④ X로 서비스명을 변경한 뒤 일부 국가에서는 부분 유료 서비스를 도입하기도 했다.

06 틱톡에 대한 설명과 다른 것은 무엇인가?

① 틱톡은 바이트댄스가 모회사인 스웨덴 기업이다.
② 15초에서 1분 길이의 숏폼(Short-form) 비디오 형식의 영상이 게재된다.
③ 영어로는 틱톡, 중국어로는 더우인이라고 한다.
④ 대표적인 글로벌 숏폼 비디오 플랫폼이다.

07 틱톡의 문제점으로 언급되고 있는 것이 아닌 것은?

① 지나친 스팸 광고　　　　　　② 광고의 효율이 떨어짐
③ 각종 혐오가 넘쳐나는 댓글 창　　④ 부족한 저작권 의식

08 다음 중 틱톡에 대해 잘못 말하고 있는 사람은?

① 철수: 틱톡은 아프리카에서도 인기라서 200개국 이상 사용이 가능해.

② 미영: 틱톡은 미국에서만 매달 1억 명이 사용하더라.

③ 기영: 틱톡의 인기에도 불구하고 미국인의 30% 정도만 틱톡의 브랜드를 알고 있대.

④ 수영: 뭐니 뭐니 해도 틱톡의 성공 요인은 재미있는 콘텐츠가 많다는 점이 아닐까?

09 다음 중 아프리카 TV의 광고 상품 중 구매 유형이 다른 것은?

① 인스트림 광고   ② 모바일 메인 브랜딩

③ BJ 방송국 배너   ④ 공식 방송 중간광고

10 다음은 링크드인(LinkedIn)의 광고 상품에 대한 설명이다. 광고 상품의 이름은?

> • 각 회원에 따라 다르게 나타나는 개인화된 광고로, 회원의 프로필 사진, 이름, 직무 등을 사용한다.
> • 각 회원은 자신의 맞춤화된 정보를 볼 수 있으며, 회원 프로필 정보는 다른 회원에게 표시되지는 않는다.

① 다이내믹 광고   ② 스폰서 메시지

③ 스폰서 콘텐츠   ④ 텍스트 광고

정답 및 해설

01 **정답** ④

해설 X(엑스)의 이용자수는 세계 10위에 들지 못한다. 게다가 2022년 일론 머스크(Elon Musk)의 인수 이후로 이용자의 이탈이 가속화되고 있다.

02 **정답** ②

해설   X(엑스)는 빠르고 간결한 메시지 전송과 간편한 팔로잉 기능이 강점이다. 이미지나 동영상 공유는 인스타그램이나 틱톡의 특성에 가깝다.

03 **정답** ④

해설   탑뷰는 틱톡의 광고 상품 유형이다.

04 **정답** ②

해설   X 앰플리파이에 관한 설명이다. 인피드 광고와 브랜드 테이크오버는 틱톡의 광고 상품이다.

05 **정답** ④

해설   X는 사명을 변경한 이후로 글자수, 영상 콘텐츠의 비중, 유료화 정책, 광고의 수익 배분 등의 변화를 꾀하고 있다. 꾸준히 유료화 정책을 시도해 왔으며, 2023년 10월부터 미국 등의 일부 국가에서는 부분 유료 서비스를 도입했다.

06 **정답** ①

해설   틱톡은 바이트댄스가 모회사이고, 중국 국적의 기업이다.

07 **정답** ②

해설   틱톡의 문제점으로는 지나친 스팸 광고, 오글거리고 유치한 콘텐츠, 너무 똑같은 영상들, 각종 혐오가 넘쳐나는 댓글 창, 부족한 저작권 의식, 제페토 영상의 증가 등이 언급되고 있다.

08 **정답** ③

해설   미국인의 틱톡 브랜드 인지도는 상당히 높은 편이다.

09 **정답** ④

해설   인스트림 광고, 모바일 메인 브랜딩, 방송국 배너 광고는 모두 입찰형 구매 상품이며, 공식 방송 중간광고는 직접 문의를 통한 구매로 이루어지는 광고 상품이다.

10 **정답** ①

해설   위의 내용은 링크드인의 광고 상품 중 다이내믹 광고에 대한 설명이다.

저자 소개

서보윤

중앙대학교 신문방송학과 박사
현 동아방송예술대학교 광고크리에이티브과 교수
전 한국방송통신대학교 홍보팀장
　　(주)브랜다 커뮤니케이션 & 매체전략 전문위원

SNS 광고마케터 1급
- 이론편 -

2024년 10월 30일 1판 1쇄 인쇄
2024년 11월 10일 1판 1쇄 발행

지은이 • 서보윤
펴낸이 • 김진환
펴낸곳 • ㈜ **학지사비즈**

04031 서울특별시 마포구 양화로 15길 20 마인드월드빌딩
대 표 전 화 • 02)330-5114   팩스 • 02)324-2345
등 록 번 호 • 제2023-000041호

홈 페 이 지 • http://www.hakjisa.co.kr
인스타그램 • https://www.instagram.com/hakjisabook
ISBN 979-11-93667-10-1   93320

정가 19,000원

출판미디어기업 **학지사**
간호보건의학출판 **학지사메디컬** www.hakjisamd.co.kr
심리검사연구소 **인싸이트** www.inpsyt.co.kr
학술논문서비스 **뉴논문** www.newnonmun.com
교육연수원 **카운피아** www.counpia.com
대학교재전자책플랫폼 **캠퍼스북** www.campusbook.co.kr